中国旅游集团发展报告2019

——科技推动旅游业高质量发展

ANNUAL REPORT OF CHINA TOURISM GROUPS DEVELOPMENT 2019

中国旅游研究院　编著

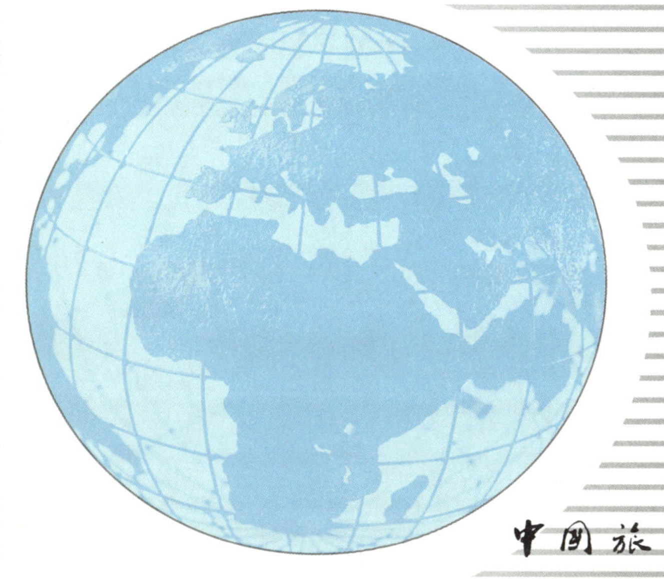

中国旅游出版社

《中国旅游集团发展报告 2019》
编委会

主　任： 戴　斌

副主任： 李仲广　唐晓云

编　委： 戴　斌　何琼峰　李仲广　马仪亮　宋子千
唐晓云　吴丰林　吴　普　杨宏浩　杨劲松

《中国旅游集团发展报告 2019》
编写组

主　　　编： 戴　斌

执 行 主 编： 李仲广

执行副主编： 杨宏浩　张　杨

编辑部成员： 李仲广　唐晓云　宋子千　杨宏浩　马仪亮
何琼峰　张　杨　战冬梅　刘祥艳　赵一静
吕　臣　谢仲文　辛安娜　陈　刚　王海弘
李隆辉　刘花香　张佳仪　戴慧慧　柴　焰
刘茜昀

前 言

PREFACE

临近2019年年尾，习近平总书记主持召开中共中央政治局会议。会议指出，要做好2020年经济工作，确保全面建成小康社会和“十三五”规划圆满收官。会议强调，要加快现代化经济体系建设，推动旅游业高质量发展，加强基础设施建设，推动形成优势互补高质量发展的区域经济布局，提升科技实力和创新能力，深化经济体制改革，建设更高水平开放型经济新体制。习近平总书记要求，要把高质量发展的着力点放在实体经济上，加快建设实体经济、科技创新、现代金融、人力资源协同发展的产业体系。要着力实施创新驱动发展战略，抓住了创新，就抓住了牵动经济社会发展全局的“牛鼻子”。

一、积极贯彻落实党中央高质量发展的要求

当前，我国正处于“两个一百年”的历史交汇期，已经开启社会主义现代化新征程。党的十九大描绘了决胜全面建成小康社会，全面建设社会主义现代化强国，实现“两个一百年”的奋斗目标，实现中华民族伟大复兴中国梦的宏伟蓝图。党的十九大报告指出，中国特色社会主义进入新时代，我国社会主要矛盾已经转化为人民日益增长的美好生活需要和不平衡不充分的发展之间的矛盾，我国经济已由高速增长转向高质量发展。报告强调，我国社会主要矛盾的变化是关系全局的历史性变化，对党和国家的工作提出了着力提升发展质量和国际竞争力的新要求。要在继续推动发展的基础上，着力解决好发展不平衡不充分的问题，大力提升发展质量和效益，更好满足人民在经济、文化等方面日益增长的需要。建设现代化经济体系，把提高供给体系质量作为主攻方向，显著增强我国经济质量优势。

2018年中央经济工作会议进一步指出，我国经济已由高速增长阶段转向高

质量发展阶段，这是我国经济发展进入新时代的基本特征。习近平总书记指出："实现高质量发展，是保持经济社会持续健康发展的必然要求，是适应我国社会主要矛盾变化和全面建设社会主义现代化国家的必然要求。高质量发展是我们当前和今后一个时期确定发展思路、制定经济政策、实施宏观调控的根本要求，必须深刻认识、全面领会、真正落实。"

科学技术是第一生产力。当前，以信息技术、新能源技术为主要特征的科技革命和产业革命方兴未艾，新一轮科技革命正蓄势待发。党的十九大报告指出，要推动互联网、大数据、人工智能等当代科技和实体经济深度融合，在中高端消费、创新引领、绿色低碳、共享经济等领域培育新增长点、形成新动能。2019 年，在中央部署和工信部、华为、电信、联通等方面的共同努力下，5G 正在稳步进入商用阶段。2019 年 10 月，党的十九届四中全会召开，全会公报要求建立健全运用互联网、大数据、人工智能等技术手段进行行政管理的制度规则。推进数字政府建设，加强数据有序共享，依法保护个人信息。

随着我国经济发展步入新常态，能源资源约束进一步加大，人口老龄化问题日趋严峻，生态环境、公共与国家安全等也面临新的挑战，经济换挡、转型、升级尤为迫切，必须依靠科技创新提供更多更好的技术保障和系统解决方案，为经济发展提供新动能、注入新动力。包括文化和旅游在内的各行业正深刻领会新时代的高质量发展要求和科学技术的重要作用，科学总结"十三五"发展情况，积极部署"十四五"发展任务，在各项工作中全面准确贯彻落实党和国家的要求。

二、建设文化强国和旅游强国

党中央和习近平总书记高度重视文化和旅游领域的高质量发展。习近平总书记指出，要把建设美丽中国化为人民自觉行动。坚定文化自信，是事关国运兴衰、事关文化安全、事关民族精神独立性的大问题。我们要坚定中国特色社会主义道路自信、理论自信、制度自信，说到底是要坚持文化自信。要举旗帜、聚民心、育新人、兴文化、展形象。坚持讲好中国故事、传播好中国声音，向世界展现真实、立体、全面的中国，提高国家文化软实力和中华文化影响力。他同时指出，国之交在于民相亲、民相亲在于人来往。旅游集物质消费与精神享受于一体、与文化密不可分。要促进商贸、旅游、文化产业联动发展，发挥历史文化底蕴和旅游资源优势。党的十九大报告强调坚持社会主义核心价值观体系，培育和践行社会主义核心价值观，这也正是文化和旅游的重要使命。

近年来我国经济增长进入新常态，文化和旅游也开辟了新常态下发展的新天地。文化、旅游业作为经济增长新动能，推动供给侧结构性改革和"大众创业、万众创新"；作为国家"十三五"专项规划和幸福产业之首，综合带动作用明显。文化和旅游都是美丽中国、美好生活的重要组成部分，文化、旅游产业是建设美丽中国、满足美好生活的主力军。

2018 年，以习近平同志为核心的党中央着眼于提高国家文化软实力和中华文化影响力，推动文化事业、文化产业和旅游事业、旅游产业融合发展，做出了成立文化和旅游部的重大决策。展望未来，我国旅游业发展环境总体上利大于弊。全面建成小康社会奠定基本的发展格局，高质量发展成为主线，消费持续升级，基础设施不断完善，科技迅速发展，生态文明建设迈上新台阶，这些都为旅游业发展创造了良好条件。但与此同时，旅游业发展也需要更加关注经济发展中的结构性调整、消费升级带来的市场需求变化、社会老龄化趋势以及世界秩序深刻变化等问题（见表 1）。

表 1　2007—2019 年中国综合国力和旅游竞争力排名

年份	2007	2008	2009	2011	2013	2015	2017	2019
综合国力	34	30	27	26	29	28	28	—
旅游竞争力	71	63	47	39	45	17	15	13

数据来源：达沃斯世界经济论坛。此外，根据中国旅游研究院 2019 年调查报告，当前国际旅游竞争力排名位居前列的国家有美国、瑞士、西班牙、冰岛、意大利、新西兰、奥地利、法国、中国、卢森堡、德国、英国、爱尔兰、日本、挪威。

习近平新时代中国特色社会主义思想和习近平关于文化和旅游的重要论述为新时代旅游发展指明了方向，注入新的强大动力。当前，我们正以习近平新时代中国特色社会主义思想为指导，深入学习贯彻习近平关于文化和旅游工作的重要论述。要以党的十九届四中全会精神为指引，在深入推进文化供给侧结构性改革和推动更多文化元素融入城乡文化建设上加强创新，在推进文化、旅游融合发展上开创新局面，进一步推动社会主义文化繁荣兴盛，为中华民族伟大复兴做出贡献。

长期以来，与人民群众日益增长且不断变化的旅游休闲需求相比，旅游供给相对滞后。当前以及今后一段时期，旅游业发展的主要矛盾是人民对美好生活的向往所带来的旅游消费升级与供给侧不平衡、不充分的矛盾。作为直接服务于人民美好生活的旅游业，正按照习近平总书记的要求，始终把人民对美好生活特别是对美好旅游生活的向往作为全行业的奋斗目标，深刻把握习近平关于旅游的重要思想，把握当前旅游经济运行新特征，将旅游业发展提升到新的水平，强力推进旅游强国战略，重点解决旅游领域发展中不平衡不充分的主要矛盾，服务国家“两个一百年”战略目标，在党领导人民创造美好生活的伟大征程中发挥应有的作用，让人民群众在旅游领域中有参与感、获得感、公平感。以转型升级、提质增效为主题，以推动旅游高质量发展为主线，加快推进供给侧结构性改革，努力建成全面小康型旅游大国，将旅游业培育成经济转型升级重要推动力、生态文明建设重要引领产业、展示国家综合实力的重要载体、打赢脱贫攻坚战的重要生力军，努力为决胜全面建成小康社会、实现中华民族伟大复兴的中国梦做出重要贡献。

旅游业发展一方面要增加供给的数量，另一方面要优化供给结构，提升服务质量，增强供给的有效性，提高人民群众对旅游发展的满意程度。在 2016 年 12 月国务院印发的《“十三五”旅游业发展规划》中，明确将“人民群众更加满意”作为四大主要目标之一。近年来，我国旅游发展围绕产品打造、公共服务提升、市场环境优化等做出了诸多努力，人民群众对于旅游发展的满意程度不断提高。但是我们也要看到仍然存在一些问题，如旅游公共服务体系还不是很完善，旅游过程中存在不文明现象，欺客宰客等痼疾难以根除，旅游发展中过于重视经济利益等，这些都需要在接下来的发展中逐步解决。唯有如此，旅游发展才能更好地服务于提高人民生活水平这一宗旨。

三、科技推动旅游业高质量发展

2018 年，全国规模以上文化及相关产业 6 万家企业实现营业收入 8.93 万亿元，比上年增长 8.2%。2018 年，国内旅游人数达 55.39 亿人次，同比增长 10.8%；入出境旅游总人数达 2.91 亿人次，同比增长 7.8%；全年实现旅游总收入 5.97 万亿元，同比增长 10.5%。初步测算，全年全国旅游业对 GDP 的综合贡献为 9.94 万亿元，占 GDP 总量的 11.04%。旅游直接就业 2826 万人，旅游直接和间接就业 7991 万人，占全国就业总人口的 10.29%。根据 2019 年央视财经发布的中国经济生活大调查数据，“旅游”持续5年被受访者列在消费意愿的第一选项，其中二、三线城市旅游意愿全面超过一线城市。

党和国家组建文化和旅游部，要求满足人民过上美好生活的新期待，提供丰富的精神食粮，统筹推进文化事业、文化产业和旅游业融合发展。文化和旅游部党组确定了文化和旅游改革“宜融则融、能融尽融、以文促旅、以旅彰文”的战略构想，提出了旅游融合发展进程中的意识形态、生产安全和可持续发展的要求，目前开局良好，进展顺利，文化和旅游融合发展的新蓝图已经绘就。

近年来，旅游主管部门高度重视旅游发展质量。从实施质量发展纲要、落实中央经济工作会议关于高质量发展的要求，到继承质量提升年工作持续开展优质旅游年，使国际旅游竞争力排名持续提升。当前，旅游业发展正以习近平新时代中国特色社会主义思想为指导，积极贯彻落实习近平总书记关于文化和旅游工作的系列重要论述和工作部署，坚持以人民为中心，以美好生活为新动力，重点解决人民对美好旅游生活的追求与旅游发展不平衡不充分的矛盾。大力发展全域旅游，加快文化和旅游融合，实施优质旅游新战略，稳步提升国家旅游形象和文化软实力，不断增加人民群众的旅游获得感。

有理由相信，通过与文化的真融合、深融合、广融合、实融合，促进旅游业的高质量发展的基本指导方针在未来五年只会加强，不会削弱。“十四五”文化和旅游融合发展规划在价值取向上要走高质量发展的道路，坚持以人民为中心的发展理念，让老百姓“有得游、游得起、游得舒心、游得放心”仍将是旅游业发展的基本指导方针和政策选择。进入新时代，优秀文化作品和优质旅游产品将不断出现。

中国旅游研究院报告显示，2019年前三季度，全国游客满意度调查综合指数为80.06，同比增长3.21%，为党的十八大以来的新高。立足游客的满意度和获得感，在全域旅游、文明旅游、厕所革命等政策引导下，国内旅游公共服务、行业服务和发展环境质量等各部分指标都持续优化，旅游业积极向优质旅游迈进，全国旅游服务质量稳中有升。中国旅游研究院已经连续十年开展针对我国国内游客、出境游客和入境游客的旅游服务质量季度性调研，游客的满意度和获得感已成为高质量发展的风向标（见图1）。

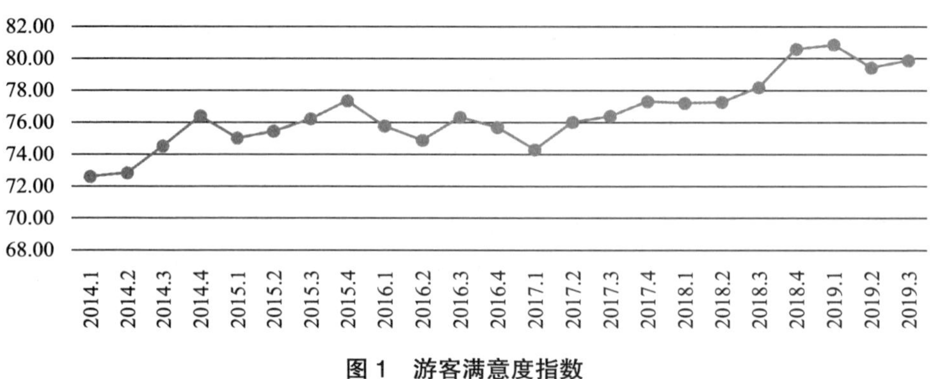

图 1　游客满意度指数

当然，文化和旅游融合高质量发展这道题还远未破解。大的方面，文旅行业成为安全问题多发的主要领域，“有高原无高峰”；小的方面，酒店“杯子、被子”卫生问题频发。在市场均衡发展上，入境旅游增长相对缓慢，国家持续关注、多部门联合工作、国际比较和市场调查的研究分析加强，如外宣、文化和旅游三大宣传战线形成合力开展入境市场推广（见图 2）。

图 2　入境游客调查反映的主要问题词云图

游客满意度调查还显示，文化、创意、科技为旅游服务提升带来新动能，存在明显的线性关系。另有调查显示，中国民众对科技促进发展持积极态度的比例占 78%，美国为 49%。在实际案例中，“一块芯片破解酒店卫生乱象”成为

2019 年的热门话题。随着旅游消费品质化、个性化、休闲化需求稳步攀升，旅游集团、产业投资机构和创业企业积极适应市场变化，不断调整商业模式，持续创新提升服务品质，更加注重旅游与文化、创意、科技的融合创新，打造本地居民和游客喜闻乐见的休闲空间。文化体验旅游、科技创新融入、旅游企业的创意开发、社会各界的创业热情共同形成了提升旅游服务质量的新动能。

在此过程中，互联网、文创、VR/AR（虚拟现实技术 / 现实增强技术）等当代科技新要素，为旅游业从高速度增长、融合发展，走向高质量发展提供了全新动能和无限可能。随着我国国际竞争力的提高，未来旅游市场的竞争，不仅是速度和数量的较量，更重要的是科技、质量、效益和效率的竞争。上述调查数据显示，中国旅游竞争力上升主要原因是在线旅游便利程度高、自然和人文旅游资源独特丰富、交通基础设施网络发达等。根据 WTTC（世界旅游业理事会）的预测，预计“十四五”期间全球旅游业将保持 3.8% 的平均增长，旅游业对 GDP（国内生产总值）直接贡献平均增长速度在 3.9% 左右。科技革新、交流、互动等将成为世界旅游业发展的全新动力，中国等新兴国家旅游产业的发展和升级将进一步推动全球旅游要素流动和要素组合的变化。可以预见，依托智慧城市、乡村旅游和公共文化的发展，面向散客的“管家式”云服务技术集成、连接乡村旅游供求并促进市场转化、丰富夜间旅游和景区感知的数字化等关键共性技术将会获得更多的公共投入和商业资源。

目录

CONTENTS

第二篇　2019 年旅游集团发展论坛专文

第三篇　2019 年旅游集团发展论坛实录

第四篇　2019 年旅游与科技融合创新成果发布及研讨会

附 录

雒树刚在2019年中国旅游集团发展论坛上的讲话

2019年12月15日，“2019年中国旅游集团发展论坛”在京召开，文化和旅游部党组书记、部长雒树刚出席会议并讲话。

中央经济工作会议刚刚胜利闭幕，我们在这里举办2019年中国旅游集团发展论坛，共商新时代旅游发展大计，很及时、很必要。论坛以“科技新动能、发展高质量”为主题，与当前我国经济社会发展大势、中央经济工作会议精神很契合、很一致，充分体现了中国旅游研究院、中国旅游协会和各大旅游集团对落实中央决策部署、推动旅游业高质量发展的满腔热情和行动自觉，必将对旅游业发展产生积极作用。在此，我代表文化和旅游部，向本次论坛的举办表示热烈祝贺！向参加论坛的各位代表表示衷心感谢！

刚才，大家围绕论坛主题，从政府、企业不同角度，从旅游企业、旅游相关企业不同维度，探讨科技如何推动旅游高质量发展，讲得都很好，听后很受启发。大家的发言和意见、建议我们会做好记录和梳理，会后组织相关司局和单位认真研究、吸纳，转化为指导实践、推动工作的思路和举措。借此机会，我就论坛主题，与大家分享几点想法。

一、坚持推动旅游业高质量发展

习近平总书记指出，我国经济已由高速增长阶段转向高质量发展阶段，这是党中央对新时代我国经济发展特征的重大判断。高质量发展就是体现新发展理念的发展，是经济发展从“有没有”转向“好不好”。习近平总书记强调，推动高质量发展是做好经济工作的根本要求，是当前和今后一个时期确定发展思路、制定经济政策、实施宏观调控的根本要求。今年的中央经济工作会议明确提出，要推动旅游业高质量发展，为旅游业发展提供根本遵循。我认为，旅游业高质量发展，可以从以下几个方面来看。

第一，旅游业实现高质量发展是客观需要

旅游业是一种综合性经济形态，就其主体而言，广泛涉及吃、住、行、游、购、娱等多个产业，是现代服务业的重要组成部分。对服务业来说，质量就是生命线。也就是说，旅游服务质量好不好，很大程度上决定着游客满意度高不高、市场主体竞争力强不强、行业发展后劲足不足。为此，文化和旅游部在2019年专门出台了《关于实施旅游服务质量提升计划的指导意见》，提出一揽子政策举措，大力推动旅游业供给侧结构性改革，推进优质旅游发展。同时，针对虚假宣传、强迫消费、安全卫生等突出问题开展了一系列专项整治，从管理层面为提升旅游服务质量建章立制、保驾护航。各旅游行业组织、旅游企业也自觉将提升发展质量作为目标和手段，以质量改进、标准引领、品牌培育为着力点，发布一系列质量标准，推出一大批优质旅游产品和服务，更好地满足了人民群众的美好生活新期待。根据中国旅游研究院旅游服务质量调查报告，2019年前三季度，旅游服务质量综合评价指数为80.06，同比增长3.21%，达到“基本满意”水平。

第二，旅游业实现高质量发展有独特优势

高质量发展是创新、协调、绿色、开放、共享的发展。旅游业是第三产业的重要组成部分，具有资源消耗低、投资效益高、带动效应强、综合效益好等突出特点，对拉动经济增长、调整产业结构、增加社会就业、拉动居民消费、丰富精神文化生活等具有独特作用，与高质量发展要求高度契合。我国旅游业短短几十年间就形成了观光旅游、休闲旅游等多种业态，推出了文化旅游、研学旅行、体育旅游、会展旅游等新产品，产生了在线旅游、定制旅游等新模式，呈现出蓬勃发展态势。这充分体现了旅游业与时俱进、不断创新的优秀品质，这种品质也必然使旅游业更加具有活力、生命力。旅游业对环境依存度较高，生态资源、人文资源历来是发展旅游的坚实基础，风景秀美、人文荟萃仍然是旅游经济的最大卖点，可以说，发展旅游业是对习近平总书记“绿水青山就是金山银山”“冰天雪地也是金山银山”重要论述的完美诠释。我国旅游业起初为创汇而生，曾经是最重要的优势创汇产业；如今仍然是对外开放的重要窗口，国外游客因旅游更好地认识中国，中国游客也将中华文化、中国形象展示给全世界。这也充分体现了旅游业开放共享的行业优势。

第三，旅游业实现高质量发展有现实需求

经过多年发展，我国旅游业从主要承担外事接待任务逐步向经济产业转变，产业规模持续扩大、生产要素全面发展、产业体系不断完善、产业链条逐步完善。2017 年，我国旅游业及相关产业增加值达到 3.72 万亿元，连续多年保持两位数增长率，占 GDP 比重达到 4.53%，已经成为国民经济中举足轻重的战略性支柱产业。三大旅游市场持续保持高速增长，预计 2019 年国内旅游人数将达到 60.15 亿人次，较 1993 年增长近 14 倍；入境旅游人数将达到 1.44 亿人次，较改革开放初期增长 79 倍；出境旅游人数将达到 1.68 亿人次，较 1998 年增长近 19 倍；旅游总收入将达到 6.61 万亿元，较 1993 年增长近 75 倍。可以说，旅游业发展“有没有”的问题已经基本解决，“好不好”的问题越来越突出。旅游产业结构与市场需求不适应，低端供给过剩与中高端供给不足并存，适应群众需要的旅游景点、景区还不够多；景区收入过度依靠门票，旅游产业链不够长，旅游衍生品开发不够；国内旅游的便利度、舒适性、体验感有待提升，边境旅游管理需要进一步改进，入境旅游有待大力提振；文化和旅游融合发展力度、广度、深度还不够，等等。要解决这些问题，推动旅游业发展实现“大而强”，高质量发展是必由之路。

总之，旅游业高质量发展是总要求，也有得天独厚的优势。

二、坚持推动旅游业与科技融合发展

习近平总书记指出，自主创新是推动高质量发展、动能转换的迫切要求和重要支撑。习近平总书记强调，科技创新是核心，抓住了科技创新就抓住了牵动我国发展全局的牛鼻子。可以说，以科技创新驱动高质量发展，是贯彻新发展理念、破解当前我国经济发展中突出矛盾和问题的重要抓手，是经济发展的新动力、新动能。旅游业作为新兴产业、朝阳产业，要实现高质量发展，同样离不开科技创新。有句流行的话叫做“科技改变生活”，我觉得也可以改造一下，叫作“科技改变旅游”。

第一，科技创新有助于旅游服务便利化

旅游业是一个美丽产业、幸福产业，旅游目的地的可及性、旅行过程的舒适度、旅游项目的体验感都是影响旅游业发展的重要因素，必须要有完备的配套设施、完备的服务体系，才能让游客住得舒服、走得方便、玩得开心、舍得花钱。在这方面，科技创新大有可为。近年来，随着高铁技术全面普及、高铁网络日益密集，铁路运行效率大幅提高，人们旅游出行的便利性大大提升，许多过去需要耗钱耗时、跋山涉水才能去的地方，如今可以轻而易举到达。一些地方与专业机构合作，利用物联网、云计算、大数据打造了"一部手机游某地"平台，让游客可以通过平台享受"吃、住、行、游、购、娱"各环节"一键订单""一码通行""一键投诉"，让游客感到"旅游体验自由自在"。2019 年 8 月，国务院办公厅印发的《关于进一步激发文化和旅游消费潜力的意见》明确提出，要提升文化和旅游消费场所宽带移动网络水平、提高文化和旅游消费便捷程度，进一步释放出运用科技创新手段、促进旅游业发展的强烈信号。

第二，科技创新有助于旅游管理智慧化

旅游业是一个参与人数多、涉及范围广的产业，如何提高管理效率、提升管理精准度，是关系旅游行业管理的大问题。科技创新以其智慧化方式，为这个问题提供了高效的解决方案。我们推动旅游厕所革命，新建、改扩建 10 多万座旅游厕所。这么多座厕所，如何实现高效管理？我们与百度地图合作，利用大数据技术，开发了"全国旅游厕所管理系统"，推动旅游厕所电子地图上线，目前已标注 9.8 万座，标注率近 82%，有效地实现了精准定位和动态监控。我们积极推动"互联网 + 监管"，建立了全国旅游监管服务平台，集行政审批、事中事后监管、信息互联互通于一身，可以及时对市场监管数据进行分析，及时掌握旅游经济运行状况。特别是这个平台还上线了旅游合同网签功能，可以随时随地轻松实现旅游活动的可追踪、可核查。我前不久到河南省洛阳市龙门石窟调研，这个景区与中国移动合作，利用 5G 技术对景区进行实时监控，通过监测出入景区人数、游客活动热图等对景区进行流量管理，效率很高。

第三，科技创新有助于旅游业态多元化

旅游业是一个外延宽泛、关联度强的产业，十分容易与其他产业融合，形成发展新优势。科技创新同样极易为相关产业提供创新发展动力，培育新增长点、形成新动能。当旅游业与科技相遇，无论是在物理反应层面，还是在化学反应层面，都催生出许多新业态、新产品。传统旅行社与互联网结合带来了在线旅游行业的快速发展，形成了一批在线旅游平台。通过在线平台去旅游，成为许多游客的新选择。我看到过有关机构的研究报告，2018 年我国在线旅游市场交易规模逼近万亿元，在线旅行预订市场用户超过 4 亿人次，如果统计数据真实可信，很能反映出行业发展趋势。比如，旅游饭店与人工智能、物联网技术结合推动了无人酒店的诞生，现在虽然主要还处于概念阶段、初创阶段，但也为旅游饭店行业带来了新活力。

总之，旅游业与科技融合发展是大趋势，必定有大作为。

三、充分发挥旅游企业的主体作用

旅游企业是现代旅游产业体系的核心，是推动旅游业“强起来”的坚强支撑。旅游业要实现高质量发展，需要政府部门加强服务引导管理、创造良好发展环境，更需要广大旅游企业发挥主体作用，勇于创新创造、善于经营管理、乐于精益求精，不断开创旅游业发展新局面。这是旅游企业的责任，也是我们的期待。为此，我提几点希望，希望旅游企业把握好三个角色。

第一，要做旅游业高质量发展的引领者

要自觉学习贯彻习近平总书记关于高质量发展重要论述精神，落实党和国家关于高质量发展重大决策部署，在制定战略规划、推出重大项目、开发旅游产品时，将高质量发展理念贯穿始终、体现到企业发展的每一个环节。要坚持差异化发展战略，共同缔造不同所有制企业共同发展、大中小微企业相互促进的旅游产业格局。大型企业集团要主动对标世界一流旅游企业，学习借鉴他们的成功经验，结合我国国情、结合企业实际融会贯通，加快迈向世界一流企业的步伐，努力成为有较强经营实力和竞争力的“旅游航母”，打造有较强影响力、美誉度的知名旅游品牌。中小微企业要突出专业化、精品化、特色化、创新型，发挥“船小好调头”的优势，坚持以质量取胜、以创新取胜，努力做细分市场的领导者。

第二，要做旅游与科技融合的推动者

要深入学习贯彻习近平总书记关于科技创新重要论述精神，把推动科技创新作为引领企业发展的重要动力，向科技创新要动能、要空间、要效率。要把握好国家实施创新驱动发展战略的有利契机，用好、用足国家各项支持政策、扶持资金，把政府的政策举措切实转化为企业的发展红利。要积极推进互联网、大数据、云计算、人工智能、区块链等高新技术与旅游产业融合发展，推动传统旅游产业内容生产、传播方式、表现手段等方面创新，促进传统旅游产业转型升级；培育基于新技术的新型旅游业态，发展在线旅游、智慧酒店、智慧景区、智能出行、新型装备等新兴产业和商业模式，不断用科技创新提升旅游品质、改善旅游体验，提高游客的满足感、幸福感。

第三，要做产学研用相结合的实践者

要高度重视科技研发、产品研发，有条件的旅游企业特别是大型企业集团可以考虑建立专门的科技研发机构，发挥企业在旅游科技创新中的主体作用，推动科技创新成果第一时间转化利用。旅游企业、行业协会、高校和科研机构之间要加强协作，行业协会要发挥好统筹协调作用、建立科技成果转化利用平台，高校和科研机构要多开展应用性研究、培养既懂理论又懂实践的研究人才，发展旅游高端智库。旅游企业作为科技创新的需求者和受益者，要推动建立产、学、研、用一体化的技术创新体系，使科技创新成果真正与产业链相匹配。

今后，文化和旅游部将一如既往地支持旅游业发展，支持各领域市场主体发展，竭尽全力营造更加公平、便利、规范的市场环境，让旅游企业能够“海阔凭鱼跃、天高任鸟飞”，让旅游业高质量发展能够“百尺竿头、更进一步”。

最后，祝大家新年新气象、新年新发展！祝会议圆满成功！谢谢大家！

数字化时代的旅游集团：形势与任务

中国旅游研究院院长　戴　斌

尊敬的雒树刚部长，同志们、朋友们：

在文化和旅游部的大力支持和业界的共同努力下，备受关注的旅游集团年度盛会圆满完成了各项议程。借此胜利闭幕之际，我谨代表中国旅游研究院，向联合主办方中国旅游协会、承办方凯撒同盛、举办地首旅集团国际饭店，以及所有为本次会议做出贡献的各位领导和同志们致以衷心的感谢！会议系统回顾了中华人民共和国成立七十年和改革开放四十年旅游业发展动能的转换历程，形成了“科技是旅游集团成长和产业升级的第一推动力”的理念共识。20 世纪 80 年代，伴随着旅游业的市场化进程，以饭店业“学建国”运动为标志，拉开了旅游集团化发展的历史帷幕。这个进程离不开企业家和职业经理团队的创新努力，更离不开国家的政策窗口及其由此而来的市场红利。那个年代的旅行社，只要拿到外联权，就意味着拿到了市场份额和经营利润，旅游饭店更是典型的卖方市场。1999 年国庆黄金周以后，国民旅游需求得到前所未有的释放。社会投资推动了自然资源和历史文化资源的开发建设，圈山圈水收门票，主题公园大干快上。初具实力的中央和地方旅游企业开始实施旅行社、旅游景区、旅游饭店、旅游交通、餐饮、购物中心等相关多元发展战略。受益于出境旅游的持续高速发展，民营旅行社、线上旅行服务商、经济型酒店、共享住宿等业态，在过去 20 年也收获了市场、资本和互联网等多重红利。今天，传统的政策窗口开始关闭，市场风口也趋于消散，系统和行业开始培育科技、文化、创业创新等内生动能，推进旅游业高质量发展。以 5G、物联网、人工智能、无人驾驶、实验室经济为代表的科技进步，改变社会生活的同时，也在塑造旅游的未来，以旅游集团为代表的市场主体再次面临战略机遇期和发展转折点。

会议客观评价了科技在过去 20 年旅游市场演化和商业创新中的历史作用，

虽然科技价值持续彰显，尚没有成为促进旅游集团成长的内在驱动力和原发力量。包括一线企业和头部品牌，也多为欧美国家的技术模式加上本土的市场开发，终究还是商业模式而非技术模式的成功。能取得商业模式的成功也是不容易，甚至是伟大的，但是今天的旅游集团有必要从模式创新走向技术创新。从营业收入和交易规模上讲，以20强集团为代表的国家旅业第一方阵已经走在世界同行的前面，没有复制和借鉴的对象了。依赖互联网平台和流量经济而成长起来的旅行服务公司，正面临着日渐升高的获客成本不可承受之重，也面临着游客需求快速变迁的不可承受之轻。今天，以人工智能、物联网和区块链等为代表的新一代数字化技术，正在加速对旅游业的渗透与变革，潜移默化地改变着游客的需求、行为与体验，解构着传统供应链下各类旅游企业的边界，大幅提升着文化和旅游的智能基础设施建设和公共服务效能。如果不能有效应对科技对旅行生活的重大挑战，不能有效提升旅游生活的场景应用和内容创造的能力，今天的市场领导者就可能成为未来的市场出局者。

会议深入研讨了全球范围的科技革命对社会发展，特别是对旅行生活的积极影响。随着经济社会发展和科技进步，国民大众对旅游的需求正在从“有没有”走向“好不好”，从“缺不缺”走向“精不精”，单纯依靠传统的山山水水、历史人文和传统的住宿、餐饮、购物业态已经无法满足未来的旅游消费。当前，数字化正在带来规模巨大的下沉市场和新兴消费，并不断突破网络圈层走到线下。小镇青年正在成为互联网主力用户群体，成为未来旅游休闲消费的重要增长极和驱动力。加速进入快消品时代的旅游休闲，开始呈现出大众和高频的态势。我们无法预料会有多少颠覆性科技创新将跨界而来，以满足数字化时代的旅行需求，并可能触发旅游领域的创新与突破。像洛天依这样的虚拟歌手，以及随夜间经济而兴起的光影秀、水幕电影、数字艺术馆，在娱乐思潮和消费主义的带动下，都可能对未来的旅游演艺模式和消费模式产生革命性影响。

会议科学把握了数字化对旅游业的改造尚处于市场导入期，旅游集团要与国家旅游战略相向而行，积极探索“旅游+科技”战略方向和商业路径。现在说到人工智能在旅游业的商业价值，我们往往局限于机器语言和行为的模仿。实际上，很多人工智能的应用未必都是往拟人化方向走。数字技术自身也并不具备“警察执法”的职能，最新技术也需要我们对其生产、使用过程中的相关伦理和政策问题予以积极关注。科技会带来进步，市场会带来增长，当且仅当科技和市场紧密在一起，才能产生真正的颠覆。近年来，科技在实验室和市场之间的流动速度越来越快，创新的链条和产业的链条正趋于同步。数字技术在解放人力资本，让公民个体广泛参与旅游场景营造的同时，也让旅游产业链条以分散供给应对碎片需求，有了商业上的可能。在强大的技术进步和年轻人主导的创业创新面前，旅游集团是否有能力主导，哪怕是适应市场与科技融合的“游戏规则”，都是一个值得思索的战略议题。

同志们，朋友们：

数字化时代的旅游集团，要认真学习贯彻习近平总书记关于文化和旅游工作的重要论述，坚持以人民为中心的旅游发展思想，认真研究广大游客在旅行过程中的现实诉求。随着大众旅游时代的到来，理论界先后提出了“景观之上是生活”“既要美丽风景，更会美好生活”“主客共享的品质生活新空间”等系列命题。两年前的苏州年会上，我们提出了“内容创造与生活引领”的主题，现在看来还没有完全破题。近期参加几家中央和地方国有旅游集团发展战略的内部研讨会，总的感觉还是在分析政策风口，还是想方设法拿土地资源，还是要建度假区和旅游小镇，走“房地产＋文化＋旅游”的模式。也有不少人谈到科技，基本上还停留在大数据、互联网、物联网、人工智能、5G等概念层面，鲜有面向实实在在终端消费者的内容创造项目，更不用说现象级文创和旅游产品了。在这个方面，我们需要蹲下来，向新型市场主体学习，向年轻人学习。

数字化时代的旅游集团，要努力从科学、文化、经济、社会和政治视角，全方位把握全面小康社会，全面把握人民的美好新生活。在市场研究的基础上，通过科技的、实验的、商业的手段研发新项目、新产品、新服务，以满足国家旅游休闲的新需求。不能一说科技就是互联网、大数据、生命科学、生物技术、交通技术，甚至天文学和空间物理学的进步对旅游需求和产业供给都有潜在的影响。随着经济社会发展和教育水平提升，人们对科学和科普的需求越来越高，观星星思考宇宙的人也不少，黑洞、引力波这么拗口的词都能进入热搜榜。但大众不仅需要天文望远镜，还需要兼具科普性和参与性的主题博物馆、天文小镇，需要定制的旅行线路，需要知科学、懂生活的旅行服务商。还有北斗导航、地理位置信息、无人驾驶、机器翻译、人脸识别、边缘计算等听上去似乎离我们很远的大科学、大工程，同样在深刻改变社会生活和旅行方式。军地融合的国家战略也需要数字文创的产品，以及旅游消费场景的营造。科学界对科旅融合持积极的态度，我们在学理层面也谈过多次，但是离开市场主体特别是旅游集团的参与，很多事情会找不到突破口，也无法落地。除了论文、会议和报告之外，高校和科研院所的科研项目市场转换率还比较低，需要市场主体广泛而深入地参与到这一进程中来。

数字化时代的旅游集团，要加快构建科技作为内在驱动力和原发力量的组织机制，培育具有技术创新能力的市场主体。当前与旅游业关系最紧密的信息技术，在虚拟化、集群化、分布式等技术的支撑下呈现出更加复杂的网络形态，头部人力资本与先进技术相互纠缠放大，然后赋能初中级人力资源，将会是旅游业被科技渗透的路径。要想获得核心竞争力，充当复杂网络的关键节点，作为国家旅业第一方阵的旅游集团，自然不能只在资本上有体量，还要做人力资本的巨人，做头部人力资本的蓄水池。我们不能仅仅满足于引进迪士尼乐园、环球影城、Hello Kitty 乐园，也不能只是为满足市场的存量需求，要有雄心壮志培育一批创造内容和引领市场的新型旅游集团。港中旅集团面向国民度假的海泉湾、首旅集团的如家小镇、岭南集团的岭南五号、华侨城的欢乐谷、祥源控股的花世界和海昌海洋世界等，都是将国民消费和技术创新结合的成功探索。总体而言，这样的项目还很少，品质和市场影响力还有很大的提升空间。上个月在皖调研祥源集团，名为二木的设计师给我留下了深刻印象，他年轻、时尚、热爱生活，养了数千种多肉，出过书，还是网红，可是他和团队不只是感性萌宠，他们对动物、昆虫、花草与土壤、空气和气候等环境的关系有着很深入的专业研究。我和俞董事长说要以艺术引领，以实验室经济为支撑，做面向未来的旅游休闲产品。

数字化时代的旅游集团，让更多发明家、投资家和不同市场主体进来，联手加速创新速度转化，在竞合中获得更高阶的发展。旅游行政主管部门要从有利于国家旅游发展战略目标的实现、更有利于旅游集团的自身成长出发，以更加开放包容的心态迎接科技进步对全行业、全系统的影响。加强旅游创业创新的科技支撑是一回事，科技与旅游融合发展是另一回事。科技可以促进旅游产业的转型升级和旅游集团竞争力的提升，但是今天已经不再适合搞以我为主、闭环导向的商业模式了，试图寻求包括技术壁垒和市场份额在内的垄断地位也越来越难。美团过去是服务本地生活的，现在游客的需求已经从美丽风景转向美好生活，并要与城市居民共享商业环境了，那它可不可以为游客提供科技支撑的品质服务？当然可以，为游客提供了服务，美团就是旅游市场主体。同理，BAT（百度、阿里巴巴、腾讯）、字节跳动、快手也是我们的同盟军。经常听到这样的话，与谁谁不同，我们是旅游业的嫡系部队。什么是嫡系部队？能担责、能打仗、能与时俱进的部队才是国家旅游业的嫡系部队，才是保障人民旅游权利的主力军。被新进入者替代也并不可怕，旅游企业也可以凭借自己在核心业务上的专注力，将业务延伸到其他行业。我们看到，里兹卡尔顿由于提供行业领先的客户体验的卓越能力，他们已经开始为其他行业提供培训，目前很多著名医院就正在用里兹卡尔顿的质量原则来改善患者的医疗体验。

数字化时代的旅游集团，要更加自觉地践行社会主义核心价值观和现代商业理念，坚持做阳光下的生意。科技之上是商业伦理，是意识形态和价值观，当且仅当科技和与商业的融合被用于国民旅游权利的实现和旅游福祉的增进，而不是利用人性恶的一面和技术的信息不对称，我们才能与世界一流旅游集团对话，成就世界级的商业领袖。在具体的商业实践中，守住“不作恶”的伦理底线，绝不滥用技术优势。在大数据时代，守护客户隐私和公司的商业秘密，是我们共同的责任。随着机器翻译和语音技术的进步，越来越多的OTA客服等标准化、可重复、低技能的工作岗位开始被机器所取代。当看见视频中的智能机器人闪跃腾挪的时候，当看到机器人酒店开始导入市场的时候，我们为科技的力量而喝彩，也为服务中的温度与个性的流失而忧虑，更担心那些被机器和虚拟技术所替代的员工，他们能很快找到愿意从事也有能力从事的工作吗？无论科技如何进步，都是为了人类在这颗蓝色的星球上自由而有尊严地行走。无论任何时候、任何场景，为了任何目标，科技对旅游业的改进都不能以降低对人的关注和服务的温度为代价。

现在，我宣布2019年国家旅游集团20强名单。同往年一样，入围企业以合并报表后的营业额计算，需要法人代表或者授权人签字，营业额并列者同时入围，所公布名单排名不分先后，它们是：中国旅游集团、华侨城集团、首都旅游集团、中青旅控股、美团点评、众信旅游集团、凯撒集团、山西文旅集团、大连海昌集团、锦江集团、携程旅游集团、复星旅游文化集团、景域（驴妈妈）集团、春秋集团、南京旅游集团、同程旅游集团、途牛旅游集团、浙江旅游集团、祥源控股集团、开元旅业集团、安徽旅游集团、黄山旅游集团、福建旅游集团、山东文旅集团、湖北文旅集团、岭南集团。让我们以热烈的掌声向他们表示祝贺，向国家旅游业第一方阵致以崇高的敬意！

全国旅游人团结起来，为建设数字化驱动的旅游集团和高质量发展的旅游产业而努力奋斗！

第一篇

2019年中国旅游集团发展报告

Part Ⅰ

Annual Report of China Tourism Groups Development 2019

本报告从科技正在成为旅游发展新动能、科技正在加快旅游消费升级、科技正在促进旅游产业变革三方面阐述了科技对旅游业的重要意义，并提出科技推动旅游业高质量发展的政策建议。

当前，我国正处于“两个一百年”的历史交汇期，党中央已经部署高质量发展、开启社会主义现代化新征程。党的十九大报告指出，我国经济已由高速增长转向高质量发展。2018 年中央经济工作会议进一步指出，我国经济已由高速增长阶段转向高质量发展阶段，这是我国经济发展进入新时代的基本特征。临近年尾，习近平总书记主持召开中共中央政治局会议，会议强调，要推动旅游业高质量发展。

科学技术是第一生产力。当前，以信息技术、新能源技术为主要特征的科技革命和产业革命方兴未艾，新一轮科技革命正蓄势待发。在经济换挡、转型、升级的历史时期，必须依靠科技创新提供更多更好的技术保障和系统解决方案，为经济发展提供新动能、注入新动力。包括文化和旅游在内的各行业正深刻领会新时代的高质量发展要求和科学技术的重要作用，科学总结“十三五”发展情况，积极部署“十四五”发展任务，在各项工作中全面准确贯彻落实党和国家要求。

党中央和习近平总书记高度重视文化和旅游领域的高质量发展。当前，我们正以习近平新时代中国特色社会主义思想为指导，深入学习贯彻习近平总书记关于文化和旅游工作的重要论述，在推进文化、旅游融合发展上开创新局面，进一步推动社会主义文化繁荣兴盛，为中华民族伟大复兴做出贡献。

近年来，我国国际旅游竞争力排名持续提升。2019 年前三季度，全国旅游服务质量综合评价指数为 80.06，文化、创意、科技为旅游服务提升带来新动能，存在明显的线性关系。互联网、文创、VR/AR 等当代科技新要素，为旅游业从高速度增长、融合发展、走向高质量发展提供了全新动能和无限可能。

一、科技正在成为旅游发展新动能

当前，旅游经济发展进入新的历史阶段，我们还要发现和寻找旅游需求、投资、治理和国际交流合作等领域正在积聚的新动能。这些新动能有的已经为业者所认识并加以利用，有的还认识不够或者利用不足。其中，新兴的科技企业，尤其是部分专注于旅游各行业的应用型旅游科技企业，承担起旅游科技创新与发展的历史责任，已经成为旅游科技创新与发展的重要力量。

科技在旅游业发展中的作用越来越突出。近年来，一个依赖“二老”，即老天爷馈赠给我们的自然资源、老祖宗留给我们的历史文化遗产，这样的传统旅游产业正在消解。当前我国旅游产业正在进入以大众市场和社会资本为依托，以资本、技术、创意和年轻创业者为代表的战略调整期和新的发展阶段。在吃、住、行、游、购、娱之外，新要素不断出现。特别是新一轮的产业革命和科技革命浪潮方兴未艾，在这个过程中智能化、信息化、低碳化将成为主要特征，这对中国旅游业的发展将产生革命性的影响。事实上，信息技术与互联网、大数据、数字化、人工智能、物联网、区块链、文创等当代科技已经开始推动旅游业的新发展。

二、科技正在加快旅游消费升级

旅游是为人类幸福和发展而存在的产业。持续提升旅游消费质量水平是旅游发展的目标方向，也是适应我国消费结构升级趋势的必然。

当前，旅游成为人们美好生活的重要组成部分，旅游需求开始从“有没有”向“好不好”“对不对”转变。我们只有通过制度、技术、资本等多个方面推动产业创新和供给侧结构性改革，形成更加符合人民需要的产业格局，才能更好地实现以旅游通往幸福的道路，鼓励中小旅游企业技术、商业模式和业态创新。在任何时候，我们发展旅游业要以推动经济社会发展为导向，以满足人民对美好生活的向往为中心。也因此，旅游业的创新发展既要有商业理性、技术理性，更要有人文关怀，才能真正担起旅游业的产业价值和社会责任。

当前，科技推动旅游消费升级，不仅体现在消费规模扩大、消费意愿提高等方面，也体现在消费内容、消费方式、消费质量改变等方面。具体地说，科技助力人民美好旅游生活不仅体现在科技实现人民的旅游愿望，更体现在科技推动大众旅游繁荣。事实上，中国的大众旅游时代是互联网、经济发展和假日制度同频共振的结果。

科技加快旅游消费升级。尽管从数据来看，中国仍然处于“大基数、稳增长、低消费”的大众旅游初级阶段，观光仍然是国民旅游的基本市场，景区景点仍然是大众旅游的刚性需求，但与此同时，游客的出游动机、组织方式、消费内容、消费模式等发生了根本性变化，家庭出游、自驾游、休闲度假等成为主流，国民旅游需求开始从“有没有”向“好不好”转变。从观光到体验，从大众到定制，从跟团到自由，旅游消费实现了分级与升级的变化。

此外，科技有效实现消费者主权，催生游客评论业态，提高游客满意度。科技还有效服务旅游消费需求，开展精准服务。

三、科技正在促进旅游产业变革

从供给的角度看，旅游是产业深度融合与创新发展的重要载体，是国民经济的新动能。旅游业不仅发展速度较快，而且加快业态的创新与融合，旅游与文化、旅游与体育、旅游与互联网、旅游与大数据乃至人工智能的相互促进，催生出新的产品和服务，改善了供给质量，调动了内需潜力。

旅游集团一直致力于科技创新。中国旅游集团公司发布了全新品牌、进军邮轮产业、推出住宿“黑科技”，联手华为、腾讯部署旅游科技创新。首旅集团开展 2019 年度创新奖评选，推出生活方式智慧服务实验室、首旅夜经济。在中央部署和工信部、华为、电信、联通等方面的共同努力下，5G 正在稳步进入商用阶段并在旅游业初步应用，数字文旅企业和产品服务快速增加。近年来，无论是中青旅、锦江、岭南等大型旅游集团，携程、去哪儿、途牛、海昌、众信、如家、汉庭等上市公司，还是马蜂窝、在路上、铂涛、布丁、亚朵、途家等创业机构，也包括旅游传媒，都在各自领域推陈出新，不断吸引越来越多的年轻人加入创业的群体中来。

创新推动现代旅游业发展。经过智慧旅游的十年洗礼，移动通信、互联网、人工智能与大数据已经成为业界会议和政府文件必谈的关键词。在科技的推动下，过去我们谈旅游资源，盯着山山水水和历史古迹。今天，经济社会发展成就和美好时尚新生活都成了旅游吸引物。

当代科技推动旅游业转型升级，新业态不断出现。如智慧旅游与旅游大数据、定制旅行（定制师与数字导游、入境定制等）、数字文旅和文旅云、数字文创、人工智能与文旅数据建设、旅游物联网、品牌创设、分享经济、旅游 IP、目的地管理、全域旅游运营商，以及 AR/VR 与 5G 旅游等。

科技推动区域旅游。《2018 中国在线旅游发展大数据指数报告》结合供给端订单数、各类企业数、交易额、非标酒店占比等大数据，以及需求端搜索量、净流入、点评等大数据得出：省域在线旅游发展指数较不均衡，广东最高为92.6，紧随其后为浙江、江苏、山东、四川和北京等省市，指数均在80以上；安徽、湖北、河南等中部省份线上旅游企业规模不领先，但在线旅游发展较好；西北和东北等平均气温低的省域，在线旅游发展滞后。

四、科技推动旅游业高质量发展的政策建议

政府部门、企业、社会等在重视当前新一轮科技发展机遇的同时，也应看到存在的问题，以及其中的挑战和风险。例如尽管出现了一些可喜的变化，但是旅游产业的发展动能和发展模式还没有得到根本改变。以山山水水、历史人文为主的传统资源和发展动能"大而不优"，以资本、科技应用、文化创意和创业创新为代表的新动能"势强能弱"。全域旅游、旅游发展基金、人工智能、大数据、5G+4K、文化创新、遗产活化等仍然处于概念导入阶段，鲜见现象级的产品、服务和企业品牌。

科技推动旅游业高质量发展，应以实用性作为根本的衡量标准：游客的实感和获得感，他们如何使用数字旅游并使旅程更加放心、舒心、开心？目的地、企业如何用数字旅游提高竞争力？以目的地为例，如何利用智慧旅游，使旅游黄金季节取得好的市场营销和旅游接待效果？同时以"三个有助于"作为具体评价标准：宏观上有助于提高国际竞争力，建设文化强国、旅游强国，融入全球化并破解孤岛现象；中观上有助于促进文旅融合、通过完善旅游公共服务和发展优质旅游实现旅游业的事业属性和产业属性、解决导游就业问题等；微观上有助于文旅服务触手可及，游客及时获得有效服务，如LBS（基于位置的服务）、社交功能的强化。

旅游业科技创新要以游客需求为导向，要以人民为中心，增强获得感；游客为本，市场需求为导向；服务人民群众的异地生活；实现人民群众旅游权利，提高游客满意度。

要依靠市场主体，发挥企业的主体作用。要确立企业在旅游科技创新的主体地位。旅游高质量发展是产业转型升级、新旧动能转化的必然选择。要形成越来越多的共识，并为之而努力：没有充满生机和活力的强大市场主体，就不可能有新时期旅游业的高质量发展，市场主体是引导产业创新最重要的力量。要按照党的十九届四中全会关于完善科技创新体制机制精神的要求，建立以企业为主体、市场为导向，产、学、研深度融合的技术创新体系，支持大中小企

业和各类主体融通创新，创新促进科技成果转化机制，积极发展新动能。要更加充分地发挥市场主体的积极性；千方百计培育文化和旅游品牌；推动旅游集团和一线企业的示范引领作用；推动文旅市场主体数字化。

要完善旅游科技创新政策，推进旅游治理体系现代化，落实好已有政策措施；应用新科技，注入新动力；建立监测评价体系，服务政府宏观调控和微观监管；保护科技创新的知识产权；把数字化纳入“十四五”发展规划。

要搭建各方合作平台，形成科技推动旅游发展的浓厚氛围。值此科技创新和应用加快的新时期，旅游业从高速度增长走向高质量发展的今天，科技推动旅游业高质量发展需要官、产、学、研、媒各界的共同努力，优化发展环境，完善发展平台，强化发展力量。

第一章　科技正在成为旅游发展新动能

从需求侧和市场面看，国民大众的闲暇时间和可自由支配收入增加，特别是有持续增长的旅游消费意愿，我们有充分的理由对旅游经济的繁荣发展保持信心。国家统计局发布了中国居民时间利用的十年变化情况，有两个有意思的数据：在每天的 24 小时内，个人自由支配活动的时间从 2008 年的 15.6% 增加到 2018 年的 16.4%；休闲娱乐时间从 40 分钟增加到 65 分钟。中国旅游研究院连续十年的国民休闲调查表明，城乡居民在有效休闲时间收缩的同时，外出活动的半径在不断扩大，旅游在休闲活动中的比重日渐上升。中国旅游研究院与广之旅联合发布的《中国家庭旅游市场需求报告 2018》表明，近八成的受访者认为家庭旅游能够带来快乐，96.5% 的受访者渴望家庭旅游。从有监测以来的历史数据看，国民分季度出游意愿基本维持在 82%~87% 之间的高位，且处于波动上升态势。2019 年前三季度的全国游客满意度调查综合指数为 80.06，同比增长 3.21%，为党的十八大以来新高。当前，我国旅游业发展环境总体上利大于弊。全面建成小康社会奠定基本发展格局，高质量发展成为主线，消费持续升级，基础设施不断完善，科技迅速发展，生态文明建设迈上新台阶，这些都为旅游业发展创造了良好条件。国家统计数据和专题研究数据都证实了我们之前做出的研判断已经成为现实，即“旅游已经从少数人的享受走进国民大众的日常生活；我国旅游经济正在进入大众旅游新时代、全域旅游新方位、品质旅游新阶段；老百姓的旅游消费诉求正在从有没有转向好不好、精不精”。2019 年国内旅游市场和出境旅游市场稳步增长，入境旅游市场基础更加牢固。全年国内旅游人数 60.06 亿人次，比上年同期增长 8.4%；入境旅游人数 14531 万人次，比上年同期增长 2.9%；出境旅游人数 15463 万人次，比上年同期增长 3.3%；全年实现旅游总收入 6.63 万亿元，同比增长 11.1%。

在关注旅游经济发展进入新的历史阶段的同时，我们还发现寻找旅游需求、投资、治理和国际交流合作等领域正在积聚的新动能。这些新动能有的已经为业者所认识并加以利用，有的还认识不够或者利用不足。其中，新兴的科技企业，尤其是部分专注于旅游各行业的应用型旅游科技企业，承担起旅游科技创新与发展的历史责任，已经成为旅游科技创新与发展的重要力量。

一、科技在旅游业发展中的作用越来越突出

创新是经济社会发展的根本动力。习近平总书记指出，创新发展、新旧动能转换，是我们能否过坎的关键。要坚持把发展基点放在创新上。变革创新是推动人类社会向前发展的根本动力。纵观人类社会发展史，事实上就是一部创新发展史，在旅游产业领域莫不如此。蒸汽机车、火车、飞机、互联网、人工智能，乃至生物技术，每一次革命性的技术进步都会在旅游领域催生新的商业思想，推动形成新的空间位移方式、新的旅游组织形式、新的产品业态和商业模式，形成新的劳动分工，进而演化形成一个以新技术为基础支撑的、崭新的旅游产业体系。

我国旅游业创新发展的社会条件日趋成熟。从我国经济社会发展看，创新正在成为当前及未来经济社会发展的重要动能。产业创新的制度环境不断优化，《关于推动创新创业高质量发展打造“双创”升级版的意见》（国发〔2018〕32号）等一系列国家和产业层面支持创新的发展政策陆续出台，营造了良好的创新氛围。在全球格局中，我国的创新能力快速提升，创新指数（GII）的全球排名从2017年的22名跃升至2018年的17名。从旅游产业发展态势看，旅游业高质量发展亟待创新引领。当前，我国旅游市场规模持续稳定增长，旅游市场从小众走向大众，又从大众向分众演化，家庭旅游、时装秀、美食游、电竞、体育赛事、主题公园、一站式休闲度假区等面向品质生活和时尚消费的分众市场需求大幅增长，互联网浪潮下出生的年轻人正在开始主导休闲化、品质化、时尚化的旅游消费新格局。尤其是当下文化和旅游的融合，更为品质和时尚的旅游消费从文化层面融合驱动带来发展契机。

从技术条件看，旅游业创新的数字商业基础设施已经具备。从全球背景看，世界科技创新进入新的密集活跃期，人工智能、物联网、大数据技术、生物技术日新月异，经由技术创新支撑和引致的商业思想、商业模式、业态和产品及管理模式创新在社会生产各个领域遍地开花。互联网、物联网、人工智能、生

物技术等在旅游预订、交易、服务生产、物流配送、流程再造等方面充分应用。以携程、途家等为代表的旅游 OTA 企业发展，更为产业创新发展提供了数据基础。此外，政府部门主导推进的目的地信息化、智慧化体系的形成，也为创新提供了基础平台，旅游发展从资源驱动走向创新驱动的基础条件基本具备。

（一）“二老”与“四新”

近年来，一个依赖“二老”，即老天爷馈赠给我们的自然资源、老祖宗留给我们的历史文化遗产，这样的传统旅游产业正在消解。当前我国旅游产业正在进入以大众市场和社会资本为依托，以资本、技术、创意和年轻创业者为代表的战略调整期和新的发展阶段。随着大众市场的进一步发展和需求多元化，利用当代科技、文化创意、教育和人才支撑的社会资本力量起来了，而且社会资本的力量有的已经从策略性行为走向战略性行为，比如万达、世纪金源，比如中信的产业投资基金，形成一种战略性投资力量。如家、携程、海航、去哪儿等一批民营企业，正逐步成长为旅游市场创新的引领者。阿里巴巴、百度、腾讯等纷纷以信息技术为切入点进军旅游业，也是此趋势的集中体现。这股力量对产业而言不仅仅是私营概念，实际上是社会资本介入，中信产业基金来自社会保障基金，从风险基金来的资金很难说是私人资本。社会资本用专业化的力量来运作，这部分力量正在崛起。

（二）“六要素”与“新要素”

过去我们提起旅游业，说得最多的是吃、住、行、游、购、娱，但是随着各种各样平台的兴起，我们逐渐有了新的认识。任何经济的增长都有三要素：技术、资本和劳动力。长期以来，尤其是工业革命以后，都是资本带动一切。大资本带动大工业、大项目。但是我们越来越发现资本是单维的，其多维带动作用极为有限。与此同时，我们发现 L（劳动力）这一突破口。过去人们单纯强调人的智力水平，强调国家的教育水平会促进国家的经济增长。现在，人的画像越来越多维。我们看到，因为人的信息搜索功能，出现了百度、雅虎这些信息搜索平台；因为人的社交能力，有了 QQ、微信的存在；因为人的知识的存在，有了得到、知乎的存在。

未来人们还会在 L 维度上不断开发人的需求，旅游也在不断地与 L 结合，旅游的入口会越来越多。过去的旅游入口就是吃、住、行、游、购、娱，但是现在，入口从最开始的携程旅游订购平台发展到了像穷游、马蜂窝之类的社区平台，以及更小众的，例如片场等的平台。所以对政府及企业来说，如何把控新需求，怎么识别新业态，怎么从 L 这个角度上找到不同需求的入口，并不断丰富渠道就很关键。这是我们的第一个认识。其次，我们还发现旅游场景越来越丰富。例如现在的酒店已经不单单是酒店了，而是一个场景，在这个场景上关联消费会很多，这也可以解释为什么会出现 IP 的概念。所以我们认为政府还有未来的企业在投资的时候，要更多关注人，因为信息的连接度确实已经很高。而未来对数据的追求，量大是一方面，更重要的是能否形成正交性、能否形成互补、能否形成多维的人物画像。

基于新经济增长理论和对旅游业创新的实践观察，可将旅游业创新驱动模式归结为旅游业创新驱动的“新钻石模型”。新技术、资本、企业家能力是驱动旅游业态创新发展的内生因素，市场需求、制度因素则是旅游业态创新的两个全局性影响因素，两者会对技术、资本和企业家能力等都产生影响，五种力量共同驱动旅游新业态发展。市场主体是引导产业创新最重要的力量。新技术驱动旅游业体系变革性创新。科技创新型旅游企业、旅游产品正在成为投资热点。包括传感技术、计算机与智能技术、通信技术和控制技术在内的现代信息技术正在成为驱动服务创新的重要动力。资本推进和优化新业态、新产品供给。资本投入有利于旅游新兴产业的快速培育，以住宿新业态为例，资本投入推进了非标准住宿类产品的迅速推广，景区露营、精品帐篷酒店等获巨额投资，房车露营类住宿快速发展；途家并购蚂蚁短租，发力 C2C 市场；小猪完成 D 轮融资，加速打造多样化住宿分享平台。企业家是创新活动的参与者和引领者。企业家是生产要素新组合的实现者，纵观国内外旅游史，企业家无不站在旅游发展的最前沿。比如，库克旅行社的创立、迪士尼乐园的产生、安徽宏村中坤模式、驴妈妈提出旅游 IP，都离不开企业家及企业家精神在旅游要素新组合中创造性作用的发挥。

（三）第三次产业革命

目前，第三次产业文明已经悄然而至，在这个过程中智能化、信息化、低碳化将成为主要特征，这对中国旅游业的发展将产生革命性的影响。

1. 第三次产业革命及其影响

蒸汽机的发明与改良，成就了第一次产业革命；电力的广泛应用，成就了第二次产业革命。美国的经济学家杰里米·里夫金 2007 年提出“第三次工业革命”的概念，2011 年出版《第三次工业革命》。该书一问世，李克强同志就要求国家发改委、国务院发展研究中心以及中国社会科学院“密切关注”、发表系列研究文章，2012 年该书中文版发行。

第三次产业革命是指工业领域以智能制造技术、信息技术、新能源技术三大领域为代表的生产技术的重大突破。其以智能化、信息化、低碳化为主要特征。总体而言，第三次产业革命将引发全球生产方式和生活方式的重大变革，也将对我国经济社会发展带来多方面的影响。第一，智能化和自动化将对我国劳动力市场带来冲击。第二，大数据科技革命对我国科技创新能力形成了挑战。第三，3D 打印技术的推广应用将对我国中小型加工企业带来竞争威胁。如果中国继续满足于做缺乏创造力的制造业中心，那么“中国崛起”有可能被第三次产业革命所终结。

例证一：第三次产业革命将与山西等区域转型跨越产生叠加效应，煤炭等传统产业需转型升级。

例证二：交通产业将面临三大变化：第三次产业革命的标志性技术将在交通产业大量应用；交通工具的生产方式向数字化、模块化的“大规模定制化”转型；车联网、交通工具智能化将使汽车产品属性和使用方式的重大变化。

2. 第三次产业革命在旅游业的应用现状

智能制造技术：数字化、模块化的“大规模定制化”的生产、服务模式，以携程旅游集团的精益服务体系为代表。该系统是以客户为导向，通过产品研发、流程优化、技术创新、知识管理、精准营销等服务创新手段，融标准化、精细化、群分化、系统化为一体而形成的服务运作体系。

信息技术：大数据、云计算、移动终端等新技术在旅游业的应用，不断推动智慧旅游等业态发展，滋生出许多旅游新业态、新产品、新的营销方式和新商业主体，进而推动产业组织发生深刻的变化。早在 2014 年，我国已形成 1 个国家智慧旅游服务中心、33 个智慧旅游试点城市和 1 个智慧旅游大国的智慧旅游体系。贵州在“旅游云”平台、北京和成都在智慧旅游中心，以及目的地推广网站、App 上下了很大功夫。

低碳技术：例如上海市发布的“重安全、求保障、倡低碳”提示，汝州市举办的“文明旅游、低碳生活”旅游宣传活动，以及旅游企业对中央空调系统变频技术、酒店电梯系统数字模糊技术以及废热、余热的回收利用技术。

中国旅游业发展到今天，应当跟上时代的步伐，主管部门更应时刻保持超前的意识，领先一步，站得更高、看得更远，引领好各地区、各部门的旅游工作。深刻认识到第三次产业革命是对旅游业影响全行业的重大历史事件，形成应对这一发展环境变化的系统方案。

二、当代科技推动旅游业新发展

新技术的发展和广泛应用为旅游经济发展提供了动力。移动互联网、大数据和人工智能不仅为游客提供了难以想象的便利和自由，还产生了可观的流量红利，为新业态和新商业模式培育成长提供了必要前提。动辄“10 万 +”的流量资源和智能化、精细化营销及服务从产业链全过程重塑旅游业。在技术持续强劲赋能的大背景下，对旅游市场的重新定义和认识成为行业发展的重要内容。

随着 5G、区块链、生物工程等新技术的广泛应用，政府和业界对旅游大数据的需要与日俱增，而研发、建设和应用主体的增加，数据的规模化生产和质量提升、数据价值的挖掘和数据伦理的建构，都在切实推进大众旅游新时代的大数据理论和统计工作体系的创新。

（一）信息技术与互联网

互联网发展带来的数据红利已经开始显现，数字资源成为社会生产的基本要素。在经济增长理论中，哈罗德 – 多马模型认为劳动力和资本是重要的生产要素，也就是说资本和人口红利能推动经济增长。之后，索罗和罗墨丰富了的增长理论。他们认为，除了劳动力和资本之外，科技作为外生变量，也会推动经济发展，但它只作为一个常数，用来修正资本和劳动力的影响。再之后，新经济增长理论认为，科技作为内生因素能够推动经济发展。换句话说，就是科技进步是重要的生产要素。如今，以互联网、大数据、人工智能为代表的新一代信息技术更是很好地诠释了科技进步作为生产要素推动经济增长。有关测算数据显示，2018 年我国数字经济总量达到 31.3 万亿元，占 GDP 比重的 34.8%。过去，我们经历了改革红利、全球化红利、人口红利，在信息技术时代，数据和数据技术作为信息技术的重要支点，已然成为重要的生产要素，已经成为经济发展尤其是旅游经济发展的新红利。事实上，旅游数字经济已经走在了前列。互联网造就了新的旅行组织方式、产品形态和商业模式，带来旅游经济增长的重要动能。有关数据表明，2018 年我国在线旅游交易额达到 9754.25 亿元，约占同期全国旅游总收入的 16%。此外，像马蜂窝、堆糖等平台，数据本身就是内容和产品创新的基础，数据自身就是旅游数字经济的重要组成。

全球数字经济渗透首先是从服务业开始的。在世界范围内，服务业数字经济在整体经济中的占比，也远高于工业数字经济和农业数字经济。数字经济以现代信息网络作为重要载体，以信息通信技术的有效支撑通过数据和信息的传递，在社交领域联通了人与人的关系、在商业领域联通了服务需求和服务供给，并逐步拓展到生活和生产各个领域，解决服务产品生产和消费问题。从 1994 年互联网诞生，到 1997 年、1998 年网易、搜狐、腾讯、阿里等中国互联网企业相继成立，互联网在商业领域迅速渗透扩张，急速扩展形成了电商、在线旅行商、网络视频、游戏、博客、微博、微信等线上内容生产等新业态、新交互模式，以及共享经济等新商业模式。在服务业数字经济高度发达的德国，服务业数字经济甚至占比超过 55%，我国大约在 30%，旅游数字经济是其中最为亮丽的组成。

在互联网推动中国成为数据大国的当下，旅游业将逐步迈入科技引领发展的时代。从 1999 年至今，我们已经整整经历了 20 年。如果说，二三十年前是整个经济社会是以实体经济为主，那么过去 20 年则是实体经济与虚拟经济的结合。这 20 年，中国互联网、智能手机的野蛮生长，使我们拥有了全球最大的互联网用户、手机网民和在线旅行服务交易群体，游客行为和企业活动的信息化为产业技术创新和数字经济发展提供了坚实的数据资产。事实上，中国老百姓对于个人隐私、对数据遗忘权、修改权和访问权的忽视或者大度，使得中国开展人工智能和大数据研究提供了很大便利。在新时期，以大数据、区块链、5G、人工智能、物联网等技术为支撑，旅游业将逐步进入数据红利时代。依托数据优势和大数据、5G、人工智能、物联网等先进技术，实现更加安全、便利和有品质的旅行，将是未来旅游业发展和提升的重要路径。

（二）大数据

通常，大数据（Bigdata）是指数字化时代下创造出的大量非结构化和半结构化数据，这些数据无法用传统数据库工具对其内容进行抓取、管理和处理。

广义范畴的大数据是指体量特别大、数据类型特别多的数据集，即海量数据的统称，可分为结构化数据、非结构化数据和半结构化数据，具有价值密度低和增长速度快等特点。

随着第三次工业革命的兴起，新技术的发展日新月异，基于互联网、物联网的新型企业已经成为支撑国民经济的重要组成，旅游经济领域更是呈现出在线旅游企业与传统旅游企业鼎足而立的格局。在技术革新和市场需求的协同推进下，大数据及其相关技术衍生了系列新型业态，搜索引擎公司、在线旅游企业、相关下游企业等蓬勃发展。可以推断，往后十年或更长的时期内，技术和市场共同推进在线旅游企业的发展将成为旅游经济增长的核心力量。

在数据信息更新急剧加速的环境下，传统统计数据已经难以满足经济动态监测和预警的需求，需要依托大数据等新技术寻求新的突破。作为对常规统计的有益补充，应用大数据建立基于互联网、物联网平台的调查研究及应急响应系统，能够更高效地对旅游经济运行实施动态监测，对突发事件进行及时响应。同时，大数据在提升政府公共管理职能和数字化市场营销方面也将发挥不可替代的作用。

大数据正在成为旅游产业从高速度增长走向高质量发展的新动能。宏观研究机构对客源地和目的地市场态势的周期性监测，商业数据公司对消费结构、消费行为，以及投资、经营等财务信息的研究，对旅游集团的战略规划变得更像是经济学的博士论文答辩。相对于企业家的经验管理和经营团队的避险决策，大数据可以帮助旅游投资机构、旅游集团和大型涉旅企业建立进取型的专业决策体系。无论是介入旅游目的地宣传推广和市场促销，还是辅助旅游企业的战略决策和产品研发，都离不开统计、计量和数据，特别是自主生产的数据支撑。经由专业统计的大数据分析，企业可以发现没有被满足的市场、正在形成的新需求，可以完善和创新商业模式和生产方式，可以改进产品研发、量产和传播模式。这些工作做好了，旅游经济的增长方式才可能从资源驱动型转向要素驱动型，才可能发挥科技、资本和文创新合力，促进旅游业的高质量发展。从各大市场主体的研究机构和数据中心建设情况来看，还处于平台搭建和人才培养的初级阶段，距离日本松下的“政经塾”、美国的贝尔实验室、阿里的湖畔大学等标杆，我们在核心研究团队、数据生产体系、协同实体业务等方面还有漫长的路要走。

大数据基础建设和市场应用将从激情走向理性。随着 5G 的商用进程加快，万物互联的时代开始到来，更大的市场、更多的数据将成为现实。行政、市场和消费主体对大数据肯定会更加重视，与此同时，对数据的迷思也将会随之破除。在概念处于理论研究和学术探讨的阶段，其受众和影响力有限。随着大众化传播，概念进入市场导入期，投资和研发活跃，商业和行政力量加速聚集，会让身处其中者陷入迷思状态，甚至言必称大数据。概念得到普及并为公众所接受以后，大数据的应用将会更理性，更加重视平台、团队、技术、专利等基础工作，更加强调对宏观决策和市场主体的应用价值。高校和企业随便挂个牌子，一夜之间就成了旅游大数据中心，就以“白皮书”“蓝皮书”的名义发报告的时代，已经成为过去。国家、地方和旅游企业对数据越是重视，我们越是要以理性务实的心态做好黄仁宇先生所说的“数目字”管理工作。无论是顶层设计，还是基础工作，都需要有智慧和耐心，专业团队的培养和知识合作网络的构建绝不是“毕其功于一役”的事情。

大数据将成为市场主体创业创新的现实主动能，市场主体将成为新时期数据伦理建设的关键角色。现在，政府部门、高校和科研院所、旅游集团都在成立自己的大数据中心，也在发布各种各样的数据。这是好事，说明大家重视，但是不能只是满足于发报告和抢话语权。如果不能为企业的投资、生产和管理带来切切实实的动力，旅游大数据是走不远的。杭州的深大智能、上海的创图、北京的旅图、大业漫奇妙等深耕文化和旅游领域的数据公司已经在内容创造、生活引领和产业赋能等方面做了大量卓有成效的工作。旅游集团20强和旅行服务、旅游住宿、旅游购物、旅游娱乐等领域的传统业态也要跟上来，抢占数字旅游时代的数据制高点。与此同时，也要高度关注旅游大数据的产业安全和数据伦理问题。数据是国之公器，是旅游产业转型升级的关键共性技术、战略平台、核心技术，涉及消费、市场和投资的重大数据库，数据生产的主动权和数据传播的话语权，都必须掌握在我们自己手中，以保证其公益属性。针对已经出现的数据垄断、信息孤岛、消费隐私泄露等数据伦理问题，有必要引起旅游行政主管部门和数据监管机构的高度重视，并拿出切实的措施引导市场主体践行社会责任。

大数据将重构文化资源和旅游市场，一个“数字旅游”时代正在来临。我们已经从理论上说明了文化建设和旅游发展，都是为了满足人民美好生活的需要，也确定了“宜融则融、能融尽融；以文促旅，以旅彰文”的指导思想和规划思路。随着更多文化消费、文化公共服务、文化遗产、文化产业数据的公布，已经完成了市场化进程的旅游业与文化事业、文化产业必将进入一个加速融合的进程。2019 年 8 月，中国旅游研究院（文化和旅游部数据中心）首次发布了国民文化消费报告，发现了民众对文化的消费诉求已经超过了对物质的消费诉求，发现了愿意对文化需求付费的比例在增长，但是尚未形成有效的文化消费市场和现代文化产业。连续 40 多个季度对旅游经济运行体系的监测，以及对全国游客满意度的调查表明：传统的自然资源和历史人文资源仍然是游客的刚性需求，但是已经成为保健因素而非激励因素。也就是没有这些资源和景区不行，但是只有这些资源已经不能再有效提升游客的满意度了。从供给侧看，传统的旅游资源、资本和技术要素边际报酬率已经处于衰减期，亟须加强数字化转型。“十四五”文化和旅游融合发展规模要重点研究如何用好公共文化的存量资源和旅游市场的增量投资，在主客共享美好生活的理论指导下，让老百姓有得游、游得起、游得开心、玩得放心，推动旅游产业走向高质量可持续发展的新阶段。

（三）数字化

2019 年，G20 峰会签署了“大阪数字经济宣言”。中国国家主席习近平在发言中强调，数据就像石油，应建立公平且无差别的市场，人为干预是不恰当的。习近平指出，当前，数字经济发展日新月异，深刻重塑世界经济和人类社会面貌。我们要营造公平、公正、非歧视的市场环境，不能关起门来搞发展，更不能人为干扰市场；要共同完善数据治理规则，确保数据的安全有序利用；要促进数字经济和实体经济融合发展，加强数字基础设施建设，促进互联互通；要提升数字经济包容性，弥合数字鸿沟。作为数字经济大国，中国愿积极参与国际合作，保持市场开放，实现互利共赢。

在信息社会和产业革命的过程，许多技术与文旅发展息息相关，如无线电波应用于交通旅行，录音录像、电脑手机是旅游活动、旅游服务的必需品，智慧交通、互联网、物联网（产业互联网）以及当下的中国人工智能“四大金刚”“四小虎”都与文旅行业密切相关。迄今为止，信息革命以来的信息化、智慧化、智能化、大数据、互联网、5G、物联网等，可统称为数字化。

随着信息化、网络化、大数据、智慧化、智能化等数字科技深入发展，人类社会数字化趋势越来越明显，数字经济方兴未艾。数字科技是利用计算机集群来大批量采集、存取、处理、分析、挖掘、预测和呈现数据的方法和手段。

数字科技与云计算、物联网、互联网密不可分，同时也是人工智能（AI）、商业智能（BI）、虚拟现实（VR）等技术的基础。进入21世纪，数字科技作为信息技术革命的重要“支点”，作为生产要素和创新引擎的存在，已经成为全球共识。

随着互联网在商业领域迅速渗透扩张，形成电商、在线旅行商、网络视频、游戏、博客、微博、微信等线上内容生产等新业态、新交互模式，以及共享经济等新商业模式。在新时期，以大数据、区块链、5G、人工智能、物联网等技术为支撑，我国拥有了全球最大的互联网用户、智能手机用户和在线旅行服务交易群体。

当前，欧美等发达国家数字经济快速发展，例如德国服务业数字经济甚至占比超过55%。2018年年底，我国拥有8.29亿网民，智能手机用户数超过13亿，蜂窝物联网终端6.7亿户。2018年我国数字经济总量达到31.3万亿元，占GDP比重的34.8%。

党的十九大描绘了决胜全面建成小康社会、开启全面建设社会主义现代化国家新征程、实现中华民族伟大复兴的宏伟蓝图，对建设网络强国、数字中国、智慧社会做出战略部署。我国实施数字中国国家战略，2018年召开首届数字中国建设峰会。习近平总书记指出，当今世界，信息技术创新日新月异，数字化、网络化、智能化深入发展，在推动经济社会发展、促进国家治理体系和治理能力现代化、满足人民日益增长的美好生活需要方面发挥着越来越重要的作用。中国新一轮数字经济的主要业态主要有：5G商业模式、智能硬件、AR/VR、数字媒体、短视频等。加快数字中国建设，就是要适应我国发展新的历史方位，全面贯彻新发展理念，以信息化培育新动能，用新动能推动新发展，以新发展创造新辉煌。

旅游便利化面临数字时代新机遇。未来旅游目的地的联合发展依然需要继续提升区域内部的互联互通，提高旅游便利度及旅游服务品质，即关注旅游效率和质量的提升。在数字经济时代，智慧旅游、旅游大数据、虚拟现实、增强现实、人工智能能等技术在旅游场景中的应用不仅可以提高旅游服务效率，还能创新旅游产品内容和体验，提升旅游服务品质。

数字文旅的时代已经到来。当前，包括手机在内的移动互联设施带给消费者方便，可以随时随地去查取信息、完成消费和支付，甚至随手点评。4G、5G网络已经成为文化旅游的公共基础设施。5G的覆盖范围更广、内容更丰富、效率更高，既是消费互联网的时代，也是万物互联的时代，5G、4K 等新科学技术正在改变未来的旅游，也将会改变旅游业赖以生存发展的传统资源基础。在大众旅游时代，科技正在改变旅游，行业的边界逐渐消失，这就要求产业研发者、经营管理者、行业的监管者要用全新的思维、全新的手段应对这样一个新时代的到来。

（四）人工智能

1. 人工智能起源和发展历程

提到人工智能，首先要了解人工智能之父图灵。早在 1950 年前后他就开始了对人工智能的探讨，那时是机器智能。他提出了图灵测试，让测试者与被测试者隔开，每人一台机器，通过一些装饰的箭牌，向被测试者随意提问，进行多次测试后，如果有超过 30% 的测试者不能确定出被测试者是智能还是机器，那么这台机器就通过了测试，并被认为具有了某种程度的智能。

人工智能经历了六个阶段：第一个阶段是 1956 年—20 世纪 60 年代初，人工智能概念被提出，处于起步阶段。第二个阶段，20 世纪 60 年代—70 年代初，这一时期人工智能有了很大突破，但是机器的性能、计算复杂性的指数增加以及数据量的缺失等问题，使得这一时期还处于第一个低谷期。第三个阶段，20 世纪 70 年代初—80 年代中期，这一时期，人工智能从理论研究走向应用。第四个阶段，20 世纪 80 年代中期—90 年代中期，这一时期的人工智能应用领域比较狭窄，外加苹果、IBM 生产的台式机性能不断提升，使人工智能进入第二个低谷期。第五个阶段，20 世纪 90 年代中期—2010 年。20 世纪 90 年代初，中国正式接入国际互联网，互联网技术发展较快，加速人工智能的创新研究。1997 年，深蓝超级计算机战胜了国际象棋世界冠军卡斯帕罗夫，将人工智能推向新高潮，人工智能进入稳定发展期。第六个阶段，2011 年至今，移动互联网的发展以及大数据的迅速发展，满足了人工智能研究的基本条件，再加上云计算等技术的成熟，使得科学与应用之间跨越了技术鸿沟。比如，图形分类、语音识别、知识问答、人机对弈、无人驾驶等人工智能技术实现了从“不能用、不好用”到“可以用”的突破，人工智能进入快速发展期。

我国人工智能的发展现状。从政策方面来看，我国从 2015 年起，频繁出台人工智能领域的相关政策，2015 年发布《中国制造 2025》，2016 年发布《机器人产业发展规划（2016—2020 年）》《“互联网 +”人工智能三年行动实施方案》和《“十三五”国家战略性新兴产业发展规划》，2017 年发布《新一代人工智能发展规划》和《促进新一代人工智能产业发展三年行动计划（2018—2020 年）》。从目前发展情况来看，中国在核心技术领域起步晚、力量薄弱。但是在产业应用层面呈现出爆发式增长，主要集中在安防、金融、医疗、教育、零售、机器人以及智能驾驶等领域。中国政府十分重视人工智能，在政策环境层面给予大力支持，较为关注中国制造、创新驱动聚焦实现人工智能领域产业化。

人工智能到现在，应该说也有 20 年左右的时间了，第一次受到广泛关注是 1997 年深蓝在国际象棋人机大战中战胜了人类，这是人工智能历史上的一个里程碑。人工智能真正引起轰动是 2016 年的阿尔法围棋（AlphaGo），这中间经过了将近 20 年，2006 年深度学习这个算法正式被提出来，阿尔法围棋其实就是基于深度学习的。人工智能跟数据的关系非常紧密，甚至数据发展到大数据阶段，人工智能可以约等于大数据。那么为什么深度学习在提出来的前几年没有引起轰动，一个重要的原因就是当时数据还不够规范，数据量还不够大，处理数据的能力也不够强。那时候早已经有了人工神经网络。人工神经网络是数学里的一个个函数，一个个函数连接在一起，就相当于一个人的脑神经细胞，我们称之为人工神经网络，相当于一个漏斗，把数据过滤一下，一个单元节点就是一个单元。函数的数学定义是把输入转化成为输出，自变量转化为变量。那么深度学习跟一般的人工神经网络有什么区别？深度学习至少要七成，而以前我们的技术能力可能人工神经网络只有一成两成，但是七成是由于技术的进步，我们有很多变形技术，随着变形技术的发展，数据量也足够大了。再就是时间复杂度，在计算机领域是个非常敏感的问题，时间复杂度只要是指数级别的，我们一般认为是处理不了的。2011 年、2012 年，移动互联网兴起，那时数据量已经是指数级别增长，当时阿尔法围棋还没出现，但是很多有先见之明的科学家已经提出了一些观点。当时计算机界有一个很著名的院士叫李德义，他提出这样一个观点，叫作超越图灵机的数学模型，其实指的也就是人工智能，但是他一提出来，当时被计算机界的人群起而攻之。因为计算机界的人认为他提出图灵机是可计算跟不可计算的分界点，就是图灵解决不了的，那么在计算机界就像《圣经》一样，认为是绝对不可能超越的。但是这几年随着移动互联网，包括大数据的发展，现在计算机已经不再是纯粹的一个计算机，计算机更多地跟复杂网络结合在一起。复杂网络，可能规模真的复杂到一定程度，由量变发生了质变。在人工智能领域，尤其在旅游领域，最重要的就是供给跟需求之间的匹配。这一点也是人工智能能够通过数据，把需求提取出来，当需求被提取出来以后，通过大量的数据处理，跟供给之间做一个快速的配对。AR 本质上也是匹配，只不过它是人机的匹配。包括语音识别、图像识别。我们在理论研究上，不是世界上最好，但是中国现在在人工智能的产业应用上是世界最强的。我们有全世界最大量的数据，中国人制造数据的速度比世界上任何一个国家都快，所以这一点造成我们中国的人工智能在某些程度上处于领先地位。

2. 人工智能在旅游领域的应用

人工智能在日常生活中应用较广，如语音转文字、多语言翻译、美颜相机、刷脸支付、与机器人交互、各类智能机器人、各类 App 个性化推送功能、无人驾驶汽车以及类似阿尔法围棋与柯洁围棋对弈等。在旅游领域也有许多应用场景。例如，在游客体验方面，在酒店、机场、景区、博物馆、展览馆等场所投放的机器人服务。在部分景区、机场、商场等建立 VR 体验馆和 AR 体验场景，让游客体验虚拟现实和增强现实；景区的刷脸入园、酒店的刷脸服务、刷脸支付、刷脸取物等；游客在出境旅游中时常用到的拥有“人工智能”“图片翻译”“语音识别”“AR 实时翻译”等功能的翻译软件。在企业运营方面，旅游企业运用的 AI 客服、智能助手；企业利用 AI 对用户进行分析，实施精准营销和广告投放；企业利用 AI 对用户需求和海量数据后台分析创新旅游产品和业态开拓，为游客带来满意的旅游线路和产品。

人工智能在旅游领域的应用中存在一些问题。一是以噱头为主、浮于表面。有很多场景使用的机器人比较单一，功能也单一，甚至有的是自动化的遥控设备，远达不到智能效果，无法满足用户的智能需求。二是滥用技术获取数据。如滥用刷脸技术，甚至游客上厕所取纸也需要刷脸。三是大数据杀熟，违反了用户的知情权、隐私权、自主选择权和公平交易权，造成了“最懂你的人伤你最深”的局面。

总之，我国旅游业已经进入数据红利时代。过去 20 年，中国互联网、智能手机的野蛮生长，我们拥有全球最大的互联网用户、手机网民和在线旅行服务交易群体，游客行为和企业活动的信息化为产业技术创新和数字经济发展积累了坚实的数据资产，旅游业将逐步进入数据红利时代。科技引领旅游发展的时代正在到来。在互联网推动中国成为数据大国的当下，中国老百姓对于个人隐私、对数据遗忘权、修改权和访问权的忽视或者大度，为中国开展人工智能和大数据研究提供了很大便利。包括 BAT（百度、阿里巴巴、腾讯）、TMDJ（头条、美团、滴滴、京东）等企业在内的一大批高科技企业进入到文化和旅游行业，依托数据优势和大数据、5G、人工智能、物联网等先进技术，开展面向研发更加安全、便利和有品质的旅行产品、服务和内容，他们将成为未来旅游业品质提升的生力军。技术应用研发不能背离科技以人为本的技术伦理。技术的本质是为人和社会的发展服务，无论 AI 还是其他技术，首先要考虑人的需要，在旅游领域，就是要考虑游客的利益和需要。要切实关注三个核心问题，即技术理性、人文关怀和环境关切。旅游方面的技术创新主要是技术的融合应用创新，“技术理性”是我们在技术研发和融合创新过程中既要技术应用适度，考虑商业模式和技术成本，同时也要考虑技术伦理和数据使用伦理。“人文关怀”是技术研发要面向游客更加便利、安全、品质的旅行服务，不能造成“最懂你的人伤你最深”，而是要面向更加高效便捷的企业服务流程再造及服务界面创新，面向更加高效的公共服务能力和以效能为导向。“环境关切”需要各个企业主体在应用过程中，本着人和自然和谐相处的理念，切实关注技术应用的自然、社会环境成本，面向改善人与自然的和谐发展的生态理念“真”而“善”的研发，而不是“样板式的炫技”和“可视察性的装饰”。

（五）物联网

数字化为互联网旅游向物联网旅游进化提供关键链接。游客活动具有典型的综合性特征，既涉及吃、住、行、游、购、娱，也涉及旅游前、旅游中和旅游后的各种行为，游客活动数字化是互联网旅游发展的结果，更为物联网旅游发展提供大型试验场。2018 年年底，我国拥有 8.29 亿网民，智能手机用户数超过 13 亿，蜂窝物联网终端 6.7 亿户，这些都将成为万物互联的基础，为旅游领域的人工智能、物联网研发提供养料。一个“90 后”的旅游过程，从旅游前的百度查询、QQ 或微信聊天，到实时打卡、种草、直播，再到分享、吐槽，游客活动的本身为万物互联提供了重要的基础人口数据、游客行为数据和旅游相关数据，这为互联网旅游向物联网旅游进化提供了重要的生产要素。

市场主体的数字化是物联网旅游实现的核心。我们需要首先对我们的旅行服务企业、餐馆、景区、住宿企业、演艺企业、交通，甚至目的地社区实现运营和管理过程的信息化、网络化、可感应的过程，需要整个社会建设好万物互联的基础设施。其次是目的地社会的数字化。需要我们的目的地体系依托智慧城市建设、数字乡村建设、全域旅游的智慧升级来完成目的地的数字化进程。包括建设面向游客终端消费的感应设备、移动互联、云计算和云服务、5G 网络、智能终端等，从基础硬件层到软件层的数字化是升级，既是智慧旅游的基础，也是物联网旅游发展的基础。

（六）区块链

从中国的旅游实践来看，过去十年，旅游业最引人注目的重大进展就是信息和通信技术（ICT）的商业化应用，不仅改变了旅游消费方式、供给交付方式，还创新了旅游业的商业化发展模式，引发了产业组织方式的深层次变革。区块链作为一项前沿科技，又是热点话题，尤其是区块链与旅游结合的可能性与风险性引起行业高度关注。既不能跟风炒作，助长概念泡沫，也不能视而不见其可能的应用场景和商业模式。

区块链本质上是一个分散化、不可篡改的网络式数据库，其主要支撑包括分布式技术、密码技术和共识算法。

一谈到区块链，人们自然会将比特币与区块链联系起来。众所周知，比特币（Bitcoin）是由日裔美国人中本聪发明的，2008 年 11 月中本聪发布白皮书《比特币：一种点对点的电子现金系统》并提出区块链的概念，2009 年 1 月 3 日，比特币软件正式运行。此后，参考比特币的技术实现，包括 1000 多种数字货币在内的各种区块链应用层出不穷。实际上，数字货币离不开区域链，而区域链远不止数字货币。

区块链是超越比特币的技术总称。伴随着比特币的爆炒，数字货币总规模一度突破 6000 亿美元，区块链技术也因此引发了人们的强烈关注，从一个计算机专业人士都不容易弄清楚的技术名词，很快就“凡井水处皆能歌柳词”。从专业角度说，区块链是比特币的底层核心技术，比特币只是区块链的应用形式之一，而不能简单地将比特币和区块链画等号。到目前为止，区块链已演化出三代技术了，即区块链 1.0——数字货币、区块链 2.0——数字资产与智能合约以及区块链 3.0——区块链连接移动终端。

区块链本质上是一个分散化、不可篡改的网络式数据库，其主要支撑包括分布式技术、密码技术和共识算法。其中，分布式技术作为基础，使得区块链的节点分布在不同的物理区域并保持逻辑一致；密码技术作为骨骼，保障了区块链系统的数据安全；共识算法作为灵魂，为区块链系统提供了一套解决信任和价值传递问题的方案。

区块链内含了数据资源去中心化和决策分散化的价值取向，承载了现代商业文明不可或缺的分工协作与契约精神。区块链技术使得以数据为代表的资源，不像传统中心化系统一样被中心节点所垄断。共识算法使得区块链上的经济活动，需要多数节点的参与并达成一致共识。因此，区块链的去中心化只是手段，不是目的。通过去中心化，辅以不可篡改的特性，区块链构建了一种参与者相互背书的信任协作机制。它不仅可以传输数据，还可以传输价值。

从应用上说，区块链大体上可以分为链圈和币圈两大流派。是否发行用于流通的代币是两者的分水岭。币圈凭借白皮书靠 ICO（首次币发行）做前期募资，技术上是说得通的。但是许多打着区块链幌子的投机炒作项目也混杂其中，绝大多数项目难以落地。链圈更多指的是以区块链技术改造传统行业的项目，他们通常不需要靠公开发行代币实行经济激励。

理论是灰色的，而实践之树常青。区块链的技术特征和价值取向决定了对区块链的应用研究不能也绝不能只是局限于数字货币。对于旅游创业创新的政策制定者、战略研究者和市场实践者来说，尤其要关注区块链在具体消费场景中的商业应用。

考虑到区块链在交易并发能力、数据存储能力、通用性等方面还存在不足，BAT、京东等互联网巨头在布局区块链技术的同时，也在推动区块链技术的实质性进步。相比之下，包括 OTA 在内的国内旅游企业在资本积累和技术储备上尚有差距。2019—2020 年，旅游业界的区块链概念泡沫很可能会进一步加大，同时也会有一部分公司和团队开始探索区块链与具体旅游场景相结合，通过解决市场痛点去推动商业模式创新，不同类型企业的关注点和扮演的角色会有所差别。我们需要跟踪关注包括途易这样的国际旅游集团对区块链技术的商业应用，及其重塑旅游产业未来走向和全球格局的可能性。同时也要关注小微型旅游企业对区块链技术的跟踪和尝试，假以时日，他们中间的优秀者会通过科技创新和市场竞争脱颖而出，引领中国旅游产业的未来。

随着全域旅游的深入推进，旅游业的边界不断扩大，创业创新进一步加快，监管部门也要不断提升兴旅治旅的综合能力和专业水平。根据金融监管的规定，比特币等数字货币交易在我国是禁止的，旅游部门不能因此就不再关注这一现象了。对于区块链旅游，既不能坚决杜绝，也不能放任不管，而是要沉着应对，引导技术公司和投资机构切实解决旅游行业痛点，重点解决人民对美好旅游生活的追求与旅游发展不平衡不充分的矛盾。

旅游运营商要关注市场基本面，坚定不移地走当代科技与大众旅游融合发展的道路。在解决行业痛点和提高生产力的过程中，应最大限度地向技术研发机构说清楚需要解决的问题。投资者应着重探索区块链在具体旅游场景的应用，通过提升旅游市场效率，更好地为广大游客提供诚信而有品质的服务。而不是打着区块链的旗号进行金融炒作，尤其要防止出现盲目地把旅游金融抬高到不可控水平的风险。绝不能为了区块链而区块链，甚至把区块链和旅游业完全割裂开来，一味地炒作概念，终会伤及行业自身。

全行业对区块链要有清醒的认识，任何时候、任何行业都不可能完全以机器信任代替人的信任，更不能因此而放弃对“游客至上，服务至诚”的旅游业核心价值观的坚守。全行业在科技创新和文化创意的同时，要时刻牢记习近平总书记的教导：“人民对美好生活的向往就是我们的奋斗目标。”“幸福都是奋斗出来的。”踏踏实实地努力，坚持做阳光下的生意，主动承担社会责任，增强自我约束，不断提升社会对旅游业的信任、信心和尊重，终是国家旅业的王者之道。

（七）文创开创新领域，引领新方向

国宝会说话、故宫口红、兵马俑酒店是文创，北京 798、成都宽窄巷子是文创，但远远不是文化创意与旅游产业融合的全部内涵。如果我们只盯着老祖宗留下来的那点儿文博遗产、戏曲舞蹈、文学艺术做文章，而忽视传承红色基因的革命文化和中国特色社会主义伟大实践的先进文化，也无视体现人类共同价值的其他文化，那么可以预见未来一个时期的文创将只具有策略和项目的意义。

习近平总书记在党的十九大报告中指出：中国特色社会主义文化，源自中华民族五千多年文化历史所孕育的优秀传统文化，熔铸于党领导人民在革命、建设、改革中创造的革命文化和社会主义先进文化，植根于中国特色社会主义的伟大实践。总书记关于文化自信、文化建设和旅游发展的一系列讲话，为文化创意推动旅游创新发展提供了强大的思想动力和行动指南。现在市场上缺的不是宏大叙事，而是能让市民和游客入心的微观感知。

这需要旅游人掌握文化的力量，只有成为有品质、有温暖的人，才会给别人以品质温暖。这也需要旅游人掌握科技的力量，在我们把剧集《芈月传》《大

明宫词》《甄嬛传》《延禧攻略》一路追下来时，别人已经在机器人研发的路上从阿尔法围棋进化到四足机器人 ANYmal 了，而迪士尼也在上海同步迭代了《疯狂动物城》项目。在新的一年里，发行了爆款原创动画《洛宝贝》的大业传媒、人工智能领先者科大讯飞、无人机领域的大疆、物流领域的顺丰，以及举世闻名的华为，都将给旅游业带来新的强大推动力。

第二章　科技正在加快旅游消费升级

旅游是为人类幸福和发展而存在的产业。游客的每一次远行，是为了更好地归来。我们的每一项工作，是为了让游客能更加自由地行走，有更高品质的经历，让所有业者、目的地社区居民有更加美好的生活。《马尼拉旅游宣言》讲，旅游是人类长存的生活方式，发展旅游的根本目的是提高生活质量，并为所有人创造更好的生活条件。

一、持续提升旅游消费质量水平是旅游发展的目标方向

（一）适应我国消费结构升级趋势

我国在解决温饱问题、全面建成小康社会的历史进程中，经济持续较快发展，居民收入水平不断提高，人民美好生活需要日益广泛，对物质文化生活提出了更高的要求，集中体现为消费结构的升级。一是消费的品质在升级，从温饱型向小康型转变；二是消费的对象在升级，从以产品为重点向以服务为重点转变；三是消费的方式在升级，从以线下为主向线上为主转变；四是消费的行为在升级，从标准化向个性化转变。在消费升级的大趋势下，社会生产力的发展使得产品和服务供给总量不足的问题有所缓解，而供给不平衡不充分的问题凸显出来。研究表明，为了获得生活经历或经验而进行的“体验消费”，比为了拥有物质类商品而进行的“实物消费”，更能有效促进个体的幸福感。也就是说，如果产品和服务的供给能够更好地匹配不断升级的消费，则有利于增强居民的获得感和幸福感。

（二）旅游是幸福生活的重要承载

习近平总书记在党的十九大报告中指出，中国共产党人的初心和使命，就

是为中国人民谋幸福，为中华民族谋复兴。追求和享有幸福是人的本性需要和自然诉求，人类追求幸福的脚步从未停止。一项全国性的调查表明，94.3% 的受访者认为旅游能提升个人幸福感。可见，旅游已经是幸福生活的重要承载。

旅游正加速走进寻常百姓的生活。近年来，旅游市场规模以持续超过 GDP 的增速大幅增长。2000 年至 2017 年我国国内旅游人数和出境旅游人数的年平均增速分别为 11.9% 和 16.3%，同期旅行社组织的出境游人数年增长率超过 20%，2017 年城乡居民出游率已达到 3.7 次。如果说十几年前逢年过节一家人能出去旅行还是一件令人羡慕的事情，如今这已经成为平常。春节期间，旅游过年已经成了新民俗。不仅如此，每逢周末或节假日，人们会纷纷走出家门去体验和感受自然、文化之美，这样的假日安排已经成了很多都市家庭的惯例。以北京为例，2017 年，不包括居民国内跨省游和出境游，仅市内游的人均出游就达 5.3 次。这意味着旅游已经作为一种日常休闲进入了居民生活。时至今日，旅游已经从少数人的福利发展到老百姓的普遍权益，成为大多数人幸福生活的组成部分。

旅游之幸福既有体验的愉悦，也有关系的改善及获得的快乐。旅游过程中感知和体验的愉悦是幸福的基本组成。旅游之幸福首先是感知和体验的愉悦。无论是庄子的“条鱼出游从容”还是亚里士多德“灵魂的善”，幸福作为一种主观感受，首先是感知和体验，其强弱程度存乎于心。在旅游过程中，游客观赏自然和人文景观、与目的地居民和谐接触、感受目的地生活氛围、参与和体验休闲活动等过程都可以获得身心愉悦。中国旅游研究院的一项调研表明，94.3% 的受访者认为能够通过旅游活动愉悦身心、增长知识、丰富生活阅历、体验异地风情和摆脱琐碎的生活烦恼，并获得内心的平静。调查数据还表明，14~28 岁的青少年和 60~69 岁的老年人在旅游提升学习体验方面的幸福感最强，认为旅游能增长知识和体验丰富的风俗民情。

旅游之幸福来源于人际关系的改善。旅游对提升青少年、老人、妇女、离异单身等特定群体的幸福感作用突出。调查表明，女性从旅游中获得的幸福感高于男性，离异人群通过旅游获得的总体幸福感最高。调查还显示，人们通过旅游可以同时获得个人和家庭、生活和工作的双重双向幸福感。旅游对提升人际交往方面的幸福感作用非常突出，87.4% 的受访者认为能通过旅游获得同事朋友对自己的积极评价，受到更多关注，增进亲情、友情和爱情，拓展社会关系网络；77.5% 的受访者认为旅游“能激发工作、生活热情，旅游回来后以全新的状态投入工作”。可见，旅游对促进家庭和睦、社会和谐、增进社会整体幸福的作用不容小觑。

旅游之幸福还来源于实际获得和美好生活的实现。人们可以通过旅游活动获得新的认识，接触和认识不同的文化，达成满满的获得感。就目的地而言，发展旅游可推动目的地公共服务设施和服务的整体提升，当地交通条件、城市面貌、厕所等基础设施的改善，都能提升游客的幸福感。杭州、桂林等城市是其中的优秀案例。就当地居民而言，旅游发展可显著改善人们的生活质量，尤其是参与旅游经营的居民。2017 年，全国休闲农业和乡村旅游接待游客人数达 25 亿人次，相关经营主体已达 33 万家，越来越多的农村居民通过旅游过上幸福生活。根据调查，82.6% 的受访者认为，通过旅游“自己实现了对美好生活的追求”。旅游业无疑是多元利益相关者共同受益的行业，是游客、当地居民和企业能共同分享经济社会发展成就的行业。

（三）释放旅游需求潜力

从 2019 年需求侧市场面来看，国内旅游收入增速高于 GDP 增速，入境旅游稳步回升，出境旅游增速符合年初预期。从供给侧和产业面来看，投资和创业创新较为活跃，文创和科技对旅游发展的支撑作用更为明显。综合前三季度统计数据和第四季度居民旅游消费意愿、企业家信心指数，2019 年年初制订的各项指标有望全面完成，对 2020 年旅游经济运行持相对乐观的预期。

中共中央、国务院印发《关于完善促进消费体制，机制进一步激发居民消费潜力的若干意见》要求稳妥把握和处理好文化消费商品属性与意识形态属性的关系，促进包容审慎监管与开放准入有效结合，努力提供更多优秀文化产品和优质文化服务。总结推广引导城乡居民扩大文化消费试点工作经验和有效模式。推动非物质文化遗产传承发展、合理利用。健全文化、互联网等领域分类开放制度体系。开展全域旅游示范区创建工作。推动主题公园规范发展。加强对乡村旅游的政策指导，提升乡村旅游品质。支持邮轮、游艇、自驾车、旅居车、通用航空等消费大众化发展，加强相关公共配套基础设施建设。国务院办公厅印发《关于进一步激发文化和旅游消费潜力的意见》进一步要求提升文化和旅游消费质量水平，增强居民消费意愿，以高质量的文化和旅游供给增强人民群众的获得感、幸福感。

经研究测算，我国旅游发展尚有巨大潜力，通过改革、开放、创新等工作，发展优质旅游，推动供给侧结构性改革，将进一步释放旅游消费和投资潜力，持续推动我国旅游业持续快速健康发展。要顺应文化和旅游消费提质转型升级新趋势，提升文化和旅游消费质量水平，增强居民消费意愿，不断激发文化和旅游消费潜力。努力使我国文化和旅游消费设施更加完善，消费结构更加合理，消费环境更加优化，文化和旅游产品、服务供给更加丰富。推动全国居民文化和旅游消费规模保持快速增长态势，对经济增长的带动作用持续增强。以高质量文化和旅游供给增强人民群众的获得感、幸福感。

（四）培育文化和旅游消费新热点

在居民消费支出的统计中，文化和旅游相关大类支出在居民消费中的占比，呈总体上升的态势。中国的消费者已不再满足于基本的衣食住行，而是开始追求更高层次的服务体验和精神享受。旅游成为人们美好生活的重要组成部分，旅游需求开始从“有没有”向“好不好”“对不对”转变。旅游已经成为人们获得感和幸福感的重要来源之一，旅游应该通过更加平衡更加充分地发展，来不断满足人们日益增长的美好生活需要。作为消费的热点和重要增长点，旅游呈现出社会化、大众化和休闲化的趋势，已经成为广大城乡居民非常普遍的消费选项，甚至是一种比较普遍的生活方式了。

2020 年，我国将全面建成小康社会，将更加重视发展质量，要推动和践行以人民为中心的旅游发展观，在全域旅游发展过程中更加关注旅游目的地居民的发展需要。要以更普惠的政策设计和更有效的市场参与提升国民旅游之幸福，适时确立以国民幸福为导向的旅游发展观；以产业创新促成更有效的市场参与，我们只有通过制度、技术、资本等多个方面推动产业创新和供给侧结构性改革，形成更加符合人民需要的产业格局，才能更好地实现以旅游通往幸福的道路，鼓励中小旅游企业技术、商业模式和业态创新。因此，在任何时候，我们发展旅游业要以推动经济社会发展为导向，以满足人民对美好生活的向往为中心。也因此，旅游业的创新发展既要有商业理性、技术理性，更要有人文关怀，才能真正担起旅游业的产业价值和社会责任。

当前，科技推动旅游消费升级，不仅体现在消费规模扩大、消费意愿提高等方面，也体现在消费内容、消费方式、消费质量改变等方面。

二、科技助力人们实现美好旅游生活

（一）科技实现人们的旅游愿望

科技延长了寿命，也让人类走向更为遥远的远方。从屈原的《天问》、张若虚的《春江花月夜》，到魏源的《海国图志》，到被证明的引力波和被拍照的黑洞，人类知道的越来越多，不知道的边界也随着外移。是农业、水利和机械化，让我们丰衣足食；是物理学、生物学、地理学、天文学告诉我们人外有人，天外有天；是汽车、火车和飞机的发明，让“读万卷书、行万里路”的梦想照进国民大众的现实。2019 年上半年，国民对精神生活需要及其支出首次超过了衣食住行等物质生活，旅游人数和消费支出等市场数据继续领跑国民经济和居民的可支配收入。2019 年上半年，国内旅游人数预计 30.8 亿人次，国内旅游收入约 2.8 万亿元，分别比 2018 年同期增长 8.8% 和 13.5%。在可以预见的未来，已经行遍这颗孤独星球的人类还将走得更远。随着载人航天、可回收运载火箭、深海潜航 Triton 的技术进步，太空旅行和深海观光将不再是航天员、科学家和极少数富豪的专属。伴随着 5G、增强现实、3D 全息成像等信息产生和传输技术的进步，人类视界毫无悬念地被再一次延展。借助新型的可穿戴设备，我们可以触摸史前的恐龙，可以看见一个虚实相间的长安十二时辰，可以和哪吒、敖丙一起成长为心目中的自己。

科技把人们送到远方，可以看到美丽的风景，也可以享受美好的生活。随着旅游权利的普及，游客在欣赏美丽风景和凭吊历史人文的同时，对异国他乡的生活体验也提出了品质要求。游客来到大草原，沉醉于“天苍苍、野茫茫，风吹草低见牛羊”的同时，也能不风餐露宿，每晚都在《鸿雁》的歌声中不醉不归啊。梦想的尽头是科技，是基础设施建设和民生工程。无论是现代酒店的施塔特勒竖井[①]、高山峡谷的游客索道，还是迪士尼的梦工厂、夜间旅游的灯光秀，都是当代科学和工程技术日益精进的结果。在市场调查、需求把握、渠道分发和场景营造方面，大数据更是无处不在。在脸书等社交平台上点赞 70 次，它就可以给用户画像；点赞 150 次，它可能比父亲还要了解你；点赞 200 次，

① 施塔特勒竖井：第一次采用两间客房的浴室背靠背相连，各层浴室均设计在同一个位置的办法。所有上下水管道、暖气管道以及电源线路都安装在一个个竖井里。每间浴室的洗脸盆上面的墙上装一面大镜子，遮住竖井在每个房间的出口，便于检修时出入。这一设计为后来多功能的住宅与办公楼普遍采用。这一竖井也被称为斯塔特勒竖井。

它甚至可能比你更了解自己。正是由于科学技术在文化消费和旅游服务过程中的广泛应用，游客的参与度、体验感和满意度逐渐提升了。2019 年上半年，全国旅游服务质量稳中有升，游客满意度综合评价指数 80.15，同比增长 3.8%。国内外游客对当地居民态度、网络预订、旅行社、住宿、餐饮等的评价较高。虽然无人酒店、服务机器人在友好、效率、人性化等方面还有较大提升空间，但是对未来的影响已经显现。事实上，大众旅游者之所以能够享受旅程中的岁月静好，是因为广大科技工作者的辛勤工作，我们才能够以较低的价格享受更丰富的商品以及更高品质的服务。

（二）科技推动大众旅游繁荣

自 2016 年《政府工作报告》提出“迎接正在兴起的大众旅游时代”以来，国民旅游需求得到进一步激发和释放，2018 年我国居民年人均出游次数达到 4 次，旅游日益成为国民大众美好生活的重要组成部分。随着生活水平的提高，带薪休闲制度会得到进一步落实，人们会有更多的闲暇时间用于自由支配，国民大众的精神需求不断升级，文化成为满足人民美好生活向往的重要支撑。

中国旅游研究院（文化和旅游部数据中心）的专项调查显示，2019 年上半年，超过八成的受访者参加了文化体验活动，25% 以上的游客体验过博物馆、美术馆、文化馆、科技馆等文化场所；51.78% 的受访者认同“文化消费能提高生活质量和幸福感，比衣食住行更重要”，而 38.74% 的受访者认为“文化消费属于生活必需品，跟衣食住行同等重要”。数据的背后是国民观念的变迁：旅游已经进入了国民大众的日常生活，文化消费和精神需求已经成为生活质量的关键指标，游客在异国他乡既要欣赏美丽风景，也要体验美好生活。就是中产阶层的度假，也很少像欧美游客到了加勒比、地中海、夏威夷那些“一价全包”的度假地一样，在沙滩上一动不动地趴几天，也是要拉家带口地在城市和乡村走走、逛逛、吃吃、买买。

回顾改革开放以来的旅游发展进程，大体上可以分为两个阶段，前二十年是“创汇导向、入境为主”，后二十年是“经济增长、大众旅游”。尽管邓小平同志早在 1979 年就做出了加快发展旅游业的决定，并在著名的“黄山讲话”中对旅游发展的指导思想、方式方法和改革创新做出了一系列部署，但是受制于经济基础、可支配收入和闲暇时间的限制，那个年代的旅游主要是中国人在服务，外国人、港澳同胞、台湾同胞和海外侨胞在消费。对于大多数国人而言，旅游压根儿就不是日常语汇，“诗和远方”也好，“读万卷书，行万里路”也罢，都只是书本上的词汇和对未来美好生活的想象。绝大多数的国民，特别是广大中西部的农村居民可能一辈子都生活在方圆百里的范围内，还未来得及看外面世界的精彩，甚至连承担外面世界的无奈的机会都没有，就走完自己平凡的一生。

改革开放刚开始的十几年，旅游和酒店曾经是美好生活和社会风尚的引领者，那是因为国际和港澳台入境旅游者、国内休闲旅游者的消费场景代表了人们要追求的物质和文化生活需要。回过头去看，那个时代的旅行社和酒店业者头上的光环更多来自社会群体对于游客想象的心理投射，而非旅游业界商业文明演化和生产力水平提升的结果。

自 1999 年国庆黄金周开始，国内旅游和出境旅游进入了连续两位数的高速增长通道。2019 年，国内旅游和出境旅游人数分别达到 55 亿人次和 1.5 亿人次，国民出游率接近 4 次。无论是宏观数据还是日常感知，都可以得出这样的结论：旅游已经从过去少数人的享受走进人民群众的日常生活，成为美好生活的重要组成部分。每到节假日，人们的问候语都是“去哪儿玩了？”从周边的新马泰、港澳台，到欧亚非、南北美以及南极洲和北极圈，到处都能看到中国游客的身影。各国首脑访问、高层交流和多边工作磋商中涉旅事项日益增多，俄罗斯、美国、印度、欧盟、东盟等与我国互办旅游年成效显著。在全域旅游的推动下，越来越多的省市把旅游作为主导产业加以培育。文化和旅游融合发展的新时代，进一步加剧了资本、技术、创意等新要素向旅游业集聚的进程。

事实上，中国的大众旅游时代是互联网、经济发展和假日制度同频共振的结果。1999 年，我们的人均 GDP 超过了 7000 元人民币；1999 年，我们有了第一个“国庆黄金周”；1999 年，我们诞生了携程旅行网。之后，去哪儿、艺龙、同程、途牛、马蜂窝、途家等在线旅游及相关企业诞生，支付宝、微信支付的出现，百度、阿里、腾讯等互联网头部企业及京东、美团、高德等跨界企业相继拓展业务线进入旅游领域，并以智能手机为依托将 PC 互联网升级到移动互联时代，加速迭代和跨界融合的在线产品和服务，推动中国成为移动在线旅行服务领域的领头羊，于是我们有了便利的线上酒店预订、车票购买、门票购买等服务，使得我们的国民在有钱、有闲的情况下，有了自由旅行的制度保障，更有了自由行走的技术支撑和服务供给，于是才有了散客化的兴起，才有了大众旅游时代。

当然，我们也要清醒地认识到我国旅游业的市场基本面仍然处于大众旅游的初级阶段。一方面，要看到旅游、旅行和休闲已经从少数人享受的奢侈品扩展为国民大众的日常选项，并持续保持两位数以上的高速增长。另一方面，也要看到数量庞大的市场规模和过快的增长速度主要归因于人口红利，特别是城镇居民旅游频次的提升。相对而言，广大农村居民和城镇低收入群体的旅游权利还没有得到充分实现。每年能有一次真正意义上的观光旅游仍然是他们可望而不可即的梦想，更不用说出境旅游了。我们再来看消费水平和微观层面的市场特征。2019 年城乡居民人均旅游消费预计为 930 元，这些有限的预算还要分摊到交通、住宿、餐饮、景区门票、娱乐、购物、通信等消费项目中去，就更少了。再从出游半径和人均停留时间等指标上看，同样具有明显的初级阶段特征。现阶段，我们需要迪士尼乐园、环球影城为代表的主题乐园，需要四季、威斯汀、诺金、J 为代表的奢华高端酒店，需要世界自然文化遗产为代表的高等级景区，也需要古北水镇、欢乐谷、华强方特、长隆野生动物园、海昌海洋公园这样的环城游憩空间，东方新天地、蓝色港湾、田子坊、岭南五号、正佳广场这样的都市休闲场景，更需要途家、久栖民宿这样的非标准住宿品牌。只有通过商业创新让不同消费层级的游客拥有更多的选项，只有经由技术进步让更多老百姓有能力享受有品质的服务，才能保障旅游市场空间不断扩展。从这个意义上说，任何过于强调高端市场和个性化服务，过于强调对标世界一流企业的战略设计，对于旅游集团的成长而言都是不切实际的，在商业实践中也是行不通的。

三、科技加快旅游消费升级

尽管从数据来看，中国仍然处于“大基数、稳增长、低消费”的大众旅游初级阶段，观光仍然是国民旅游的基本市场，景区景点仍然是大众旅游的刚性需求，但与此同时，游客的出游动机、组织方式、消费内容、消费模式等发生了根本性变化，家庭出游、自驾游、休闲度假等成为主流，国民旅游需求开始从“有没有”向“好不好”转变。从观光到体验，从大众到定制，从跟团到自由行，旅游消费实现了分级与升级的变化。

（一）从观光旅游到体验旅游

今天，在很多人的观念里，一想到度假，仍然立刻就会联想到海滨和海岛度假。海滨城市是度假地，但不是度假地的全部。从地中海、加勒比、南太岛屿国家的度假目的地发展经验来看，以阳光、沙滩、海水为代表的自然资源，以欧洲、北美和澳新游客为主的客源市场，“一价全包”的经营模式，潜水、出海、跳伞、音乐、舞蹈等动感项目也确实构成了“Resort”和“Holiday”的经典形象。发达国家走过的道路和既有经验，我们当然需要充分吸收和借鉴，但是考虑到生活方式、自然资源和文化传统的不同，不必要也不可能照搬照抄既有的海外度假旅游发展模式。

统计指标和大数据已经说明：大众旅游者的脚步正在慢下来，正在从一程多站的旅游目的地“打卡”，走向城市和乡村美好生活的深度体验。中老年游客追求“一程一站”，“90 后”的年轻人更是追求“一程多刷”，重复到访心仪的旅游目的地。2011 年以来，城镇和农村游客的度假休闲动机比例都在不断提高。2014 年，休闲度假首次超过观光游览，成为我国居民国内旅游主要出行动机。中国旅游研究院主持的全国游客满意度调查，游客关于目的地和景点的质性评价，也让我们深刻感受到旅游动机和消费行为的重大转向。除了宁静舒适的住宿环境和美味特色的当地饮食外，“乡土风情”“生活气息”“友善的居民”等也都是对休闲度假评价的关键标签。“在拥有百年大樟树的芹川古村，遇到的当地人都很友善，与居民的来往让这里富有生活气息。”“在桐庐的芦茨村可以体验乡村的慢生活，品清茗、尝山珍、观美景，在浓浓的乡土情中，流连忘返！”……这些生动鲜活的网络评论背后是不断旺盛的度假需求，是国民对度假生活化的渴望，是度假走入大众视野的真实表现。

现在的国家级旅游度假区的标准要求至少 3 家国际品牌或国际水准的酒店，最好是度假酒店进驻，且不说投资成本和管理费用，气质上就不搭。中国人自古以来就有智者乐水、仁者乐山的传统，名山大川、江河湖泊、江南水乡也是适合国人休闲度假的现实选择。依托这些地方发展起来的度假区，满足的是国民度假需求，需要基于传统文化的内涵和当代生活的个性化诉求，进行有针对性的产品研发、服务标准和品牌建设。

（二）从旅游参与到品质分享

“更多的国民参与，更高的品质分享”的美丽中国旅游梦即将照亮小康社会的现实，预计“十四五”期间的国内旅游和出境旅游仍然会保持 8% 和 10% 以上的平均增长率。围绕高铁、高速公路、机场、码头等交通基础设施以及地铁、公交、出租汽车、共享单车等面向市民的公共交通，将会推出越来越多的旅游便利措施；安全、救援和涉旅投诉处理系统也会在制度和技术的共同促进下变得更有效率；国有重点景区的门票价格将进一步下调，博物馆、图书馆、美术馆、科技馆、文化馆等公共文化空间会对老年人、青少年、残疾人等特定人群有更多的优惠甚至免费，社会旅游、福利旅游、慈善旅游将从概念走向现实。

在整个经济社会发展迈入中高速发展、消费在三驾马车中占据主导地位，消费升级与消费者理性同时并存的时候，我们首先要以市场理性来面对创新。就旅游业而言，过去二十年，我国国内旅游人数年均增幅达到11.9%，旅游收入增幅达到17%，但我们也要看到我们的人均每次旅游消费增幅一直在低位徘徊。与此同时，过去二十年我们的出境旅游高速增长，年均增速超过16%；定制旅游、度假旅游、医疗旅游、体育旅游、游学旅游等消费较高的市场在加速增长。这就意味着，我国大众旅游市场格局更加复杂。

社会收入结构和分层结构的复杂性，很大程度上决定了旅游消费需求的复杂性。这个复杂性具体表现为：一是我们的大众市场多元化供给远未饱和。面向普通老百姓基于旅游观光出行、生活化场景的旅游服务和产品，还有很大发展空间，大众市场提质与分众市场扩张、观光游与休闲游长期并存的特点将更加突出，为市场提供有品质的大众旅游产品将成为关键。二是“85后”“90后”年轻人开始主导和引领新的市场格局。个性化、品质化、休闲化的旅游消费需求会持续加速增长，但同时品质化、休闲化并不代表高消费，有品质且时尚的消费将更受欢迎。三是结构性高端旅游消费将保持稳定增长。根据《2017中国高净值人群数据分析报告》，截至2017年我国高净值人群规模达到197万人，“60后”“70后”占七成，集中在广东、上海和北京三地，约占据总体的26.5%。高净值人群注重财富保值和品质生活。近年来，高净值人群推动北极旅游、跨国体育旅游、商务游学、出境私家定制、高端康疗、蜜月旅行、亲子家庭游、美食之旅等消费走俏市场。就亚太地区而言，中国消费者占据着50%左右的奢侈游市场份额。四是国际化是我们必须要面对的重要考验。无论是面向入境旅游市场有品质的旅游产品和服务的重构，还是以出境旅游为依托建构以我国为主的全球产业布局、推动文化走出去，日趋复杂的旅游市场格局是我们在产业创新中首先要理性把握的。

科技促进旅游消费，坚持了有温度的旅游业创新方向。无论技术创新、制度创新、管理创新，还是协同创新、融合创新、流程再造，我们要坚持以人的发展为中心的旅游业创新理念。事实上，无论是苹果、谷歌、微软，还是携程、途家、美团，其技术创新和商业模式创新无不是围绕解决以人为中心的需求痛点而展开的。在全域旅游背景下，游客从景区走进了社区，尤其是以住宿场景为中心、辐射四周的微旅游形式的发展让我们将目光扩展到了社区居民、社区目的地发展。也因此，在宏观和中观层面，我们在创新发展旅游过程中，要关注城市和乡村旅游公共服务设施的均等化，关注文化在旅游发展的传承中生长，关注公共服务设施中的人文关怀。不仅要关注游客的需要，也要关注游客和居民的空间共创、企业和社区的利益共享。在微观层面，要多关注分众市场的多元化、品质化、融合性需求。以家庭旅游为例，中国旅游研究院的调研表明，家庭游市场已经进入成长期，市场对家庭出游的期待和需求很高，从出行交通工具、家庭住宿，到餐食、旅行活动安排，家庭旅游需要兼顾夫妻、老人、小孩等不同层面需要。目前除了途家、Booking 等住宿平台能为家庭市场提供家庭式住所条件外，更多的星级饭店住宿、游线和活动安排等，面向老人、小孩、情侣等家庭游客的服务和设施供给远远不够，如何为家庭游提供让每一位家庭成员都满意的、有温度的产品和服务是我们需要考量的。

科技促进旅游消费，还坚持了品质导向。未来五年，我国将整体进入品质化消费阶段，追求生活品质、理性而从容的消费、爱生活爱旅行、注重家庭是品质人群的主要特征。当前，我国旅游消费需求已经明显向品质化方向转向，游客消费从“有没有”向“好不好”转变，旅游发展正在迎来品质消费的升级时代。在此背景之下，有品质的消费和理性的消费者将成为市场发展的关键。以人民对美好生活的向往为导向，以文化和旅游融合为契机，依托技术、商业模式、产品和服务创新以及专有性资产和品牌及 IP 的建构，激发旅游发展新动能，围绕为游客提供更加便利、更高品质的服务，形成游客、社区和企业共享共进的发展格局，旅游发展正在迎来新的黄金时代。

（三）从资源依赖到内容创设

旅游市场主体，特别是旅游集团有责任，也有能力通过内容创造和品质服务，不断满足现在的需求，不断创造未来的需求，把握新时代旅游市场特征，挖掘新潜力，以时尚引领旅游和社会生活的未来。

传统的旅游发展模式对自然资源和历史文化资源的依赖性很大，特别是山山水水和文物古迹等存量资源。在人们旅行经验越来越丰富，市场越来越细分的今天，我们不仅可以通过空间的转换，还可以通过时间的转换，培育旅游新需求。自提出大众旅游“暑期档”的概念以来，中国旅游研究院和国家气象局公共气象服务中心联合课题组经过五年多的努力，推动了避暑旅游成为新兴消费需求，一个 3000 亿元的市场空间正在集聚。这个市场已经引起了地方政府的高度关注，并形成了长春、贵阳、安顺、昆明等一批最佳避暑旅游城市，哈尔滨、太原、中卫等最具潜力的避暑旅游城市，贵州、吉林等地则在省级行政区层面上建设避暑目的地建设的新形象。今后一个时期，避暑旅游将需要市场主体提供多样化和多层次的旅行、住宿、餐饮、娱乐服务，也将带动旅游服装、康养、房地产等业态融合发展与产品创新。随着 2022 年北京冬奥会的来临，与冰雪休闲和冬季旅游相关的市场也正在从想象走向现实。我们还可以依托都市休闲空间开发更多的夜间资源，如布丁酒店在做的都市夜游项目。随着更多的新需求被发现、培育和创造出来，新时代旅游市场主体的成长空间将会空前壮大。

在文化和旅游融合时代，要面向国民大众对美好生活的新需要，以主客共享的发展理念，创造新文化，培育新内容。毋庸置疑，观光仍然是大众旅游时代的基本需求，但是也要注意越来越多的游客愿意深度体验和分享特定目的地的生活方式。对欧美发达国家文化旅游的考察与思考，让我们对迪士尼乐园、环球影城、海洋世界、博物馆、科学馆、蜡像馆、音乐会、咖啡馆、书店以及各种节事活动品牌化建构过程有了更多本土视角的理解。就像苏州人会去茶馆听评弹、成都人聚在一起打麻将、大妈找块空地跳广场舞、年轻人找个摊子喝酒撸串，那些空间、场所和内容也是他们的日常生活方式。一旦成为日常生活的组成部分，自然就是高频消费，而知根知底的本地居民与本土商家的反复博弈，必然会促进内容的创新和品质的积淀。作为旅游人，我们要善于把握向游客传递目的地生活的幸福感，而不仅是差异性，并努力将品质生活产品化和项目化。既然是日常生活，就不可能每天都是过年过节的，更不可能把日子过得一惊一乍像演戏。现在旅游投资创新的一些做法和提法，我们着实有些忧虑：不管区位优势和市场半径，动不动就几十上百亿元的旅游小镇、房车宿营、邮轮游艇，还有什么旅游金融、生态圈与闭环等，弄不好就会误人也误己。做企业，还是少些浮躁，多些实在的好。只有把外来游客的旅居需求和本地居民的日常休闲紧密联系起来，旅游集团的创新发展才会有坚实的市场基础。

近年来，在全域旅游供给侧改革、居民消费升级因素驱动下，国内旅游市场持续高速增长，旅游已成为经济增长的新引擎。当前，大众旅游诉求正从“美丽风景”转向“美丽生活”，旅游目的地建设已经跨越了追求美丽风景，进而走向追求美好生活的发展阶段。全域旅游的出现，是散客化、大众化背景下旅游产业发展的必然。2017 年，我国国内游客人数达 50 亿人次，平均出游率达 3.6 次，旅游已成为大众常态化的消费内容。而 95% 的散客出游率，决定了游客的目的地体验活动不再是团队旅游时期半封闭的“点线”式参观，而是呈面状分布，仅靠景区内部的“花团锦簇”，不改善景区外部的“脏乱破差”，就无法为游客提供优质的目的地旅行生活体验。在全域旅游建设中，旅游目的地建设已经跨越了追求美丽风景，进而走向追求美好生活的发展阶段。目的地旅游发展应由过去的建景区、建酒店，转向全面提升城乡发展环境。城乡日常生活环境不仅服务当地居民，也已成为游客感知、体验目的地生活，并留下第一印象的重要所在。因而，打造市民与游客共享的生活空间，让百姓生活更加便捷、舒适，才能使游客乐在其中。

（四）从大众旅游到定制旅行

2019 年，一篇微信文章《定制游客人奇葩需求大赏》在朋友圈热传，虽属圈内的调侃式吐槽，却让定制旅行成为讨论的焦点。近年来，我国旅游市场持续保持 2 位数增长，人均出游即将突破 4 次，旅游成为更多老百姓的日常生活方式。在总量增长的同时，个性化和碎片化的需求凸显，让定制成为日渐流行的旅行服务供给模式，无论是完全从游客需求出发的纯定制产品，还是精准定位于某类群体的泛定制产品，如探险、瑜伽、美食等主题产品，都广受市场欢迎。

定制旅行是指从消费者需求出发，依托旅行商专业化运营，在分众和分层基础上为旅游者提供品质服务的商业模式。定制旅行已从概念走向市场，正从小众走向大众。相较于传统的从资源端和生产者角度出发，定制旅行最大的特点在于从消费端的需求出发量身定制、灵活调整。它既解决了传统跟团游行程固定、自由度低、强制性强、走马观花等普遍痛点，又能通过隐形贴身服务，解除了完全自由行规划耗时、应急不足、安全保障缺失、语言文化交流障碍等问题，让自由行更加自由且有保障。

定制旅行促进文旅融合，促进文化资源向旅游产品转化。定制旅行对非标、个性化、碎片化需求的满足，还体现在能够让以往受跟团游限制无法满足的愿望，真正在市场上得以实现。正是由于定制旅行是量身定制的服务模式，更需要能满足个性化需求的文创、艺术、非遗等文化机构和资源的广泛介入。

借由定制旅行服务商对目的地资源的深入挖掘，可将大量文化资源转化为旅游产品。从资源开发到产品输出的过程，不仅是文化和旅游的真融合深融合，更是文化在国内国际传播的天然场景和渠道。这种传播与体验，不仅能够在更大范围内培育大众文化消费的土壤、提升大众文化品位和素质，也有利于实现需求与供给的匹配，让真正感兴趣懂欣赏的人找到专业的产品。对于稀缺的文化资源，定制模式可充分利用经济规律和价格杠杆调节需求，实现流量控制，以达到在保护基础上的合理利用。

（五）从异地生活到分享生活

当前，年轻人已成为旅游市场消费的主体，“80 后”旅游者占出游人数的 52%，45 岁以下人群占出游总人数的 70%。一方面，游客出游经历日益丰富，对旅游产品的品质和产品创新提出更高要求；另一方面，以年轻人为主导的市场消费群体，其消费诉求与“50 后”“60 后”“70 后”消费者存在明显差异，旧产品已无法满足新人群的消费需求。

借助产业融合而形成的旅游新业态、新产品、新服务，不仅可以满足游客对高品质旅游产品和服务的需求，客观上也促进了一、二、三产业的增值和加速发展。例如，旅游与农业农村的融合，催生出休闲农业、观光农业、田园综合体等全新业态，不仅能满足游客对美好乡村田园生活的追求，也对提升农业产业附加值、美化农村环境、增加农民收入起到了积极的推动作用；旅游与工业的融合，催生了工业特色小镇、工业文创园、工业旅游体验基地等新业态，为游客提供了丰富、多元的工业旅游产品，也为工业产业调结构、去产能、宣传企业品牌提供了重要抓手；旅游与文化、科技、体育、健康等产业融合，催生出文旅综合体、文创园区、沉浸式演艺、特色小镇、体育公园、养生酒店等多种业态，为游客提供了迥异于传统景区的全新业态和体验，拓展了旅游外延，也为旅游业发展提供了全新动力。

我国入境旅游市场规模与旅游消费稳步增长，入境客源市场日趋多元，市场结构逐步优化，从过往团队接待的封闭型转向更加多元的开放型已成主流。今后让入境游客体验中国老百姓兼容传统与时尚的生活方式将成为最强有力的旅游吸引物。越来越多的外国游客会认识到：中国不仅是一个具有悠久历史的文明古国，还是一个开放包容的现代化大国。

在一个融合发展的时代，城乡居民丰富多彩的当代文化极大丰富了旅游资源和产品体系，游客对美好生活的需要，对异地生活方式和日常文化消费的分享需要，极大拓展了文化传承与创新的空间。旅游为文化传承提供了新的空间和新的渠道，也为文化创造注入了新的动力。未来五年，旅游与文化的深化融合将加速国内旅游特别是都市休闲和乡村旅游的发展，旅游活动更趋日常化、休闲化和品质化。

随着大众旅游时代的到来，特别是年轻人主导的散客化、去中心化、“小确幸”生活方式的变化，游客的出游动机、组织方式、消费内容与消费模式发生了根本性变化。人们在旅程中不仅要看不一样的美丽风景，还要分享高品质的生活方式。“景观之上是生活”“最美的风景是人”等观点已经形成了广泛的共识。现在旅游经济运行的主导权已经从资源方转向了需求方，或者说游客主权的时代来临了。

旅游业态、产品、服务体系的创新，既需要全新旅游业态和产品的出现，以满足游客日益增长的对美好旅游生活的追求，也需要用新理念、新科技不断提升改造现有业态和产品，以持续优化的旅游供给满足游客对旅游品质的追求。

总之，过去的旅游更强调风景和历史，现在更强调美好的生活。但躺在过去的自然资源和历史文化资源上睡懒觉是得不来美好生活的，我们得有面向当代生活、面向未来的文化创造，靠有文化内涵的产品吸引新时代游客，旅游 IP 才有需求基础、有市场。

四、科技有效实现消费者主权，提高游客满意度

回顾改革开放四十年来的旅游业发展进程，主要是由入境旅游的“封闭红利”、国民旅游的“人口红利”和资本、技术红利驱动的。近年来，随着国民旅游权利的普及和中产阶层、年轻人旅行经验的丰富，标准化研发、规模化销售的团队旅游产品已经很难获得市场青睐了。低价旅游、零负团费以及随之而来强迫购物、诱导消费、卖团甩团所形成的低品质形象，已经让旅行社、OTA 等旅行服务商陷入了严重的行业信誉危机。从中国旅游研究院过去十年的全国游客满意度监测数据来看，虽然总体呈上升趋势，2018 年已经达到 76.12 分的较为满意水平，但是质量还不稳定，而且与交通（77.65）、餐饮（77.27）、娱乐

（76.97）、景点（78.38）等商业服务和公共服务（77.65）相比，旅行社的服务质量仍然有明显的改善空间。从 2019 年一季度的游客投诉数据看，旅行社占比高达 63.67%，其中降低服务标准占了 49%，其他投诉包括欺骗消费者、强迫或变相强迫购物、收费不合理，甚至侵犯人身安全。有游客对某国外行程吐槽："吃得一般般，这还是客气的。车差，特别是在几个国家公园的行程，车根本不是旅游大巴而是校车，30 个座位一个多余的都没有，行李都放不下，从没坐过这样的车，简直无语了。"再从供给侧来看，资本攻城略地和技术高歌猛进的时代正在过去。如果没有扎实的内控机制和高品质的服务界面，去内地的创业板、主板上市，去港交所、纳斯达克敲个钟，去与 BAT 嫁接导流，既无法打动游客的芳心，也无益于股东的信心、员工的认同和同行的认可。

上述困境的打破，固然需要各级旅游行政主管部门的依法监管和产业促进，需要行业协会的倡导与自律，而要真正实现旅游业的高质量发展，就必须发挥市场主体的关键角色和积极作用，特别是需要携程、凯撒、春秋、广之旅等市场领导者和鸿鹄逸游等新业态创造者的主动作为。这些企业本身就是在市场竞争中成长起来的，是千千万万的游客抬着轿子把他们抬到了国家旅业的第一方阵，对消费者主权有着清晰的认知。市场和法治是服务品质的保障，在一个竞争的市场上，无法让消费者满意的企业别说发展了，生存都是问题。对于那些既有创新能力，也有创业基因的大型旅游集团而言，捕捉介于团队旅游和自助旅游之间的商业机会是本能，也是愿景。

大数据正在成为游客消费决策和消费评价的重要因素，正在成为影响消费行为和品牌建构的关键指标。天安门广场及周边的重要建筑，仅在美团点评平台上就有超过五万条游客评论，其中 60% 的用户晒出了广场照片，46% 的用户记录了升降旗仪式。习近平总书记到访的上海中共一大会址、嘉兴南湖红船、延安革命纪念馆、西柏坡等红色旅游圣地，鸟巢、雁栖湖、杭州博览中心等奥运会、APEC、G20 等峰会举办地，贵州"天眼"、三峡大坝、港珠澳大桥等大型工程项目，北京的"中国樽"、广州的"小蛮腰"等城市新地标，已经成为旅游热搜词和网红打卡地。到了网红而魔性的重庆，游客要去洪崖洞、红鼎大厦、穿楼轻轨去打卡，是肯定的事情。重庆的红鼎国际大厦就因其魔幻的内天井结构、五花八门的业态和年轻的消费人群而让游客心驰神往。课题组在南太平洋岛国调研期间，斐济玫瑰假日的亚伦总经理告诉我们，过去游客去哪里，看国旅总社、中青旅的产品手册，后来看携程、途牛推荐什么，现在呢？游客跟着时尚买手、流量明星和视频直播走，没有大数据，旅行商连游客在哪里、需要什么、关注什么都不知道啊。为此，他们与中国的阿里、腾讯合作，建立了移动互联网支付系统，建立了社交互动平台和数据化的客户关系管理系统，以便与中青年游客进行互动沟通。海外旅行社都能够感受到的危机与变化，国内同行应当有更强的切身感受才是。在主客共享美好生活的理念指导下，美团点评、字节跳动、快手等互联网和大数据基因的公司正在谋求对旅游业的战略进入。而谷歌、领英、INS 等国际互联网平台，凭借其庞大的用户数据以及对消费市场的洞察力，要进入旅游目的地全球营销、广告创意和商业咨询等细分领域，也并不是一件困难的事情。

因此，政府可以引导市场的发展，但是不能代替市场的选择。在信息不对称、消费经验不丰富、社会依托资源较贫乏的大众旅游发展的初级阶段，评五星级饭店、国家 5A 级旅游景区、优秀旅游城市是必要的。随着经济社会的发展和旅游市场的成熟，“政府主导、适度超前”的发展模式和管理方式越来越显示其局限性。在建设和管理上“重分级、轻分类”，有省级不要市级，有国家级不要省级，加上申报和验收过程中重资源、轻市场，重硬件、轻软件，最后市场不认可，门口挂再多的牌子用处也不大。

五、科技有效服务旅游消费需求

2018 年我国在线旅游市场交易规模约 8750 亿元，相比 2017 年 7426 亿元增加了 17.83%。需求是推动技术应用发展的重要力量。年龄与旅游需求刚性成负相关。“70 后”“80 后”“90 后”是国内旅游的中坚力量，“90 后”占比 18.60%，“80 后”占比 18.72%，“70 后”占比 16.13%。“70 前”的中老年人占比 26.82%。“00 后”在家长陪同下逐渐加入旅游队伍，占比已达 19.73%，更多年轻人喜欢文旅体验，文化型旅游目的地永不过时。

了解游客，深度挖掘他们的需求，需要回答这样一个问题，我们真的了解自己的用户吗？尤其在现在的时代，消费者的媒介触点变得越来越多、越来越繁杂的时候，对手机的依赖度越来越高，接触的信息越来越琐碎，碎片化的时间里面有一些时刻至关重要，当发现一个新事物的时候，当展开搜索的时候，当进行某一个消费决策的时候，这些时刻对于目的地来说至关重要。当消费者越来越依赖手边的设备进行信息搜索的时候会发现，这些微小的时刻在旅游行业大家在进行旅行决策的时候分成四个阶段：考虑出行的阶段、着手计划的阶段、预约预订的阶段、探索发现的阶段。这四个阶段我们要通过不同的信息去跟不同的消费者进行接触，才能在这些阶段当中赢得消费者的信任。

在亚太区的数据中，游客在旅游过程当中使用手机进行检索的频率是日常的 1.9 倍，是使用线下资源的 2.7 倍。如果把它放到欧美，这个数据要翻倍。消费者随着时代在变化，随着媒介接触的触点变化而变化，他们的消费行为也变化了。消费者有三个趋势：第一，对于新鲜事物越来越感到好奇；第二，对于信息的索取越来越予取予求；第三，获取信息的时候越来越缺乏耐心。

据调查，在美国只有 9% 的游客会在出行前脑海中有一个明确的目的地或者明确的品牌概念。基于刚才对搜索的认识，在这个阶段我们通过搜索的方式来跟消费者进行沟通就是目的地获取成功很重要的方式。92% 的消费者因为找不到自己满意的信息而离开现在所搜索的平台，如现在在某个平台上浏览信息没有找到自己想要的信息，就会跳转到其他页面或者网站。还有 76% 的消费者会由于网站的加载速度过慢而选择离开。

应对越来越好奇的受众，营销要做到自动化、数字化和智能化；应对越来越予取予求的用户，重视用户的生命周期价值，当一个用户来到你的网站作为一个新访客，我们要看他的价值是有没有真正实现转化以及有没有真正来到目的地；针对越来越缺乏耐心的用户，审查我们的主战场就是我们的网站我们的 App 加载速度是不是真的够快。随着数字化进程的加速尤其 5G 时代的到来，大家获取信息的速度更加快了，这便是越来越凸显的趋势。

文化和旅游部高度重视统计工作和数据应用，支持重庆等旅游数据分中心、携程等联合实验室和研究基地的建设。定期发布的三大旅游市场、假日旅游和乡村、红色、扶贫等专项数据，在形势研判、资政建言和引导舆论等方面已经发挥了积极作用。

2015 年，中国旅游研究院与中国电信合作成立联合实验室，开始在旅游行业进行探索性研究和应用。作为运营商，人、空间以及时间是最主要的数据，而这三个维度又跟旅游业比较契合。也正是在这一基础上，乡村游、都市游、自驾游、滨海游等实际应用成果相继发布。

比如，乡村游，只有首先判定乡村与城市，甚至城镇核心区域与周边郊区之间的分界，才好统计乡村游的相关数据。那么怎么来界定某地到底是城市还是郊区还是乡村范围呢？不是简单在地图上或者是电子地图上画出一个区域、圈出乡村的位置之后来进行数据的测算和笼统的统计，而要做数据模型，根据一定的算法，根据人口居住的密度，包括所要获取长时间信用交互的频次来圈定。针对出境游以及夜间旅游，我们也做了相应的探索和算法设计。

不同的类型有不同的模型。为什么有不同的模型？因为旅游业态的特征不一样，其呈现出来的特征也不一样，而且每个人关注的点也不一样。比如，乡村游，我们会探索出行距离；自驾游会更加关注整个辐射半径和自驾游总长度；周边游、周末游则更多关注短时，甚至仅仅是出行的黄金 4 小时。比如，北京周边奥莱之类的特色小镇，基本每个家庭只停留一天的时间，也有可能是 6~7 小时，或者 7~8 小时。

在大数据与旅游的结合方面，我们不断努力主动研究。大数据在完成基本统计之外，还应该考虑给当地的政府管理者和景区管理者提供真正的应用价值。目前，我们探索的主要是监管。未来，营销也应该引起重视。我们探求历史数据求其规律。探求游客为什么来？为什么会产生这么大的停留？出游的目的是什么？未来区域规划方向是什么？也就是去研究整个大数据如何通过客观去反映主观因素。

那么如何为客户，甚至政府部门管理者提供真正有价值的信息呢？比如，我们在探索利用大数据营销的时候，真正刻画游客群体的画像不只是要投放，还要探究这些人的特征，我们要扩大样本量，分析有同样特征的群体是不是潜在客户群体。我们甚至还要做溯源分析，分析其客源地、辐射半径等，因为这些因素可能会直接影响未来景区的营销预案。

数据解读可能是我们未来更为关注和更为侧重的方向。我们也希望能够更深入地把我们专业的技能和专家的诉求，或者是客户的诉求，变成更有价值的输出。

中国旅游研究院利用大数据技术研究旅游新业态，目前主要应用案例包括基于手机信令数据的研究，如基于中国电信手机信令数据研究乡村游、周边游、都市游、自驾游、红色旅游等，利用中国联通数据进行入境旅游人数测算等。另外是基于旅游企业大数据资源及平台，如与 OTA 企业（携程、马蜂窝等）进行合作进行数据挖掘，对国内游、出境游的人数、花费、行为进行分析等。与创图等文化平台合作，研究国内文化休闲、文化旅游情况，对居民的文化偏好、文化消费特征等进行分析。

（一）乡村旅游

以乡村游为例，中国旅游研究院联合中国电信大数据联合实验室，基于手机位置数据，针对特定时间、特定区域进行乡村游统计测算。将离开工作和生活惯常环境，超过 10 公里并 6 小时，城市核心区和典型景区之外的游客（剔除工作动机）定义为乡村游群体，对主要节假日、月度、年度的国内乡村游游客进行分析，基于大数据形成游客画像进行乡村旅游市场现状及趋势分析，并在此基础上形成政策建议。利用大数据我们可以得到游客的年龄分布、出游方式、出游频率、出游动机、出行方式等标签数据。结合 2017—2018 年乡村游数据统计，从年龄构成看，乡村游游客中，青壮年群体（21~45 岁）占六成以上比重，具体细分 20~30 岁乡村游客比重约占两成，30~45 岁乡村游客比重占四成比重，青壮年游客成为乡村出行的主流群体。调查显示，40.13% 的受访者每月到乡村旅游一次，45.92% 的受访者 2~3 个月到乡村旅游一次，八成左右的游客计划 3 个月内进行乡村旅游，乡村旅游日益常态化。从客源地看，2018 年 3 月，全国乡村游游客规模排名前十的省份为四川、江苏、广东、湖南、广西、河北、河南、安徽、湖北、陕西，占全国乡村游总人数的 56%。排名前十的城市为成都、重庆、上海、北京、南京、广州、苏州、西安、合肥、郑州。对于旅游热门客源地城市，可大力开发周边乡村旅游，满足游客基于放松身心、体验自然、亲子教育等不同的乡村游动机需求，规划打造特色乡村，一地一景，各具风格，避免同质化竞争，做到相互促进，相得益彰。

通过对国内各省、直辖市和主要城市每月进行的乡村游测算，2018 年第一季度，全国乡村游的平均距离为 109 公里，全国平均出游时间为 28.7 小时，从乡村游历年出游时间和出游距离可以看出，乡村过夜旅游模式成为更多游客的选择。各地旅游开发可根据测算的出游距离在城市周边合理的范围内发展乡村游。结合乡村出游的平均距离可以大致推算出游客的出行时间安排，着重提高游客到达高峰时段的路引、餐饮和住宿服务；结合过夜游客的需求，重点改进乡村旅馆、民宿等住宿条件，提供便利的洗浴设施、卫生且有特色的餐饮，提高游客休息质量；根据 1~2 天的旅游时间，合理规划旅游线路，根据不同游客的旅游偏好提供不同的观赏路径。从出游方式看，自驾游成为乡村游的主要形式，占比达到 68%，公共交通出行其次，占 19%。由此可见，乡村旅游交通规划必不可少，因为城市到乡村、乡村间、乡村内的路况，充足、避风避雨的停车场地和简单的汽车维护服务，都是自驾游所需要的。对于部分公交出行的游客，地铁、公共汽车等是否无缝接驳，整个路程的时长、拥堵情况，沿途风景，下车后是否有明确路标指示，到达目的地的步行距离等都关乎游客体验，完善了交通服务，乡村旅游的潜在用户才会不断扩大。结合出游方式和组合数据，应当进行数据深入挖掘或辅助调研，分析 4~5 人、3 人出行的具体组合，研究其是朋友拼团还是家庭组合，并针对不同的游客组合推荐不同的旅游产品。以家庭形式为主的出游对环境、食品等安全性要求更高，朋友组团出游可能对有挑战性的野外活动和热闹的聚餐更感兴趣。亲近自然、放松身心是游客的主要需求，乡村旅游规划就应在保持特色、原汁原味方面有所侧重。

（二）文化旅游

中国旅游研究院和上海创图公共文化和休闲联合实验室联合开展了文化消费专项调查研究。在全国 31 个省、直辖市、自治区开展城乡居民文化消费调查。研究结果显示，51.78% 的受访者认为“文化消费能提高人的生活质量和幸福感，比衣食住行更重要”，38.74% 的受访者认为“文化消费属于生活必需品，跟衣食住行一样重要”。在对文化体验的意愿调查中，选择“现代科技文化”作为文化体验活动意愿的受访者较多，占比过半，其次为“传统民族文化”“红色军旅文化”等项目。对于网络平台消费项目的调查中，受访者更加倾向于选择“公益文化活动”（占比 60%），其次为“培训课程”（占比 45%）和“文创商品”项目（占比 44%）。文化消费的信息获取渠道主要是“微博微信等”，占比 54%，其次为“广播电视等传统媒体”和“关注了的各地文化云等信息发布平台”。文化消费的支付方式主要是“移动支付”，占比达到 55%；其次为“现金”和“刷卡”。还有其他一些消费行为的数据，基于这些数据结果我们提出，文化消费成为国民消费升级的重要标志，文化消费作为满足人民对美好生活的向往、丰富游客深度体验的重要途径，将为旅游经济的持续健康发展提供新的动能。未来我们还将对文化活动的预订数据、文化消费数据、场馆分布及热度、用户评价、活动空间分布等数据进行深入挖掘，形成更多文化旅游的前沿分析。

科技正在改变生活，我们的产业服务对象已经先于产业进行了现代化、信息化提升，服务对象日益增长的品质化旅行消费诉求与现有制度安排下产品和服务供给水平日渐背离，我们基于新技术引领的高效公共服务管理水平与人民群众期待的距离，都需要我们通过科技创新解决。是时候把技术创新作为旅游企业发展的新动能了，是时候用科技手段来提升和改善旅游公共管理和旅行服务品质了，是时候用科技来推动旅游产业的整体现代化水平了。希望有一天，我们更多的国民、更多来自全球的朋友，能够享有智慧旅游、幸福生活。

第三章 科技正在促进旅游产业变革

从供给的角度看，旅游是产业深度融合与创新发展的重要载体，是国民经济的新动能。2010 年以来，我国国内生产总值增长率下行态势明显，从两位数降至个位数。同期，旅游业“逆势”增长，不仅保持了两位数增长，而且在每一个年度，国内旅游收入的名义增速都“跑赢”了 GDP 的名义增速。旅游业不仅发展速度较快，而且在加快业态的创新与融合，旅游与文化、旅游与体育、旅游与互联网、旅游与大数据乃至人工智能的相互促进，催生出新的产品和服务，改善了供给质量，调动了内需潜力。

从国际的角度看，旅游业是公认的资源消耗低、就业机会多、综合效益高的产业，是现代服务业的重要业态，也是许多国家产业结构调整的重要方向。在我国经济从高速度增长阶段转向高质量发展阶段的关键时期，旅游产业和旅游地区完全可以发挥更加重要的作用，做出更大的贡献。

一、旅游集团一直致力于科技创新

中国旅游集团公司发布了全新品牌、进军邮轮产业、推出住宿“黑科技”，联手华为、腾讯部署旅游科技创新。首旅集团开展 2019 年度创新奖评选，推出生活方式智慧服务实验室、首旅夜经济，慧科联手腾讯、阿里和老字号品牌推出一系列新成果。在中央部署和工信部以及华为、电信、联通等方面的共同努力下，5G 正在稳步进入商用阶段并在旅游业初步应用，数字文旅企业和产品服务快速增加。近年来，无论是中青旅、锦江、岭南等大型旅游集团，携程、去哪儿、途牛、海昌、众信、如家、汉庭等上市公司，还是马蜂窝、在路上、世界邦、海玩、铂涛、布丁、亚朵、途家等创业机构，也包括旅游传媒，都在各自领域推陈出新，越来越多的年轻人加入创业的群体中来，致力于重新定义旅行服务业。

（一）创业创新提供更多商业空间

旅游创业创新活跃，产业体系更加健全。旅游业是创业创新最为活跃的领域之一，大量资本和人才进入旅游领域，新产品、新业态、新商业模式、新旅游空间不断涌现，产品体系更加丰富多元，市场主体更具活力，产业体系更加开放健全。全域旅游全面推进，各地打造了一批全域旅游示范区、国家旅游度假区、特色小镇、特色村落、文化创意街区。通过和文化创意、先进科技等相结合，形成了主题酒店、特色民宿、智能酒店、短租、“互联网＋旅游”等新型旅游业态，推出了旅游演艺、主题娱乐、健康旅游、工业旅游、体育旅游、科技旅游、研学旅行、自驾车房车营地、创意旅游商品等系列创新产品。

旅游业曾经是一个相对封闭的系统，旅行社、旅游大巴、旅游饭店、旅游景区、旅游餐饮、旅游厕所、旅游购物……构成居民日常生活之外的另一个世界。今天，至少在城市旅游的范围内，自助出行、自主选择的游客已经完全进入了目的地居民的公共生活空间。加上过去十年的资本助推的创业浪潮，经济型酒店、中端酒店、民宿、在线旅行服务、百度地图、打车软件、专车服务，以及更多的文化创意和商业创新……旅游业越来越走向一个开放的体系，很多时候，我们甚至无法分清谁是游客，谁是市民，谁是旅游企业，谁是一般意义的商业企业。对于短期内分享和体验目的地生活方式的广大游客而言，大众创业和市场主体创新的意义在于服务选择的可能性空前地扩大了。

旅游业发展越来越强调资本驱动、文化创意驱动和科技应用的驱动。经过这些年的大众创业、万众创新，我们已经具备了一批企业，旅游领域已经初步具备了从存量资源整合到增量创造的商业基础。在年轻一代旅游人的推动下，通过科技、文化和人力资源的投入为游客提供多元化和高品质的生活体验，可以说理念上有了共识，实践上有了探索。

（二）旅游与文创、科技的融合创新受到重视

旅游市场主体，特别是旅游集团是满足人民美好旅游生活需要，特别是品质旅游的主力军。任何一个产业，只有以企业为创新主体的创新格局形成，才会真正地进入创新发展阶段。在旅游行业内，我们观察到以企业为主体的创新格局的成长和演化。过去十年，以互联网技术为支撑，携程、去哪儿、途家、

同程艺龙、穷游、马蜂窝、美团、驴妈妈等企业的发展，使在线旅游企业的市场份额提升到 15%~20% 就是最好的例证。旅游产业的创新远不止于此。

岭南集团以都市休闲理念为指导，在珠江边上打造深受游客和市民喜爱的岭南五号酒店，既活化了城市记忆和民俗文化，又丰富了旅游住宿供给的类型，取得了经济效益和社会效益双丰收。方兴未艾的民宿酒店，不论是在城市，还是在乡村，无一不打历史活化和文化创意的牌。国际知名的迪士尼乐园、环球影城、杜莎夫人蜡像馆，以及国内的华侨城欢乐谷、海昌海洋世界、长隆野生动物园、华强方特等主题公园，以及北京的 798、上海的田子坊、成都的宽窄巷子、福州的三坊七巷等，本身就是游客喜闻乐见的文化空间。还有几家年轻人创立的独角兽企业也很活跃，如驴妈妈旅行网创始人洪清华先生倡导并实践的“旅游 IP”，如分享住宿的途家联合创始人兼 CEO，斯维登集团董事长罗军先生所倡导的“时尚生活”，如海昌海洋世界创始团队所践行的海洋动物保育理念，如马蜂窝创始人陈罡先生推动的互联网社区互动文化，都是文化、旅游、互联网融合成长的成功案例。

从旅游市场主体和产业格局来看，以旅行社和线上旅行分销商为代表的旅行服务业，以星级饭店为代表的旅游住宿业，以 A 级旅游景区为代表的旅游接待业仍然是典型的旅游业态，但是对旅游经济的总体作用在相对下降。全国星级饭店只有 1 万家左右，而旅游住宿业、乡村旅游住宿接待设施和潜在的分享住宿供给单元则分别是 30 万、180 万和 6000 万。正式注册的旅行社超过 3 万家，但是票务代理、旅游和休闲俱乐部加起来则超过 10 万家，这还不包括承包、挂靠的旅行社门市部。规模以上的旅游景区，全国有 2 万家，但是除了故宫等少数热点景区以外，大多数 A 级旅游景区潜在或现实的年接待量并没有明显的增长，而开放性的历史文化街区、城市公园、郊野公园、主题公园则呈持续增长的态势。实际上，旅行俱乐部、民宿、乡村旅游接待场所、主题公园、消费场景重构等新型业态，携程、中旅、锦江等大集团主导，加上社会资本、新兴科技和文化创意的力量，创业照耀了旅游的星空，创新重塑了产业格局，旅游正在连接中国，也在改变世界。我国全球最大旅游市场地位将更加稳固，与旅游业发达国家的差距明显缩小，在全球旅游规则制定和国际旅游事务中的话语权和影响力明显提升。

二、创新推动现代旅游业发展

过去围绕观光旅游形成的以景区、旅行社、星级饭店等为重点的产业体系面临进一步调整，符合美好生活需求的特色村镇、文创街区、主题公园、度假区、民宿以及适应时代发展的旅游电商微商、线上社区、各种旅游融合业态等将在旅游产业发展中占有越来越重要的地位。发展动能已经从老天爷留下的自然资源和老祖宗留下的历史文化资源这“二老”资源逐渐转向“四新”动能，即文创、资本、科技和人才。旅游业态更加多元化，旅游产品供给也更加丰富化，品质也得到了较大提升。以主题公园为例，目前中国主题公园数量约为2100家，投资在5000万元以上的有300家左右，亚洲游客量排名前20的主题公园有13个来自中国。

（一）旅游供给侧不断优化

中国旅游经济的未来发展体现在每一个市场主体的创新进步上，体现在对游客需求和梦想的精准把握上。以文化和旅游融合为代表的“旅游+”和“+旅游”，以及旅游要素多样组合与升级成为旅游产品开发和新业态养成的基本出发点。中国旅游研究院日前发布的2019年上半年全国旅游经济运行情况显示，2019年上半年旅游经济平稳运行，旅游经济运行综合指数处于“相对景气”水平，群众参与度和获得感稳步提升。从上半年旅游经济运行情况可以看出，旅游供给侧创新不断，新业态、新产品、新服务不断涌现。市场竞争的加剧，对行业创新发展提出了更高要求。

在客源地与目的地、市场与产品互动匹配上，针对人民对美好生活的向往，旅游产业表现出更多主动作为和市场创新。旅游产品选择越发多元化。新跟团游、定制游、微旅游、深度游、自驾游等个性化、体验性和品质化旅游消费需求稳步增加。境外各旅游目的地和出境游相关企业开始更加关注并满足中国游客需求，量身打造贴心的“欢迎中国”服务。可以说，在“下沉目的地+下沉客源地”的“双下沉”趋势下，出境旅游产品开发和服务引导的战略意义日益凸显。

国内旅游也同样在满足人民对美好生活的向往上发力。比较突出的是，冰雪旅游、避暑旅游、夜间旅游、博物馆旅游、研学旅行等分众市场不断涌现和加速成长。以夜间旅游为例，观光游船、主题灯会、文化体验活动受到追捧。

博物馆、美术馆、文化馆和科技馆的展陈、活动和文创成为许多游客津津乐道的话题。

（二）旅游产业的创新驱动更加明显

当前，旅游企业总体规模较大，增长较快，旅游产业供给主体日益丰富、多元，市场化特征突出。新型市场主体更加活跃，由大型企业主导，中小型专业化企业以及微型企业积极参与的旅游产品创新、旅游业态创新、旅游商业模式创新加快，旅游成为创业创新最活跃的领域之一。我国旅游企业已经拥有了参与国际竞争所必需的市场经验、资本积累和人才优势，初步建立了覆盖全球的旅行服务体系，成为我国全球治理体系的重要组成部分。文化和旅游的改革要求做好旅游开发、弘扬中华文化，特别是利用好我国在世界上为数最多的文化遗产资源。融合发展的破题，关键在于坚实的经济基础和丰富的一线实践。目前，我们看到新时代旅游发展的文化自信，许多先知先觉的企业已经开发了经过市场千锤百炼的文化和旅游融合产品，更多的产品呼之欲出。

（三）科技让旅游业从传统走向现代

在公众的意识里，旅游是依赖山山水水和历史人文资源的劳动密集产业，是靠经验保障的服务产业。今天，伴随着虚拟现实、增强现实等技术在旅游领域的深耕细作，好山、好水、好声音与旅游业共同碰撞出科技之光。数字化进程正在从规模、结构和行为多个维度重构文化资源和旅游市场。没有科技的应用，我们很难想象携程和去哪儿、如家和七天、海昌和方特的创业成功，也很难想象旅游行政主管部门在每个节假日结束后的第一时间就发布市场数据。当然，如果没有随大众旅游时代来临的 6 万亿元的消费市场，也很难想象梁建章先生、庄辰超先生这样的计算机领域的精英人物会进入旅游领域成功创业，并发明了“小诗机”这样把诗、远方和科技结合在一起的产品。通过复盘所有取得巨大成功的互联网企业，我们发现科技用新的方法满足人的既有需求，也在发现和培育人的潜在需求，如微信、脸书的社交需求，谷歌、百度的搜索需求，阿里巴巴、亚马逊的商业化需求，得到、蜻蜓、慕课的知识需求等。人类旅游需求的多维度细化和深度开发将是未来旅游的主要方向。前一段时间下载了一个小众 App 叫片场，它收录了 870 多部电影，让用户跟着电影去旅行，形成了电影热门目的地。

经过智慧旅游的十年洗礼，移动通信、互联网、人工智能与大数据已经成为业界会议和政府文件必谈的关键词。在科技的推动下，过去我们谈旅游资源，盯着山山水水和历史古迹。今天，经济社会发展成就和美好时尚新生活都成了旅游吸引物。

（四）科技创新有效服务美好生活需要

过去那种“圈山圈水收门票、零负团费包价游、购物自费拿回扣”的操作模式将被摒弃，各种自说自话、自吹自擂、自我陶醉的旅游宣传，以及满足于开个会议、发个文件、拿个牌子的发展模式，也难以在市场上取得成功。不管是目的地的发展还是旅游企业的经营，都需要直面旅游者的美好生活需要，提供给他们不一样的体验。

基于人们对主客共享美好生活的向往，国内旅游目的地建设将更加关注基础设施、商业环境、居民生活方式等要素，致力于本地居民生活方式的挖掘提升和共享生活场景的营造结合，积极营造有温度、有内涵的美好生活新空间。近年来如北京的后海、798 艺术区，上海的新天地，成都的宽窄巷子，福州的三坊七巷，陕西的袁家村等综合街区的主客共享创新均取得了良好成效。对于旅游企业特别是旅行社和 OTA 为代表的旅行服务商来说，更是要抓住旅游市场总量增长的趋势和消费行为的变化，积极开发小包价、定制游、分众游、微旅游、深度游、自驾游等个性化和体验性的创新产品。

习近平总书记关于文化自信、文化建设和旅游发展的一系列讲话，为文化创意推动旅游创新发展提供了强大的思想动力和行动指南。我国丰富的文化资源和多元的文化创造，加上现代科技不断发展带来的展现、体验、经营、管理手段的创新，为旅游产业发展提供了源源不断的动能。旅游发展的文化内涵进一步丰富，基于大数据、云计算、人工智能、5G、卫星导航、无人驾驶等新科技的场景应用基本形成，“旅游 +”“文化 +”“科技 +”相互赋能和融合发展。

（五）培育新业态、新模式和新产品

应用新技术推进供给侧改革。将大数据、人工智能、物联网、虚拟现实等新技术应用于旅游政务、旅游企业运营管理以及旅游产品开发设计。例如，各地建立旅游大数据中心，实现智慧旅游政务管理；挖掘在线旅游企业数据库，开发适合消费者偏好的旅游产品；将虚拟现实技术应用于主题公园和旅游景区，

提升消费者感知和体验等。

培育旅游新业态。大力发展研学旅行、中医药健康、旅游演艺、低空旅游、体育旅游、避暑旅游、滑雪旅游、温泉旅游、森林旅游、养老养生度假旅游、邮轮游艇、自驾车房车、旅游金融等旅游新业态；研发旅游购物产品，创新旅游购物模式，特别是免税购物等；推进旅游装备制造业发展，特别是邮轮、索道、房车、游乐设施等旅游制造业；推动高品质酒店用品和设施的设计和制造等。

创建旅游发展新模式。继续推进全域旅游发展新模式，积极引导“旅游+”和“+旅游”旅游融合发展模式，如基于大数据的网景旅游模式、基于历史文化和教育场景的新型研学旅行、基于红色旅游景区的“党建+旅游”新模式、基于民宿群的度假旅游模式等。

开发旅游新产品。打造特色旅游小镇、特色商业街区、主题公园、文化创意园区、旅游度假区、综合性度假酒店、精品酒店、精品民宿群、VR 旅游体验产品、海岛游等高品质休闲度假旅游产品。

（六）需求升级与创业创新耦合

夜间旅游、度假游、避暑及冰雪旅游等潜在旅游需求已粗具规模，成为未来推动旅游发展的新潜力和新动能。从小尺度的时间单位——“一天”来看，以往我们更多关注游客的日间活动，忽视了游客的夜间需求。基于大数据的调查表明，很多年轻人在网上预订了酒店房间的同时会订一张当地的电影票，以满足其夜间游玩需求。无论是观光还是度假，游客的体验都应该是昼夜连续的，但事实上却因为针对夜间需求的产品供给不足，而使游客的夜间体验往往囿于酒店或客房内。游客希望在夜间继续体验异地的别样生活，甚至出现了这样一群青年白领游客群体，他们“上午睡觉、下午溜达、晚上疯玩”。游客对夜间旅游休闲的需求自然就催生出夜间旅游这一新的旅游方式，既包括当前已形成一定规模和影响力的都市夜游，也包括还有待进一步开发的乡村夜游。从中尺度的时间单位——“节假日”来看，节假日出游时间被拉长，为中远程旅游提供了更大的发展潜力，这其中包括对时间要求较为充裕的度假旅游。“世界那么大，我想去看看”，拼假被越来越多的年轻游客所推崇。近两年，各种拼假攻略在网上广为流行，通过对十一、春节黄金周进行前移后延，原本七天的假期，就可以变成约两周的假期。从更大尺度上的时间——“季节”来看，旅游出游的季节更加均衡，夏季和冬季出游需求不断释放。以往春季和秋季因气候适宜成为人们外出旅游优选的季节，然而伴随着游客收入水平的不断提高和旅游需求的旺盛，越来越多的游客在夏季有了避暑的需求，在冬季有了体验冰天雪地的需求，于是催生了避暑旅游和冰雪旅游新市场。

（七）年轻人创业增加旅游业活力

在旅行、互联网、大数据、创业创新等这些概念从书本和文件走入老百姓日常生活的今天，更多“80 后”“90 后”和“00 后”的青年创业者，以知识、技术和专业的名义，为国民大众的旅行生活注入时尚和活力，重构国家旅业的价值与尊严。曾几何时，做旅行社的在公司后面加个 .com，做酒店的谈谈精品、民宿，说说情怀，搞投资的说几个云里雾里的概念和旅游市场数据，就能够引来观者无数。现在回过头看，那并不是旅游创业创新的黄金期，充其量不过市场导入初期的集体狂欢罢了。如今，从北上广深到二、三线城市，从商界领袖到初入职场的青年人，从资本、技术到业态，再到产品和服务，创业创新已经从文件、会议和媒体讨论的概念成为无所不在的商业实践。与过去五年相比，这一轮的创业创新更为理性，资本开始按照内在的逻辑去寻找它在技术和商业上的志同道合者。事实上，那些基于 R&D（研究开发），拥有 IP（知识产权）的项目从来都是风口上的，或者说它们本身就是吸引资本和商业要素的风口。在互联网 + 旅游、社区化 O2O、旅游 +VR、可穿戴设备和基于公有云的大数据计算等领域，我们看到新一代旅游创业项目正在受到资本的追捧。从黄仁宇先生所说的大历史观来看，并购重组、技术创新和数据驱动型成长正在成为包括旅游在内的经济发展新常态。随着这些新战略的遂行和扩张，不要自己吆喝，社会各界都会承认旅游属于现代服务业的范畴。只有把情怀和逻辑可丁可卯地结合在一起，中国旅游人才能真正在经济社会发展体系中、在“中国服务”走向世界的进程中扮演重要的角色，发挥关键的作用。

三、当代科技推动旅游业转型升级，新业态不断出现

（一）智慧旅游与旅游大数据

自 2010 年国家旅游局正式提出并启动试点以来，智慧旅游（Smart

Tourism）很快就成为政、产、学、研的显话题。经过八年的试点和探索，智慧旅游在基础设施建设、行业管理体系创新、对外和对港澳台合作、游客满意度提升，特别是在市场主体建设和消费场景应用方面均取得了长足进展和显著效果。从会议材料和典型景区、典型城市的发展材料来看，各地在智慧旅游和大数据建设方面，更是形成了一批可总结、可复制和可推广的经验，着实可喜可贺。

1. 旅游业态智慧化

旅游大数据的功用之一就是为在各个细分市场上的消费者提供与之匹配的选择和个性化服务，帮其做出更好的决策。大数据时代，旅游开始从观光旅游向体验旅游升级，游客从过去依赖旅行社的跟团游越发明显地转变为依托互联网的自助游，消费方式也更加多元化、个性化，因而对旅游信息获取的便利性要求更高。利用智慧旅游提供的终端衔接工具，游客可以充分利用旅游目的地的信息定制私人旅游线路。大数据可以精准指导游客的消费行为，同时也可以让景区更好地了解游客，最终带动旅游行业信息化水平整体提高。

2. 旅游精准营销

精准营销是用户画像的典型应用之一，具体包括售前、售中及售后各环节。利用大数据等网络技术，通过搜集用户的基本属性（性别、年龄、教育、婚姻、收入、职业等）和行为属性（消费数据、浏览记录等）数据，分析用户的消费相关特性如消费能力、家庭特征、购买习惯等，掌握客户特征。售前环节，获取潜在用户，对其进行评级分类，结合产品特征，选取特定人群进行广告等精准投放。售中环节，利用多网站数据，对用户的消费能力、产品偏好、区域偏好等重点标签进行梳理调整、清除弱化标签、挖掘潜在需求、进行个性化推荐。售后环节，通过数据接口实时反馈用户相关信息，譬如历史维修、历史咨询等，进行知识推荐，支撑服务效率和客户满意度；同时收集用户的服务满意度数据，补充和完善用户画像信息。

3. 旅游统计创新

建设旅游统计大数据系统，落实大数据在旅游统计工作中的应用，内容包括但不限于：互联网数据、旅游企业生产经营记录、行政记录以及地理信息等海量数据的收集、整理、分析；收集分析游客及本地居民人均旅游花费；按照月度收集分析出市、入市旅游人数，以及各县区出、入旅游人数，分类统计来源地和目的地，测算人均出游率；按照吃、住、行、游、购、娱旅游六要素和闲、情、奇、商、学、养旅游新六要素，分别统计分析出游客满意度；综合分析各类数据，挖掘出市农家乐月度、黄金周接待人数数据；分析测算去各地市旅游的游客使用互联网、移动互联网获得旅游信息占总游客数量的比例；分析出入境游客人数。

4. 旅游行业管理

通过旅游大数据，可以实现对资源、市场、客户等各个要素的定量把控，实现旅游行业的精准管理。旅游行政管理部门可以通过旅游大数据信息分析，及时调整、制定相应的经营管理策略，加强对旅游行业的监管调度，特别是通过景区客流预测预警，实现旅游热点景区黄金周等节假日客流分流，避免游客大量滞留，不仅可以提升旅游行业公共服务能力，还可以更好地指导和管理旅游市场，为旅游企业决策提供科学的依据和支撑。同时可以有效指导各地或各景区的公共服务体系建设，在整合政府与市场旅游服务资源的基础上，大数据平台还引入旅游诚信监管系统，推进良性竞争机制的建立，提升游客体验满意度，提升政府的市场引导及服务能力，实现以人为本的健康旅游业发展。

5. 大数据正在成为各级政府谋划旅游发展，制定发展规划，加强市场监管必不可少的政策工具

过去各地发展旅游，主要是讲资源，讲山川秀美、人杰地灵，讲领导如何重视，讲旅游发展大会和高规格文件。进入大众旅游新时代，游客要美丽风景，更要美好生活，都市旅游目的地的公共文化、商业环境和生活方式都成了新型吸引物。现在发展旅游，只谈山山水水和历史人文恐怕不行了，得见物见人见生活，得下大力气研究市场。我们给的得是游客要的，否则就是一厢情愿。怎么研究市场？还是那句话，话语千言，不如数据一组。从中央和省级层面做年度工作计划、五年和中长期发展规划，哪怕只是季度性的文化消费和旅游经济运行分析，都需要涉及投资、创业、科技、国土与海洋、服务贸易等维度，都需要大量的统计工作和数据分析作支撑。2019年在苏瓦与斐济国家储备银行经济部门进行工作研讨，他们对涉旅游统计工作的重视和团队的专业能力均给我们留下深刻印象。从这个意义上说，"旅游要发展，统计要革命"有着深刻的理论内涵和广泛的现实意义。现在政府机构特别是上海、重庆、福建等地，在数据生产的频率、丰度和结构化方面已经有了长足的进步，基本上能够满足辅助决策和引导产业的现实要求。

（二）定制旅行

1. 旅行服务的分工与专业化

在过去的几年中，定制旅行已经成为市场主体促进旅游业高质量发展的成功探索和有效路径。无论是全包价、小包价，还是单项预订服务，旅行社的传统操作模式都是生产者主权，从踩线、采购、组装和分销到线下的门店和线上的 OTA，都是供给侧在主导。游客看上去有选择权，但主要是在不同的旅行社品牌和有限的产品间选择，或者说游客的选择自由度是有限的。经济理论和市场实践表明，消费者的满意度与消费菜单的可选度是密切相关的。随着大众旅游时代的到来和国民旅行经验的成熟，选择自由行和自助游的人越来越多，但是游客用于信息搜寻、价格比较、目的地决策、小交通和目的地生活方面的成本也越来越高。有人说移动通信、大数据和便利支付有效降低了交易成本，人们有了更多的时间去体验生活的美好。对此，我们想一想洗衣机、微波炉、冰箱等家用电器是否减少了人们的家务劳动时间，想一想打字机、计算机和大数据是否减少了白领的工作时间，自然就有答案了。

分工与专业化是经济增长的本质要求，也是效率提升和服务品质的有效保障。商业从工业的分离是不可逆转的经济史进程，旅行社或者说旅行服务从交通、住宿、餐饮、娱乐、购物、主题公园等商业机构和自然遗产、文化遗产目的地资源管理者和公共文化机构中分离出来，也是大众旅游时代不可逆转的商业进程。无论我们如何强调消费者主权，已经认识到游客不再是纯粹的消费者，而是会介入目的地选择和产品设计中去，但是游客绝不可能变成普遍意义上的生产者，仍然需要旅行社的新型专业化服务。在市场主体的共同努力下，定制旅行正是从消费者主权出发，依托旅行商的专业化运营，在分众和分层基础上为游客提供品质服务的商业模式。

携程定制旅行平台供应商管理标准已经自觉肩负起质量提升和生态圈培育的责任。这种基于流量和获客能力的市场契约，可以起到政府监管部门无法替代的作用。携程 C+ 定制师培训项目将会让更多业者成为定制旅行的行家里手，从职业教育角度为旅游业的高质量发展提供坚实的人才支撑。鸿鹄逸游对游客需求的透彻研究，对供应商和导游可以做什么、不可以做什么的细致要求，让我们看到了高端和奢华领域的中国服务正在成型，看到高质量发展的标准化支撑。值得关注还有“定制美好旅行生活”这一带有形而上论证和产业趋势判断的成果，它是凯撒旅游集团的理念主张和商业探索。从其已经导入市场的日本文化之旅和南太岛国的邮轮旅游来看，确是一家有理念、更有行动力的企业。

2. 定制师与数字导游

2012 年以前，受市场发展阶段、定价、人效比等因素制约，定制旅行更多服务于高端市场。但是，随着六人游、无二之旅、指南猫等定位大众且重视技术研发的企业相继创立，以及携程、同程等平台定制事业部的设立，定制旅行从高端小众走进大众视野，在 2016 年后加速走向规模定制时代并不断从高线向低线城市渗透。从携程定制平台的订单数据来看，二线城市的订单占比（42%）已超过一线城市（36%）。同时，无论是国内游还是出境游，价格的下降都表明定制旅行的门槛正在不断降低。定制旅行并非是全新的事物，但只有当更多的老百姓享受得起，才预示着大众定制时代的到来。

定制旅行引发供应链变革，推动旅游产业转型升级。根据中国旅游研究院连续 40 个季度的全国游客满意度监测数据，游客对旅行服务满意指数在 2018 年达到 76.12 的较为满意水平，但质量还不稳定，有关旅行服务方面的投诉仍占比较高。尤其在出境远程市场上还有较大的提升空间。

从供给侧来看，诸多传统旅行服务商的资源获取和产品研发仍然主要依赖于传统旅游供应链及资源导向的批零体系。面向市场端的在线获客能力较弱，市场无细分、营销无差异是常态，在企业内部还存在着信息化建设滞后、粗放式运营等普遍问题，阻碍着行业整体发展质量与服务水平的提升，也限制了企业的盈利能力。

无论是游客满意度的进一步提升，还是旅游企业的能力提升与竞争力培育，都要求全行业转向精细化高质量发展，而这个转型需要市场主体的积极参与和主动作为。这种自觉应来自企业家精神的自我驱动，来自同业间的良性竞争，更来自需求端用脚投票而施于市场主体的倒逼力。

定制旅行作为从需求出发、基于人工与数据相结合运营的商业模式，不仅能够实现产品的快速迭代，还能同时反哺传统跟团游与自由行产品，引领旅游业的产业升级。

需求导向的产品设计、基于游客评价的资源优筛机制、专属定制顾问的贴心服务都会带来更高的游客满意度。基于定制游沉淀下来的固定线路产品是真正经由市场检验而筛选出的优质产品，是对原有资源导向下跟团游产品的颠覆性改变，又可以依托团游的规模化生产和采购来降低市场价格与准入门槛。

另外，高频快速回应市场的需要和企业盈利的压力，倒逼旅游供应链从传统的资源模式转向市场拉动，朝着更短、更柔、更智能化变革升级。前沿技术的深度应用与快速迭代，能够让分散在老总、导游、领队、计调等脑中的经验和智慧以数据的形式沉淀出来，通过有效分类与逻辑关联，既打破之前面临的人效比天花板限制，又引领旅游业向技术与数据驱动的智能化产业转型升级。

技术变革和人口红利支撑下，依靠市场主体的不断探索，我国定制旅行市场正进入“弯道超车”的阶段，走出一条有中国特色的定制旅行之路。

3. 入境定制

入境旅游市场主体格局转变是市场选择的必然结果。散客化趋势显著，团队、包价、观光游的传统市场基础日渐弱化。入境旅游经过 40 年发展已经进入成熟期，在移动信息技术广泛普及，游客出游经验愈加丰富的当下，市场散客化趋势更加显著。目前，团队游客在入境过夜市场的占比不足 25%。入境旅游利润空间仍在继续收窄。人民币升值、国内旅游价格上涨等因素使入境旅游成本不断提升；部分客源市场饱受低价团侵害，目的地形象被贴上“低价”标签，在入境游客习惯低价后，传统旅行社难以提高跟团游价格。出境旅游的市场挤出和要素竞争效应短期内难以有效消除。相对于入境旅游，我国出境旅游起步晚，游客跟团游比例更高，超过 40%。伴随着老龄化进程加快，更愿意选择跟团游的老年人出境旅游需求进一步释放，将继续拉高出境游的跟团比例。过去 20 年，出境旅游相对于入境旅游具有更高的利润率。与入境游旅行社相比，出境旅游行社由于掌握客源优势，讨价还价能力强，利润率自然相对较高。

综上所述，我国大旅行社的主营业务均转向出境旅游，若无外力推动，短期内战略取向无法转回入境市场。无论是国、中、青三家大旅行社，还是地方的广之旅、锦江旅游，其入境业务均已严重萎缩。2017 年，中国国旅的出境营收占比超过 60%，而入境旅游营收占比仅为 6.5%。类似的，广之旅和锦江旅游的出境游营收占比同样在 60% 左右，入境旅游份额难以超过 10%。民营的凯撒旅游、众信旅游及华远国旅本身就起家于出境游业务，其中，众信旅游的出境业务营收占比甚至超过 90%。旅行社出境游和入境游业务具有完全不同的战略资源布局，出境业务将资源主要配置于国内揽客渠道及航空舱位预订，而入境业务则更依赖于国内的接待设施和服务品质。旅行社如果将业务从出境游转回入境游，就要为资源布局调整支付成本，这需要以入境旅游良好的长期发展前景为保障前提。

专门从事入境业务的中小旅行社勉力维持入境跟团游市场。在大旅行社将业务中心转向出境和国内业务后，依然有众多中小旅行社专业从事入境旅游的外联及地接业务。北京国华假日和环球运通便是它们中间的典型代表，其员工数量在 20~40 人之间，每年接待入境游客人数超过 1 万人次，年营业额约为 1000 万美元。伴随大旅行社入境旅游业务份额的减少，初步估计，超过 90% 的旅行社接待业务是由众多中小旅行社组织完成的，累积年接待入境游客量超过 1300 万人次。众多专门从事入境旅游的中小旅行社成为推动入境旅游发展的生力军。

中小型专业旅行社凭借其产品研发和创新战略，正在成为可以依靠的主力军。入境旅游发展 40 多年来，除了经营入境包价旅游产品，开展外联和地接业务外，很多中小型专业旅行社持续探索新的商业模式，不断创新旅游产品。其中，桂林国旅和西安马可波罗旅行社就是入境旅游电商的佼佼者，它们绕过客源国组团社，不再是组团社的“贴牌生产”者，直接面向终端入境游客，推广自己的旅行品牌，形成口碑效应和品牌知名度；还有少数中小型专业旅行社，如深圳沃亚旅行，同样面向终端入境游客，但将服务对象聚焦于已在华旅行的（商务）散客，为其提供定制化、碎片化的旅行服务，多为半天或者一天的行程安排，不同于传统观光线路，以中国书法、绘画、武术、美食等以传统文化体验为核心内容。在文化体验产品供给严重不足的当前，尤其受欧美游客的欢迎，有海外游客甚至提前三个月就预订了到当地居民家就餐的服务。与传统旅行社相比，这些拥有创新模式、产品及服务的中小型专业旅行社面临更广阔的“蓝海”，它们的兴起宛如“星星之火”大有“燎原之势”。

尽管大旅行社普遍将出境旅游作为核心业务，但他们具有经营入境旅游的良好基因，具有丰富的入境旅游组织和接待经验。加之，中小型专业旅行社在商业模式、产品及服务上的持续创新，总体上看，我国发展入境旅游的基础犹在。只要国家发展入境旅游的决心不动摇，产业政策和促进措施得当，完全可以重构入境旅游的嫡系部队和主力部队。

（三）数字文旅和文旅云

当前，文化建设和旅游发展相得益彰，文旅融合效果初步显现。我国正按照“宜融则融、能融尽融，以文塑旅、以旅彰文”的理念，持续推进文化和旅游融合发展再上新台阶。特别要加大旅游文创产品开发力度，用文化创意提升旅游产品设计水平，推进旅游文创产业发展，让科技促进文化和旅游融合发展。

数字文旅是当代科技特别是互联网等数字技术促进文化和旅游融合的所有现象总和。从国外来看，美国是信息化传统强国，欧洲数学经济比重过半（如德国为 55%），日本、韩国率先推动数字经济、5G 商用和智慧城市 5.0，新加坡在中国国际智能产业博览会的展示令人印象深刻，中国香港的数码港计划已经实施 20 多年。以文旅融合促进高质量发展是当前的大势所趋。文化和旅游均是美丽风景、美好生活的重要内容，文旅融合可以促进投资，高质量所包括的品质动能及文化需求体验孕育新动能，文创、科技、夜间旅游已经出现。这些供给侧结构性改革不断提升发展质量。2019 年 8 月 13 日六部委《关于促进文化和科技深度融合的指导意见》要求促进文化成果网络化、智能化。可以预期，5G 文旅、文旅云、VR 以及智能手机替代品将不断出现。

目前尚没有比较系统的文化消费统计指标，中国旅游研究院（文化和旅游部数据中心）的统计调查所、数据分析所等部门正在执行相关数据收集任务，将陆续产生有关指标和数据。我们可以从现有的数据了解规模巨大的数字文旅产业。

从文化产业数据看，根据国家发改委、文化部的数据，2016 年，人均文化消费支出 800 元；预计未来 5 年我国文化消费支出总额将翻番；我国潜在文化消费总额为 4.7 万亿元。根据国家统计局数据，2017 年全国文化及相关产业增加值为 3.47 万亿元，比上年增长 12.8%，占 GDP 的比重为 4.2%。2018 年，根据新的文化及相关产业分类统计，全国规模以上文化及相关产业 6 万家企业实现营业收入 8.93 万亿元，按可比口径计算比上年增长 8.2%。而根据发达国家经验，文化消费起码要占到整体消费的 30%。从数字经济数据看，2018 年 GDP 为 90.03 万亿元，我国数字经济总量达到 31.3 万亿元，占 GDP 比重的 34.8%。根据中国社会科学院、国务院发展研究中心的研究，2017 年中国数字文化产业总产值为 2.85 万亿 ~3.26 万亿元，2020 年将达到 8 万亿元。从旅游数据看，2018 年我国在线旅游交易额达到 9754.25 亿元，约占同期全国旅游总收入的 16%。

“70 后”“80 后”“90 后”是在线旅游的中坚力量，“90 后”占比 18.60%，“80 后”占比 18.72%，“70 后”占比 16.13%。“50 后”“60 后”中老年人占比 26.82%。“00 后”在家长陪同下逐渐加入旅游队伍，占比已达 19.73%。

根据谷歌中国报告中的亚太区数据，游客在旅游过程中使用手机进行检索的频率是日常的 1.9 倍，是使用线下资源的 2.7 倍。

更多年轻人喜欢文旅体验。例如，2018 年国庆期间，超过 90% 的游客参加了文化活动，超过 40% 的游客参加了 2 项文化体验活动，前往博物馆、美术馆、图书馆和科技馆的游客达到 40% 以上，37.8% 的游客花在文化体验的停留时间为 2~5 天。国内主要在线旅游平台（OTA）数据显示，10 月 1—7 日文化类景区整体预订量同比增长超过 36%，景区门票、文化展演类产品预订量增幅最大。

省域在线旅游发展指数较不均衡，广东最高为 92.6，紧随其后为浙江、江苏、山东、四川和北京等省市。指数均在 80 以上；安徽、湖北、河南等中部省份线上旅游企业规模不领先，但在线旅游发展较好；西北和东北等平均气温低的省域，在线旅游发展滞后。

我国数字文旅发展有以下显著特征：数字化有力推动文化和旅游融合、数字文旅技术和市场优势明显、发展潜力巨大，初步探索形成若干经验模式等。

国务院总理李克强 2019 年 7 月 31 日主持召开国务院常务会议，确定适应群众需要促进商品消费和文化旅游的措施，更大释放最终需求潜力。会议确定了促进文化和旅游消费的措施，要求以“互联网 +”提高文化旅游消费便利度。

从国际竞争力看，与国际数字经济先进国家相比我国数字经济发展仍存在较大差距。例如，应用发展不均衡，互联网应用市场化程度高、发展较好，但行业应用广度和深度明显不足，特别是和实体经济融合不够。在 2019 年的 20 国集团峰会上，习近平总书记指出，作为数字经济大国，中国愿积极参与国际合作，保持市场开放，实现互利共赢。我国数字文旅的国际合作主要存在数字化、全球化两条主线。在数字化方面，信息高速公路建设推动 OTA 的出现与国际合作，数字地球浪潮中的数字“一带一路”、华为 5G 推广、字节跳动 Tiktok 快速成长等引人关注。在全球化方面，随着出境旅游和全球旅行生活服务体系的建设，各大文旅企业纷纷制定实施全球战略。在国际合作、行业联盟、标准规范和发展规划等方面，数字文旅的全球治理正形成相应的方案。

文旅云是上述旅游信息化、网络化、数字化、智能化的集大成者，中国的相关企业主要有中国电信等基础设施运营商，微信、微博等网络门户运营商，抖音、旅享视界、文化云等视频信息运营商，携程、同程、马蜂窝等 OTA 企业等；建设共建数字文旅云，可加快 4G、5G 网络等文化旅游的公共基础设施建设；目前中日韩，统一的服务平台尚未建立，游客到达目的地后被困在“果壳”里，寸步难行；支持手机在内的移动互联设施带将给消费者提供更多方便，使他们随时随地去查取信息、完成消费和支付，甚至随手点评；为5G商业模式、智能硬件、AR/VR、数字媒体、短视频等提供技术基础；有力推动文化和旅游融合、发挥三国技术和市场优势、释放市场发展潜力，发掘优秀经验模式等；迎接越来越多的创业队伍、创新产品不断涌现；推动文旅市场主体上云、上5G；着力打破信息孤岛，方便旅游消费；加强国际合作、行业联盟、标准规范和发展规划等方面，利用文旅云的覆盖性优势，探索区域治理和全球治理方案。

（四）数字文创

数字文创是以文化创意内容为核心，依托数字技术进行创作、生产、传播和服务的经济文化活动，是数据创意产业的重要领域。《“十三五”国家战略性新兴产业发展规划》将数字创意产业列为五大新兴战略性产业之一，提出要构建数字文化创意产业创新平台。近年来，腾讯、百度、阿里、网易、爱奇艺、优酷、土豆等较早进入数字创意领域的企业快速发展，字节跳动、多米、斗鱼、乐逗、咪咕等新创企业十分活跃，尤其是电竞、短视频、VR、网络文学等正在迎来大发展，数字创意产业呈现蓬勃发展态势。值得一提的是，数字博物馆、数字艺术及艺术品数字化、数字展会和数字节庆等与游客活动息息相关的新兴数字业态不断涌现，数字创意产业与旅游融合正在逐步深入，并延伸发展为城市旅游消费的新空间。

数字文创正在成为激发城市休闲经济活力的重要途径。数字文创的本质是文化、艺术、创意、知识和技术的深度融合。在全球范围内，数字文创正在成为考量城市竞争力的关键领域。法国里昂于2002年成立了国际灯光城市协会，推动里昂灯光节成为城市发展的创意名片。日本于2004年颁布《内容产业振兴法》，推动数字内容产业成为拉动东京经济发展的新亮点，自2008年起每年在东京举办数字内容博览会，又于2018年建立东京森建筑数字艺术博物馆。我国上海、北京、杭州、成都、长沙、厦门等城市也纷纷布局数字文创产业。在文化和旅游融合发展，数字经济、智慧旅游欣欣向荣的当下，数字文创与旅游场景的融合为城市新经济发展提供了绝佳机遇。相关统计资料显示，我国“80后”“90后”游客偏好时尚且带有科技感、文艺气质的新产品。数字文创完全有可能激发都市旅游经济新活力，并通过文化、科技和旅游融合让城市文化更富魅力。

（五）人工智能与文旅数据建设

从文旅数据现状来看，一方面，地方文旅数据建设处于初级阶段，各省数据口径和统计方法各异，数据没有联通，处于数据孤岛阶段，数据化、信息化、智能化程度低。很多数据缺乏统一规范和标准，横向不可比，纵向也不可加，存在很多问题。另一方面，国家层面文旅数据建设有待丰富。现在文旅数据统计是以传统统计手段结合大数据技术完成，但大数据体系仅仅限于单一领域的数值数据，数据的广度、类型均有待丰富，且无法进行智能化预测。

结合人工智能技术特点，对文旅数据建设有以下初步设想。一是建立文化和旅游大数据体系，从建立模型、丰富数据范围、数据类型等方面建构全面文旅大数据体系。受益于互联网和移动互联网的发展，以及中国网民的庞大群体，中国在线数据量庞大，建立大数据体系条件成熟。我们知道人工智能的基础是大数据，大数据的下一步发展就是数据智能化应用，结合大数据技术，对包括酒店、景区、文化场馆、公共服务、交通、气象等不同类别领域的图片、文本、音频、视频等数据构建文旅大数据体系。二是对整个文旅市场进行监测、预警，提高公共服务效能和游客品质化体验，建立融统计、监测、模拟、预警、预测等为一体的智能化数据系统。通过人工智能（机器学习）算法对建立好的文旅大数据进行训练和学习，在完成当下统计的同时，也能对过去数据进行分析和拟合，从而对未来的情况进行精准预测，提高公共服务效能和游客品质化体验。

在数据建设过程中，需要遵循几个原则。一是制度规范，从制度上规范文旅数据的标准化，对数据的广度、宽度等统计口径进行标准化的规范，对数据类型、采集渠道等都进行规范。二是数据采集多样。现今科技发展较快，以开放式的接口，通过数据交换、数据爬虫、自我数据生产等方式不断扩充数据采集渠道。三是遵循数据伦理。始终牢记我们对数据的研究是为了人民的品质旅游、促进人的发展和幸福提升这一研究价值观，应当时刻遵循数据伦理，自觉承担保护个人的隐私。

以悉见集团为例，公司主要业务是 AR 空间智能。悉见从 2016 年起做文旅，因为 AR 技术和人工智能一样，是应用基础。而中国有几千年的文化，但是很多大众却不太了解。如云南的某个古镇，很多人没有去过，在昆明和大理之间，是一个以彝族风情为特点的特色小镇，很多游客去吃点烤串，看看表演，然后就离开了。当地也思考怎么能把彝族刺绣的历史、图腾、文化展现给游客，所以想到用 AR 这种技术来做。关于数据建设，每家都有诉求。如圆明园，专门成立了一个数字园林公司来运营它重建的一些内容。如灵古镇，把游客的数据收集起来，把游客沉淀下来，可能所有的技术公司都想拥有更多的数据去训练好自己的人工智能模型，使判断越来越准，如从厘米级别的进度，追求亚厘米，甚至到毫米。这里涉及很多技术攻关，而技术攻关最重要的资源和养料，就是数据。数据越好越精准，那么它的人工智能出来的效果，就会有一个边界，包括现在全世界都画得很清楚的就是红线，但有人的可能也会去卖这种用户数据。商业的场景，如商场之类是公司比较擅长的。公司不做人工识别，主要做空间，在空间里面叠加。有了定位数据，然后叠加一些增强企业型的、虚拟的。有没有可能在数据标准、数据规则上面，尤其是因为 AR 现在有一个需求，政府来推动，或者研究机构来推动是最好的，特别是伦理这块，但是文旅数据按照什么标准什么格式，也涉及知识产权的问题。苹果在推 USTZ（联合国支持过渡区 Un-Supported Transition Zone），其实中国市场的应用很强。目前，我们可能确实基础落后几十年，但我们现在在追赶。我们能够统一标准的格式，所有的文旅企业可以采用，随着“一带一路”推广出去。我们现在的数据如 TXT 文本、WORD、图片、视频，这些都是具体文件格式。但随着技术发展，我们需要更强的符合未来空间智能，如 VR 这种数据格式。但是这个数据的格式现在还没有统一标准，如果数据标准格式统一，做内容的人和应用的人、体验的人，包括终端的支持都会快速地蓬勃发展。AR 其实需要把 3D 模型、音频、动作这些都要整合下去，现在怎么去整合？哪些设备支持？其实需要有一个牵头方来发起，大家都遵从，可以推动整个行业的大发展。

（六）旅游物联网

互联网旅游正走向物联网旅游。对主要技术的市场需求、物理和社会基础、技术能解决的关键问题、技术扩散可能性、应用场景、商业前景等进行技术预测和战略研判，以明确技术创新适用的产业领域，这是技术进阶首先要考虑的。旅游是一项集合人和物服务载体的综合性活动，应该说，与物联网有天然的匹配性。在移动互联、5G、人工智能、工业互联网等支撑下，互联网终究将逐步成为物联网的子集。物联网“加上”旅游，能够实现旅游活动中人与人的链接、人与物的链接，并以此形成更加便利、安全、有品质的旅行体验，这将成为产业技术进阶的基础。基于旅游活动空间位移性、产业综合性、社交属性，以及市场规模大且品质化、个性化需求多等市场需求特征，以及物联网、大数据技术、5G、人工智能等技术特点，旅游互联网向旅游物联网升级值得我们关注。

旅游物联网技术创新和商业模式突破方向需要明确。这需要我们回归技术的本质思考：旅游企业技术创新目标是什么？面对旅游人数增长的业绩冲动与日渐突出的服务品质化诉求我们如何取舍？我们的技术应用是否有理性思考和基础市场支撑？这个答案是明确的。技术终究应该以人为本，在旅游领域的技术应用应该以面向为游客提供更加安全、便利和舒适的品质化旅行服务为方向。这是旅游领域技术发展的逻辑起点也是归宿。

面向市场需求的技术应用场景和商业孵化的可能需要研判。需要结合市场需求和产业基础对相关技术的应用场景进行市场和技术研判。初步看来，在旅游业的技术创新和物联网旅游进化升级过程中，下沉到目的地的智能公共管理和服务，细分到国内、入境、出境市场的个性和智能定制与即时综合服务，技术本身作为内容创新形成时尚、穿越的科技体验，是当前及未来一段时间的带薪休假落实程度下，面向满足多元化、多层次、品质化旅游消费需求值得期待的领域。面向主体市场、潜力市场需求的品质化服务和管理，包括移动式云端游客服务中心、智能旅行机器人助理、可视化可交互的旅行交易系统、面向入境游客的多语言服务系统、社交型地图和综合交易平台，最终形成物联网旅游综合平台等，可能将会是有一定前景的应用场景。

（七）旅游科技品牌

高质量发展要靠市场主体，特别是要靠品牌，品牌＝品质，品牌越大，品质越好。品牌包括目的地品牌、企业品牌、个人品牌、产品品牌等。我们晚上看的露天城市文旅嘉年华亟须补充的产业链、附加值，必须依靠企业、品牌才可能完成。文化和旅游的高质量发展要求生产优秀文化作品，提供优质旅游产品，促进文化和旅游融合，这是中国特色旅游发展道路的新内涵。根据中国旅游研究院调查并综合各方数据报告，自2010年我国开展旅游质量提升年以来，我国旅游发展质量不断提升。在企业层面，广大旅游运营商特别是网络旅游运营商主动开展形式多样、效果明显的服务质量评价。

当代文旅品牌主要来自科技、市场和管理。“互联网是我们必须过的一关”。

基于互联网的“大众创业，万众创新”诞生了大量文旅品牌。除了国中青、海航、首旅、锦江、岭南、杭州商旅、万达等传统品牌之外，国际旅游品牌榜单、文化企业 30 强、旅游集团 20 强名单持续变化，携程、去哪儿、同程、途牛、马蜂窝、途家、华住（汉庭）、铂涛（7 天）、如家、美团以及 BAT 文旅、信息通信企业、文旅等企业及其品牌工厂、品牌体系脱颖而出。另外，西安的“长恨歌”等 12 台戏、复星的地中海俱乐部和托马斯库克旅行社、宋城的千古情、华侨城的欢乐谷、方特的主题乐园，以及故宫的 IP 文创产品、数字化创新也令人印象深刻。

前面提到的定制旅行也出现众多产品品牌。鸿鹄逸游、碧山、赞那度、中青旅耀悦等主打奢华和高端的定制旅行商，已形成公司品牌效应。携程、凯撒、港中旅等旅行服务商也在此领域耕耘有日，并成立了相应的事业部或者业务单元。随着人民生活水平的提高和旅行经验的丰富，定制旅行市场将面临分层、分众的趋势，我们还需要更多的品牌线路和品牌产品。“非洲之傲”“东方快车”等代表品质的旅行线路，需要无二之旅、指南猫等定制旅游平台等让年轻人从一开始就了解品质、享受定制，也需要时尚引领定制旅游的未来。

（八）共享业态

共享思想正在引领旅游商业模式创新。马蜂窝的攻略社区，途家、小猪短租等共享住宿，摩拜、OFO、滴滴打车等共享交通，云游天下的共享房车等，便是其中的代表。以共享商业思想为引领，以互联网、移动互联网、大数据、物联网技术等为支撑，构建形成新的商业模式，为解决社会存量资源利用、新增资源的高效使用，发挥了关键作用。我们看到，信息技术开始主导新产品、新业态创新。以大数据技术为基础的产品和业态创新正在重构产业格局，妙计旅行的精准定制，精彩旅途的社交地图，以 VR、AI 技术支撑的主题公园体验游乐产品，不断推陈出新，为游客更加便利地出行、更加有品质的旅游体验，提供了更多更好的服务。我们看到，文化和旅游融合在加速推动内容创新。亚朵的吴酒店、莎士比亚酒店，带着咖啡香味的诚品书店，图书馆里的音乐会和动漫节，博物馆里的夜间读书会、卧谈会，海洋馆里和小动物一起入眠，诗和远方的融合推动了一系列带着 IP 的文创产品出现，让游客的旅游体验更有品质、让生活变得更加美好而幸福。我们还看到，物联网、互联网和人工智能综合技术推动的业务界面创新和流程再造。无人酒店、未来酒店，正在走进游客的旅行生活。在如火如荼的产业创新当中，我们看到旅游产业在不断成长。

（九）旅游 IP

旅游 IP 是排他性的知识资产，是基于旅游资源或旅游地域的独特性，在与旅游要素融合发展的基础上，以游客为中心创造出的具有排他性的专有知识资产。旅游 IP 的创新路径多元，包括新技术驱动、“文化 +”主导、资本推动和企业家精神引领。在新技术驱动下，上海迪士尼乐园的飞跃地平线、极速光轮、巴斯光年、星球大战基地等项目提升了游客体验；“文化 +”主导的创作成为优质 IP 的内容保障和创新方向；资本推动下，旅游企业通过并购、收购快速实现了 IP 内部化；以景域集团为代表的旅游企业家走在了 IP 发展的前端，企业家精神成为 IP 创新的原动力。在旅行方式 IP 创新方面，驴妈妈针对符合条件的用户在全国率先推行“先游后付”的创新型旅游体验，建立在“旅游生态命运共同体”成员之间彼此信任、相互监督、协同发展的基础上，有望倒逼整个供应链及导游服务优化。

（十）目的地管理和全域旅游运营商

便捷舒适的目的地环境，是全域旅游建设的基础。城乡基础设施、公共服务和日常生活环境已成为目的地旅游吸引力的重要组成部分。各地旅游发展指导思想亟须随之转变，要从重点抓旅游类项目建设，转向既要建设旅游类项目，更要强化打造生活宜居、包容开放的城乡生活环境，后者更是目的地品质旅游的基础。持续创新的业态和产品体系，是全域旅游建设的核心。目的地旅游品质的提升，有赖于更加丰富、完善的产品和服务体系的建设。旅游业态、产品、服务体系的创新，需要跳出旅游发展旅游，将一、二、三产业的资源要素旅游化，不断挖掘新资源、新要素，使之为旅游所用。

（十一）AR/VR 与 5G 旅游

通过 AR 综合管控、5G、实名分时预约、人脸识别、无人机、机器人、语言交互、人机交互、虚拟现实等在文旅行业应用，具体应用阐述新科技是如何推动旅游美好生活的，未来通过 5G 黏合打造更加平安、更加智能、更加感知的文旅目的地和景区。而全域智慧旅游平台的建设适应总体发展的需要，在技术变革、消费升级、政策引导的背景下，对旅游全产业链都提出了更高的要求，大家都在寻求转变；在线旅游企业从线上向线下服务体系渗透；旅游资源方从供给侧发力从线下反向渗透线上；科技类型企业产研融合，提升研发的变现能力。政府部门向服务型转变，对产业运行监测、大数据需求日益增强。

当前，在智慧文旅的探索和实践中，越来越多的企业通过“平台”理念，共筑政府、运营公司、涉旅企业、目的地从业者和居民、信息化服务商、互联网平台、大数据公司、人才培训机构、金融资本等多方共融发展的全域旅游新生态，实现全生态成员的共生、共荣、共赢发展。

5G 技术可以极大简化业务流程，包括游客身份识别、企业内部流程、市场监管流程等，从而实现更加弹性的产品供给，满足个性化、定制化的旅游市场需求。对旅游目的地的企业来说，基于人脸识别的旅游服务是一个很好的契机，但未来是否能够诞生类似携程这样成功的企业，还是一个未知数，还要看企业的运营能力、管理能力、执行能力等。对于景区来说，基于人脸识别的安全监控是一个很好的契机，而且人脸技术可能作为一个突破口，破解景区管理和服务中的现实难题，景区在未来旅游业中的价值得到进一步发掘。我们对 5G 时代的预判就像之前的模拟手机到智能手机的发展，应该会有更深层次的变革而不仅仅是网速的大幅度提高。旅游企业需要提前考虑基于 5G 时代的新业务模式和商业模式，需要了解 5G 背后更多相关硬件技术发展，如外骨骼机器人、人工智能算法、物联网应用。对新生代消费者而言，这个新时代会有很大的不同。对于目的地而言，特别是资源禀赋或者旅游业发展相对落后的地区，可以通过一些技术手段形成文旅新 IP 打造，从而吸引新生代的消费者。技术和消费成为双驱动力，给目的地带来新的发展契机。旅游目的地发展不能仅仅依赖传统资源，需要从技术赋能和市场认识的转变角度重启新的发展模式，一些数字文旅企业所提供的技术 + 运营平台模式，符合旅游目的地发展需要和消费者需求，在 5G 时代能有更多商业模式上的创新。

目前，看整个的行业环境，至少从国家层面来讲，提大数据的少了，但大数据并不是真的过时了。从发展曲线上来看，它现在好像走到低谷；从国家来看，其实它已经变成跟网络一样的基础架构，它不再是一个直接面向终端用户，to B 或者 to C 的最终应用。未来 3 年一些企业将会做“滚动规划”，就是“数据 +”，就是用数据来驱动应用，一切数据业务化，一些业务数据化。整个社会层面上看，我们要将数据运用于反馈和驱动应用。

最近研究的“数据闭环”和“数字孪生”。中国电信的物联网做得比较大，在研究工业互联网和物联网的时候见到“数字孪生”。物联网的中心是广东，承担着全国大量的物联网功能。对于大空间尺度的数字化我们叫作“数字空间”，通过 AI 及空间要素之间的关系，驱动空间内的关系，让整个空间内部都联动起来，最好将这种空间联动技术运用到景区当中，将增强我们对景区的精细化管理。

总之，互联网、5G、AI 等都已经在大数据的基础框架内了，未来更多的是驱动。大数据将会成为 AI 的原料，我们现在做的还都是基础研究。5G 的研究，其中一个是速度，就是 5G 的高可靠、低时延特性，另一个是“网络切片”和边缘计算，更灵活的支撑生产和生活场景，为不同的场景提供差异化 SLA（服务级别协议），从对互联网的支撑演进到对产业互联网的支撑。在旅游行业，对于 5G 和 AI 结合和物联网结合，最终希望把这些能力应用到我们的智慧旅游的建设当中去。传统大数据还是人的数据，而未来 5G 时代将会是人的数据、物的数据相互融合，场景则是数据驱动应用，推进行业的数字化转型。

当前科技发展带来日新月异的变化，绝大多数市场主体都在主动地去拥抱文旅融合和科技进步，不管是科技还是数据，它作为一种技术和底层驱动，更重要的是服务于文化事业、文化产业和旅游产业发展，服务于我们大众旅游的分层和升级需求。5G 科技和更丰富的数据，对于解决传统消费痛点、催生新型消费需求和产业业态，有巨大的想象空间。

四、传统旅游业态的转型升级

（一）旅行社

无论是托马斯・库克这个百年老店的破产，还是凯撒旅游创始团队重获公司实控权，近期与旅行社有关的新闻很多。如果这些事情发生在 30 年前，那一定是整个旅游业都要讨论甚至要写入《中国旅游年鉴》的大事。那个年代，旅行社就是旅游业，旅游业就是旅行社，在国家机构和社会各界的心目中，两者本就是一而二、二而一的存在。而今，这些新闻只是在旅行社业者的朋友圈里议论几天，也就散了。至于酒店、景区、车船、航空、教育、传媒等构成的旅游圈，津津乐道的仍然是旅发大会、投资并购、文旅融合、大数据与人工智能之类的热词。我们认为天大的事情，在所谓的文旅圈子里也许只是茶杯里的风暴吧。根植于日益深厚的需求土壤，经历了资本市场的冲击和新业态的洗礼，传统旅行社正不断革故鼎新，在文化、科技和旅游融合发展的新时代主动寻找自己的位置。

旅行社业务正在从传统跟团游转向以定制游、亲子游、老年游、深度游为代表的“新跟团”。作为包价旅行服务提供主体，团队游是传统旅行社的重要领地。近年来团队游比例的下降经常成为专家学者判断传统旅行社衰亡的直观依据，却没有看到这只是反映了团队游产品与游客需求升级的错位，不代表着团队出游形式的过时，更不代表着游客不需要旅行服务，凡事都能自己来。在定制旅游、研学旅行、老年旅游、亲子旅游等快速崛起的细分市场中，游客需要的是更专业的旅行服务，团队游仍然是国民大众主要的出行方式。也会有越来越多的游客跟着黄晓明去游遍世界的中餐厅，跟着闺密去游迪拜，跟着说好不哭的周杰伦去品尝东京的别样奶茶。事实上，私家团、精致小团、目的地参团、品质团、定制团等一系列创新的“新跟团”产品已经导入旅行服务市场且日渐流行。

旅行社在资源掌控方面正在从传统地接，升级到当地玩乐的定制生产的“新地接”。作为集成目的地资源的地接社，也正在突破“来料加工被委托”的传统模式，转向“主动出击打品牌”。面对当代游客分层、分众、个性和碎片的非标准化需求，对市场和资源两端均有深刻理解的旅行社，通过对车辆、导游、餐馆、商场、度假村等“胜负手”资源的掌控，加上对小众化的日常生活场景的理解，直接介入产品研发和服务优化环节，重塑旅游价值链的供应商关系，甚至会重构旅游生态圈。那些控制了稀缺的应季食材、小批量的红酒和雪茄、游艇码头和文化演出的旅行社，则会通过合理的要素组合和服务增值，借助资本和品牌的力量，为市场提供多元化的产品、灵活的价格和创新的营销策略，进而实现与目的地的有机共生。

旅行社的营销模式正在从传统服务链条的下游，走向科技和文创营造生活场景的“新零售”。在出游方式多元化、内容需求碎片化、决策时间缩短化的趋势下，从资源端到客源端中间的传统批零体系正受到挑战，因其链条长、反馈慢而制约了对需求的响应速度和创新能力。在定制游、小包价、碎片化预订等趋势的驱动下，传统旅行服务链正向着更短、更智能、更柔性的“新零售”模式转变。互联网技术的去中介化仍然在主导旅游业的变革，在全球“直客浪潮”的影响下，无论批发商、组团社、地接社都有更强的动力去直连游客，并且在获客成本不断攀升的竞争中，学会从简单“获得顾客”到全面“运营顾客”。

在科技推动旅游高质量发展的今天，OTA 等旅行业者应当扩大投入，强化研发，继续引领旅游领域大众创业、万众创新的方向。在线旅行的兴起得益于互联网、移动通信和产业资本，或者说是技术和资本为旅游领域过去 20 年的创业创新插上了腾飞的翅膀。未来 5 到 10 年，如果我们不能跟上 5G、北斗导航、无人驾驶、机器人、语言识别、区块链、人工智能、增强现实等信息科学和工程技术的进步，很可能让在线旅行商成为新时代的恐龙。事实上，在线旅行商最大的竞争或者说危机，并不来自线下的传统旅行社，也不是来自一线企业的重压与并购，而是来自腾讯、阿里、华为、科大讯飞、谷歌、Space X 的技术创新，甚至那些尚在实验室，甚至是《自然》《科学》的在审论文的科学思想。一旦这些思想和技术与资本和创业团队结合起来，并应用于游客的消费场景，新的旅行服务革命就要降临了。头部在线旅行商应当也可以投入更多的精力去跟踪科技进步，研发基于新型技术的新项目、新产品。在旅行服务领域，从来就不缺让梦想窒息的情怀，而是缺少技术、逻辑和工匠的厚重底蕴。希望不远的将来，也会有在线旅行商能够像华为那样，不要说拿出 1200 亿元，哪怕 1200 万元用于实实在在的 R&D（研究与开发），旅游业的现代化转型目标就可以实现了。

（二）住宿业

在我国面临社会和经济领域重大转变的背景下，旅游住宿业也必须走高质量发展道路。旅游住宿业的高质量发展与提升旅游住宿业的竞争力是相辅相成的。即我们可以通过旅游住宿业的高质量发展提升旅游住宿业的竞争力，也可以通过提升旅游住宿业的竞争力实现旅游住宿业的高质量发展。

旅游住宿业生产要素包括自然资源、人力资源、资本资源、科学技术、文化创意、企业家精神 6 个方面。（1）自然资源。自然资源主要表现在土地方面，土地要素目前呈现出高成本，且区域优势明显、气候宜人的地块稀缺的特征。现在更多是对存量空间的优化利用。（2）人力资源。人力资源呈现出劳动力资源紧缺、人工成本上升、劳动力素质有待提高、职业经理人不足等特征。（3）资本资源。旅游住宿业通过传统的融资渠道，如 IPO（首次公开募股）与新三板，无法获取旅游住宿业发展所必需的资金；通过新型的融资渠道，如风险投资、PE（私募股权基金）、众筹，可以部分获取旅游住宿业发展所必需的资金。（4）科学技术。目前而言，AI、大数据、VR/AR、IoT（物联网）、生物识别、低碳环保、大健康技术等技术被广泛应用于旅游住宿业，特别是 AI 技术在住宿业的应用，将会对酒店用工产生较大影响。（5）文化创意。文化创意包括文化自信与文旅融合两方面，文化自信体现在国内本土品牌塑造方面，文旅融合则更多体现在以文化创意讲好酒店故事。（6）企业家精神。创新是企业家精神的灵魂，我国具有创新精神的企业家较为缺乏，需要长期培养。

我国旅游住宿业刚起步时，接待的消费者都是入境游客，由国际酒店管理公司对酒店进行管理，酒店内的餐饮、设施设备都是符合国际游客需求的，实现了需求与旅游住宿产品的匹配性。现在国内旅游者已经成为消费主体，国内酒店应该根据国内游客需求提供相应的住宿产品。首先应根据需求对国内游客进行细分，在此基础上提供相应的旅游住宿产品。如千禧一代游客，该类游客的特征是没有饥饿感，该类群体对旅游住宿产品的需求是个性化的，小众的本土品牌。主题酒店与精品酒店的流行与千禧一代的需求密不可分。另外的如银发一族游客，提供的旅游住宿产品应考虑到床铺的舒适性、卫生间的便利性、室内光线亮度等。

若要取得旅游住宿业的高质量发展，政府可以从以下 4 个方面介入。（1）创造产业发展的环境。具体包括创造公平的营商环境；培育多元化、具有创新精神的市场主体；出台融资政策和降税政策。（2）确保市场的繁荣有序。具体包括制定竞争规范（星级饭店标准、民宿标准）和法律规范（民宿发展条例），保证国内市场处于良好的竞争状态；引导开发契合消费者需要的产品，促进消费回流。（3）创造新的机会和压力。具体包括促进文化和旅游消费的鼓励；支持民宿发展；加大对标准和法规的执法力度。（4）强化产业集群的形成。具体包括推进供给侧结构性改革；倡导文旅产业融合发展；鼓励加大对文化和旅游产业投资。

（三）景区

值此大众旅游、全域旅游新时代，文化和旅游融合发展新时代，我们也必须看到游客的核心诉求正在从美丽风景转向美好生活，产业的基础动能正在从传统资源转向科技、文创和资本。这些变化正在倒逼旅游景区的资源开发理念、创新动力和管理方式发生根本性的变革。

需要在景区导入 IP，更需要价值创造和生活引领，不能因为商业目标而放弃景区应当也能够承担的社会责任。业界对IP推动产品创新和产业升级已经有了基本的共识，在自然空间叠加人文内容，这是大的方向。我们固然需要关注和强调游客现有需求的满足，引进国际知名的主题公园品牌，借助《阿凡达》给景点改名字，但是更需要承担面向未来的品质提升之责任。对于流行文化和互联网平台也是如此，过去的我们可以跟着央视、探索节目和《米其林指南》去旅行，今天的年轻人为什么不可以跟着B站、抖音去旅行呢？认识到新事物的价值并善于利用，并不代表景区就只是一味地迎合，像一棵海藻那样随波逐流。文化的家国情怀和旅游的人间烟火从来就是有机统一的，而不是割裂的。如果放弃文化建设和主流价值观的传播，旅游业的未来发展将是不可持续的。生产价值观，传播价值观，是旅游人时刻都不能忘记的责任。从行政层面上看，诗和远方在一起了，但是要真正做到"宜融则融，能融尽融；以文促旅，以旅彰文"，包括景区在内的产业层面还有很长的路要走，还需要做出巨大的努力和艰辛的探索。

未来的景区应当是市场主体的投资收益、品牌创设和游客满意度提升相互协调、共同成长的市场空间。旅游已经成为创业创新最为活跃的领域，景区应当也能够重新站在旅游业改革、发展和创新的前沿。在文化和旅游融合发展的新时代，景区有条件，也有能力成为文化创意的聚集地和科技创新的实验区。借助文化、科技、资本和管理创新，一方面，为传统的自然和历史文化景区赋能，另一方面，利用更多依托当代生产生活的存量资源，面向国民大众的文化休闲、工农业生产、科技教育等增量资源，假以时日，一定会有更多市场化成长起来的新景区、新品牌和新生活空间。

（四）健康旅游

当旅游遇见健康生活，一段全新的时尚之旅开始了。在开始旅程之前，我们需要知道市场在哪里，游客真正需要的健康服务是什么，需要知道资源有哪些，谁来为游客提供不同消费档次的健康服务。健康旅游作为一个正处于概念培育期和信息不对称的市场，当务之急是用科技在旅游与健康之间架起互联互通的桥梁。在"旅游+"的融合发展过程中，富有创业创新精神的旅游市场主体广泛应用移动互联网、移动通信、大数据、云计算、人工智能等商业技术，把越来越多的城乡居民休闲资源转化成了旅游产品。越来越多的游客通过携程、美团、大众点评、马蜂窝、穷游、驴妈妈、高德地图等App，就可以完成目的地信息获取、交通线路查询，机票、住宿及景区门票预订，目的地美食、娱乐等项目的筛选，轻松自如地来一场说走就走的旅行。我们在上海创图公司考察学习“文化云”项目，发现无论是公共文化资源，还是文化市场产品，都在借助大数据平台而为更多的市场和游客所接受。健康旅游的市场培育和产业发展同样可以走大数据驱动和科技支撑的道路，可以在现有系统上增加医疗、保健、疗养、药品等场所、项目和服务的信息。这些信息应当是真实而专业的，包括位置、产品、价格、服务评价等。事实上，医疗保健领域中的科技本身也是健康旅游发展的动力支撑。日本、韩国、美国等凭借先进的医疗技术每年吸引大量中国游客到访。根据携程发布的《2017 年在线医疗旅游报告》，2016 年海外体检等医疗旅游人数增长至 2015 年的 5 倍，其相应花费是我国出境游人均费用的 10 倍左右。

（五）旅游新零售

旅游新零售的三要素是产品（内容）、智能化服务和流量（转化率）。关键点之一：通过提供“体验式”的产品和服务让游客的目光聚焦景区。目的地旅游产品重点打造的方向是要好玩（趣味性、娱乐性、体验性）和要玩好（个性化、社交化、互动化）。旅游产品的打造重点在于以文化为魂、旅游为体，根据既有资源禀赋定位游客群，根据游客消费行为创新产品，根据各自不同的资源禀赋，深耕体验和服务。用营销及体验思维策划产品，通过反向定制发展私人定制经济，增加用户参与发展粉丝经济，促进场景融合实现“所见即所得，有需即可得”，最后通过体验带动产品的销售。关键点之二：通过整合全网营销渠道开展游前营销。通过外部合作渠道，提升知名度及销量，即借助新媒体工具，打造网红城市；借助新媒体工具，打造网红景区。2018 年端午节，全国 15 个目的地共同举办抖音挑战赛，增加了目的地知名度。关键点之三：通过服务、消费场景的数字化、智能化实现二消引流。即借助先进的物联网、人工智能等技术，打造数字化和智能化服务场景，通过目的地现场引流，提升消费体验和消费金额。例如：人脸识别自助购票、验票引流——游中智能服务；景区及周边餐饮、零售移动端消费引流；项目配套服务场景引流；游客智能服务场景—智能入住引流，以及景区现场促销、互动、体验引流。不仅可以为游客提供游中智能服务，还可以通过智能讲解服务，提高用户参与度和黏性。关键点之四通过叠加智能化营销系统实现精准转化。依托线下场景流量，构建“千人千面”

的精准推荐体系，切实提升用户的消费体验和成交率、成交额。通过个性化智能推荐定制线路，帮助游客节省无效时间，从而引导游客在消费场景的主动变现。目的地全流程游客智能管理，分析游客的游览轨迹、娱乐项目偏好、体验时长和次数等数据，为每位游客建立专属档案，记录完整游览轨迹，场景与时长一一对应，分析挖掘出游客喜好，从而根据“一人一档”用户画像，AI算法推荐系统会向游客推荐千人千面的消费娱乐选择。

（六）行业管理

政府（引领推动）—涉旅企业（产品供给）—运营公司（资源整合）是文旅目的地新零售三位一体最重要的三个关联方，在政府的管理和扶持下，应用先进的信息技术手段，构建全域旅游生态成员智慧化协同发展的平台，让政府对地方旅游的发展看得见、摸得着、推得动、管得住，并通过运营企业对目的地资源和供应链的深度整合，从产品、服务和营销创新发力，让游客全程开心、省心、安心。其中运营创新是发动机，信息化和物联网是基础，政府监管监测是保障，游客体验和服务是目的。

五、科技推动区域旅游发展

（一）地方智慧旅游的实践

当前，我们正在经历中国数字经济加速成长的时期。如果说前几年大家还热议12306网络订票、出租车打车软件带来的不用网不成活的出行问题，那么近期以来的众多数字经济概念、形态，如无锡物联网大会、南京软件谷和大数据产业基地、乌镇世界互联网大会、贵阳中国国际大数据产业博览会、天津的世界智能大会、北京中关村智造大街等，让人备感不智慧不成活。这是第四次工业革命、中国智造革命对生活领域的影响。在文化和旅游改革融合发展领域，网络文化产业方兴未艾，数字化也是当代旅游最鲜明的特征之一，江苏无锡2018智慧旅游发展峰会、重庆2018智能产业国际博览会、天津智慧政务旅游峰会等密集召开，智慧旅游技术和产品在各地发布，无不说明线上旅行商、智慧政务平台等构成了当代旅游特别是优质旅游主力军。从研究和数据领域看，有的学者开始研究智慧旅游、信息技术在旅游行业的应用和创新、大数据分析、消费者行为、共创经济、虚拟社区、价值共创以及社交媒体营销等。

同时也要看到，由于缺乏理论支撑和宏观引导，智慧旅游在地方探索和产业实践中走了不少弯路。有的地方和企业看不到广大游客既要美丽风景，也要美好生活的现实需求，把精力过于集中到传统景区的地理信息采集、扫码入园、游迹跟踪上，指挥部的监视屏越来越大，清晰度甚至高达军用级，而游客关心的客源地大交通、目的地小交通、旅游住宿、餐饮、娱乐和购物等消费信息却很难查到。这样的智慧旅游政务除了节假日领导来视察点赞、登报纸、上电视外，对产业发展、服务和监督真的有益吗？很多时候没有算过成本，就没有效能提升的概念。有的地方一说旅游公共服务，就马上想到开工上项目，却很少想到今天的旅游目的地已经不再是封闭的世界，而是开放的体系，是主客共享的美好生活空间。有的地方想用一部手机解决所有的旅游问题，以为有了线上流量就可以构建起闭环运营的商业生态圈，沿用的却是“省—市—县—景区”行政思维。在城市越来越成为独立目的地的今天，在游客需求快速迭代的当下，无论是权力的傲慢，还是资本和技术的自以为是，都是要不得的。

在大干、快上、一哄而上的氛围中，智慧旅游领域开始变得心浮气躁，满眼都是技巧，真正的智慧几乎没有容身之处。现在的企业、高校、研究机构和地方政府都在忙于建设旅游智库、数据中心、实验室。名头起得越来越大，省市冠名都觉得小了，动不动就“中国”“一带一路”“世界”。四五个人，三两条枪，没开张两天，就忙于发各种各样的数据报告和研究成果。问题是调查样本、数据来源、生产过程经得起检验吗？发布流程经过审批吗？还是静下心来，把数据基础建设好方是正道。搞智慧旅游，自己都没有大智慧，搞旅游大数据，自己心里都没有数！长此以往，难免把自己和产业都弄得心浮气躁。须知，不是哪个地方盖个庙，写上“少林寺”三个字，你就是武林圣地了。更不是城东村子里挂个延禧宫的门牌号码，你就真成了贵妃娘娘。如果对市场没有敬畏之心，对游客没有善待之意，智慧旅游很可能就会成沉香手串、文玩核桃、国学仁波切之类的安利消遣品，不可不察。

在市场发育尚不完善、人力资源规模尚不足够、格局和视野尚不够开阔的时代，智慧旅游的热情与理想还缺乏与之匹配的理性工具和底层器件。一说智慧旅游，也不管国情、区情和旅情，不管所在机构的人力资源是否匹配，就直奔高科技、新科技去了。一说搞规划就是请世界一流、国内一流的专家学者，且不说“一流”有无公认的定义，就是有，也要考虑对本地的了解程度及其能够付出的时间和精力。一说科技应用就是越高越好，越新越好。从酒店的机器人送餐到 OTA 的机器人客服，从无人商店到无人驾驶，从智能翻译到智能解说，甚至远程医疗，人工智能对旅行消费场景的渗透似乎变得无孔不入。经常会听到有人演讲或者朋友圈告诫我们，某个行业未来会有 40% 的工作会被机器替代，某个行业未来可能很快就要消失了。说实话，我们不知道未来有多远，也不知道很快有多快。但是我们知道经济学家凯恩斯的那句话，从长期来看我们都会死去。我们更知道当下可以看到的未来，但如果没有导游、讲解员、餐厅服务员、保洁员、快递小哥等一线员工的高标准和人性化的服务，就无法解决品质旅游的“最后一公里”。

（二）地方在线旅游发展指数

从省域在线旅游企业规模来看，各省在线旅游企业数量分布符合胡焕庸规律，呈凹形分布，与旅游热度呈正相关。每万人拥有在线旅游企业数量呈哑铃形分布，客源地组团企业和目的地接待企业双领先。同时看得出东西部整体较强，中部优势不再。

结合供给端订单数、各类企业数、交易额、非标酒店占比等大数据，以及需求端搜索量、净流入、点评等大数据，测算区域在线旅游发展综合指数，得出以下结论：

●省域在线旅游发展指数较不均衡，广东最高为 92.6。紧随其后为浙江、江苏、山东、四川和北京等省市，指数均在 80 以上。

●安徽、湖北、河南等中部省份在线旅游企业规模不领先，但在线旅游发展较好。

●西北和东北等平均气温低的省域，在线旅游发展滞后。

线上旅游企业规模指数、线上旅游企业交易活跃指数和游客服务价值感知指数呈现较强的一致性，指数数值由东—中—西依次递减。（见图 3、图 4、图 5、图 6。）

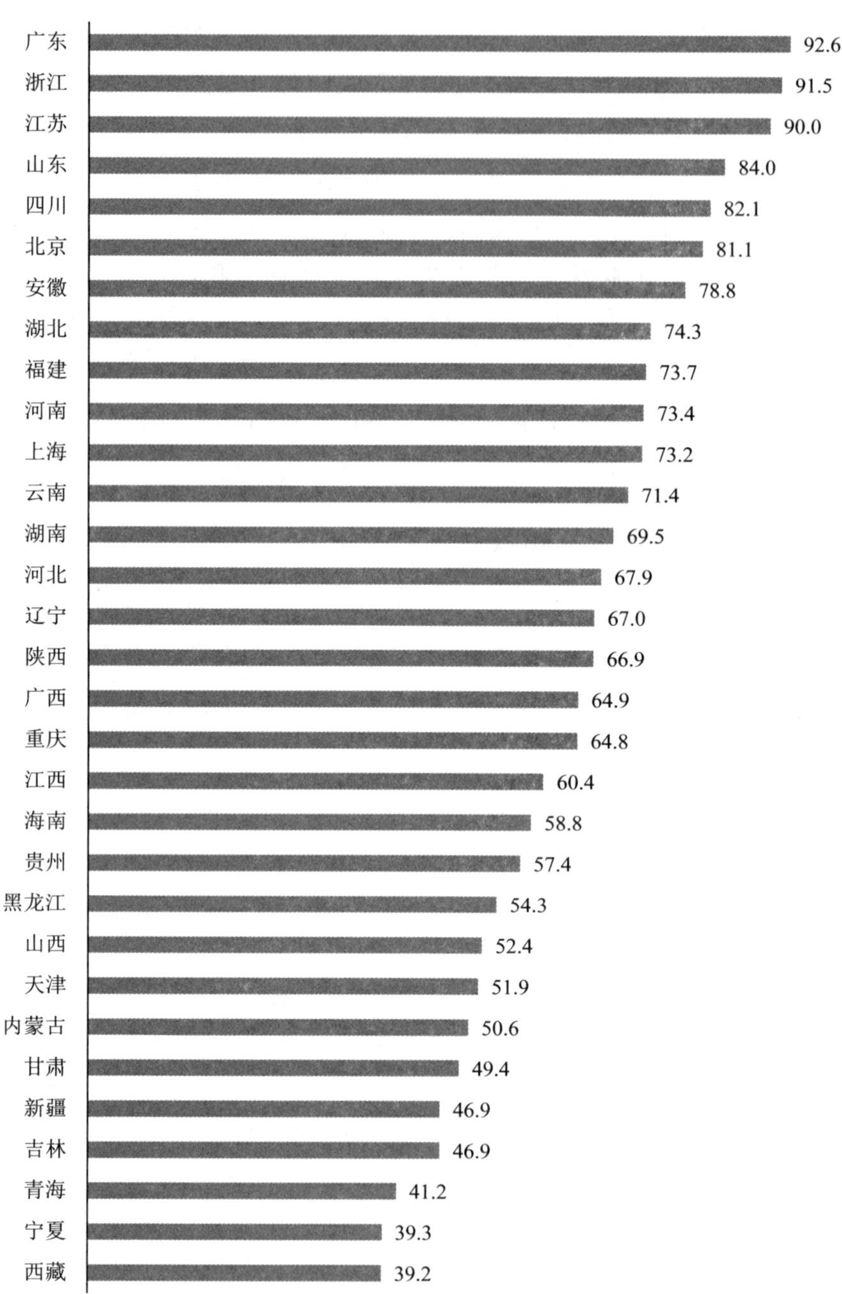

图 3　区域在线旅游发展综合指数

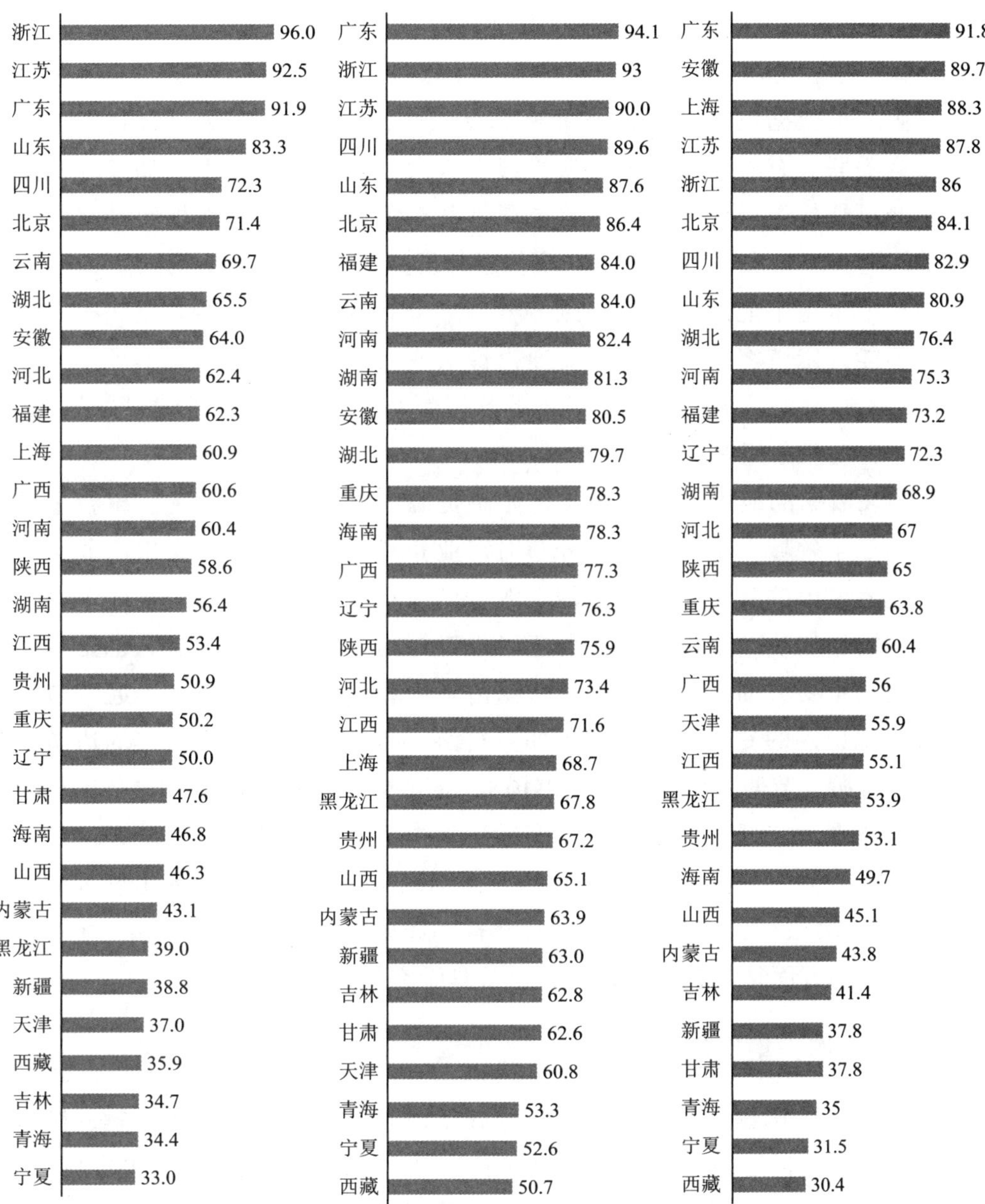

图 4　线上旅游企业规模指数　图 5　线上旅游企业交易活跃指数　图 6　游客服务价值感知指数

（三）数字文旅在文化和旅游数据工作的应用

做好旅游大数据的统计应用有几个前提：一是旅游大数据不意味着数据越

"大"越好。旅游大数据不必然意味着全样本，即旅游大数据也是有边界的。此外，还存在手表定律——电信运营商 1+1+1 很可能小于 3。二是大数据不能替代抽样调查。大数据也需要大数定律的支持，如基于设备的大数据计量需结合抽样向游客关联。有时候大数据会误导或者放大旅游热度和需求，如基于检索的客流预测可能检索极增的诱因无旅游属性甚至负面；或者高铁枢纽带来的集散增量等问题。三是旅客不是游客。现代通信发达，外地机主不一定是外地游客。外地银行卡卡主不能与外地游客画等号。过境旅客不都是游客。仅凭刷卡和移动支付不能判定游客人均花费。交通摄像头或高速公路出口车流不等于自驾客流。四是多数旅游大数据是基于设备的数据而非"人"。从设备到"人"，是技术问题，更是业务问题。

旅游大数据的应用，通常在文化旅游资源、游客的客流情况、旅游过程中的行为这三个领域。不同的业态分布对产业布局有很大影响，文旅产业空间布局，首先要考虑的就是一个城市的资源和产业在哪里，如博物馆、图书馆、电影院、剧院、加油站、租车点、高速出入口等的分布。对客流监测也是旅游大数据应用的重要方面，我们可以从数据清晰地看到游客去哪里了。通常包括基于惯常环境识别的专项市场统计（如乡村游、跨城自驾、周末游、周边游、都市游、滨海游、节假日旅游等专项市场）、滨海旅游应用、出游和接待区分识别的全国客流图（东部省份旅游活跃度远高于中西部，居民出游及游客接待量均占全国一半以上）、基于 MCC 码（商户类别码）和建权数据的入出境客流统计（如外国人入境旅游轨迹算法以及依托建权和详单数据的出境客流 OD 洞察等）。还有一个重要方面是游客行为识别，也就是游客怎么玩的？

（四）案例：重庆市

2018 年，中国国际智能产业博览会在重庆召开。智博会宾朋云集，机器人遍布全城，会议话题多多。洪崖洞"打卡"的经历是数字文旅的典型案例。"洪崖洞"现象是网络时代背景下旅游发展的最新标志事件，也是智博会嘉宾发言频频提到的智慧旅游的生动案例。中国旅游研究院与马蜂窝自由行大数据联合实验室"五一"前预测洪崖洞热度与故宫并列，联合实验室分析师预测这些新景点的出现，正在重塑旅游景区产业。事实上，网红作为重庆旅游的"特产"，既体现了重庆旅游的创新精神，也说明了旅游数据的革命性变化：按传统的调查，我们难以统计、预测这些旅游新发展。

2018 年“五一”期间，重庆洪崖洞在抖音的助推下一下子成为仅次于故宫的网红景点，突然来了那么多游人。桥上全是人，人在拍照，照的就是洪崖洞这一点点，以前是一个商业综合体，重庆人都不去的地方，突然一下子网红了。大家知道数字经济的魅力，包括它的营销传播力，一下子就出来了。重庆市发现很多安全隐患，就通过数字技术来解决这个问题，采取了一个措施，聚焦洪崖洞搞了一个监测系统对所有人流的预测以及高峰的时候对人进行管控，做了一个电子围栏，人到了多少以后，聚集在 500 米范围内、1 公里范围内有多少人，算出之后进行疏导引导，这个效果非常好。2019 年“五一”游客又增长了 179%，通过信息技术、数字技术、大数据的判断和导流系统，包括人脸识别系统，把人精准地数出来，而且通过手机扫码知道他来自何方。虽然人流量增长了 179%，安全压力和人流的管控得到有效解决。

渣滓洞、白公馆也是同样的情况，2018 年国庆节每天人流量达到 10 万人，从 2018 年国庆节以后开始做和洪崖洞一样的导流系统，2019 年的春节包括“五一”，这些问题全部解决。大家去过渣滓洞、白公馆就知道，超过 1 万人就已经接待不了，10 万人拥进去没办法，下一步考虑怎么用 5G 技术来解决这个问题。在国家文物局的支持下，准备用数字化的方式把渣滓洞、白公馆数字化，专门做一个数字馆，游客受到红色教育，先在数字馆进行体验，体验以后到真正的渣滓洞去就不需要再听讲解了。数字馆已经讲得很清楚了，再进去的时候到此一游看完就走了，这样提高人流量，不让人们全部集中在里面，进去的人不出来，外面的人进不去，形成堵塞的现象。现在正在做，还没做好。

目前还有一个网红景点就是长江索道，一次只能装 60 个人，2018 年一年装了 400 多万人，每天要排两个小时的队，也是用这个系统进行预约，预约后游客就免排队，到现场有一个显示屏，如果游客看到自己还需等待 1~2 小时，就可以先去购物，一两个小时后回来正好赶上，跟银行的取号一样，取完号以后出去玩，回来再办手续。

还有 5G 的应用，是全国第一个用在索道上面的 5G，能让游客体验在空中观赏长江和城市风光。现在 5G 已经开始应用了，重庆市在索道底下装了一个 360 度的摄像头，在任何一个地方戴上这个 VR 系统就可以体验跟坐索道一样的过江的感觉，而且是实时的，现在已经做成了。5G+ 无人机体验系统可以让游客从空中的无人机视角感受天梭桥的震撼。还有在集散中心可以感受到云阳龙缸廊桥，这些都是 5G 的具体应用。

下一步在 5G 上进行文旅融合方面的发展，还有很多博物馆有待开发，怎么把这些景点串起来，用 5G 的技术穿越时空，让游客进行体验，包括下一步的宣传推广，也可以用 5G 的技术进行宣传推广，可能比现在的微信、微博还有平面的图片更好，让人们没有去就可以亲身感受到这个城市的魅力。强化技术支撑，提升服务水平，也可以通过 5G 技术。万物互联、万物智能的时代即将到来，文旅融合给我们提供更好的技术支撑。相信新时代会形成新格局，展示新的作为，实现新的突破。

第四章 科技推动旅游业高质量发展的政策建议

政府部门、企业、社会等在重视当前新一轮科技发展机遇的同时，也应看到存在的问题，以及其中的挑战和风险。例如，尽管出现了一些可喜的变化，但是旅游产业的发展动能和发展模式还没有得到根本改变。以山山水水、历史人文为主的传统资源和发展动能“大而不优”，以资本、科技应用、文化创意和创业创新为代表的新动能“势强能弱”。全域旅游、旅游发展基金、人工智能、大数据、5G+4K、文化创新、遗产活化等仍然处于概念导入阶段，鲜见现象级的产品、服务和企业品牌。事实上，行业内不少企业仍然按传统落后的方式生产，在旅游住宿业、旅游景区、旅游度假、旅游演艺、旅游购物等行业所提供的产品尚不能完全匹配旅游者的需求，旅游装备制造、酒店用品服务供应等生产的产品也不能很好地满足企业所需，旅游行业亟须进一步推进供给侧结构性改革。传统旅游经营模式和旅游产业链困境的打破，需要遵循一般规律、经济规律、科技规律和旅游规律，需要文化 + 科技的思维和途径，需要市场主体百花齐放的创新局面。

2019 年是 5G 元年，也是数字文旅元年。数字文旅活动“井喷”，从近年陆续出现的文旅数字论坛，到 2019 年全国层面连续举办的数字文旅发展论坛聚焦 5G 与文旅融合、发布《中国数字文旅发展报告》、举办数字文旅创新发展论坛等，青海省举办数字文旅高峰论坛，中国联通和腾讯联合发布《2019 中国智慧文旅 5G 应用白皮书》，数字文旅联盟、文旅产品创新联盟成立，江苏第七届互联网大会召开江苏首届智慧文旅峰会，安徽省委部署数字江淮和 5G 应用，上海部署数字文旅会议，长三角一体化规划纲要的数字化加快，四川召开文化旅游新技术应用大会，河南省召开智慧文旅大会，重庆连续召开智慧文旅高峰论坛、一部手机游、智能产业博览会并发布文旅大数据报告，云南召开国际智慧旅游大会，腾讯与云南共同发布“云南新文旅 IP 战略合作计划”（附《2019 产业互联网智慧文旅研究报告》）。

纵观 2019 年前三季度的数字文旅发展，一定程度上存在过热倾向和非理性成分，成功、有获得感的项目展示展览还很少，从概念到概念谈得过多。尽管我国文旅产业的信息化、数字化成就显著，但是问题仍然很大。例如，文旅 AI 的智能水平、专业水平还不高。智慧旅游相关监测指数特别是游客体验指数显示，文旅数字化进展相对缓慢，量变到质变尚未出现，“分蛋糕”和“做蛋糕”的矛盾还存在。信息有效扩大人们的认知距离，但是国内的信息孤岛、数字孤岛（大阪数字经济宣言明确流动性原则）现象普遍，融入世界一体化和服务全球自由旅行还有很大难度。发展理念上，科技主义值得反思，文旅本位和生活世界哲学观强调不足，希望更多的旅游理论工作者、导游等从业人员、旅游爱好者从游客视角、人的社会属性、社交需要等方面参与到数字文旅研讨和发展中来。在人工智能尚未能有效解决旅游业基本问题的情况下，可让人工智能定性为高质量发展添薪续力。在“数字游客”“智人”这些人还相对稀少的情况下，我们应该补上推荐、LBS（基于位置的服务）这块行业拼图。

科技推动旅游业高质量发展，应以实用性作为根本的衡量标准：游客的实感和获得感，他们如何使用数字文旅并使旅程更加放心、舒心、开心？目的地、企业如何用以提高竞争力？以江苏为例，如何利用智慧文旅游，使江苏在 9 月、10 月的旅游黄金季节取得好的市场营销和旅游接待效果？同时以“三个有助于”作为具体评价标准：宏观上有助于提高国际竞争力，建设文化强国、旅游强国，融入全球化并破解孤岛现象；中观上有助于促进文旅融合、通过完善旅游公共服务和发展优质旅游实现旅游业的事业属性和产业属性、解决导游就业问题等；微观上使文旅服务触手可及，使游客及时获得有效服务，如 LBS、社交功能的强化。

一、旅游业科技创新要以游客需求为导向

社会公众，特别是广大游客普遍期待加强科技应用，提升服务品质，促进文化消费和旅游产业高质量发展。前些年政府推动的智慧旅游，精力过于集中到传统景区的地理信息采集、扫码入园、游迹跟踪等可视化，甚至是可视察性的项目上，希望形成政府主导主建的市场、产业和监管体系的数字化和智能化。出发点是好的，但是效果不明显，根本原因在于供需错配，游客关心的焦点信

息包括客源地大交通、目的地小交通、旅游住宿、餐饮、娱乐和购物等，很难也不可能由政府主管部门高效率提供，加上市场主体没有及时跟进，导致大量投资除了领导视察多数时间处于闲置状态。目前，重庆、河南、湖南等地文化和旅游主管部门结合智慧文旅项目，已经积极探索 5G 应用，与移动、联通、电信等通信企业合作，在景区、旅游目的地开展智能导引、大数据监测等活动。5G 时代需要吸取这个教训，理性研究当代科技在具体文化和旅游场景中的应用。发挥市场主体和社会力量的积极性、主动性和创造性，重点探索 5G 在促进游客消费、优化旅游供给、辅助行业管理中具体的着力点、可行性，以及风险预案、资金筹备等课题，测算 5G 投资的风险与收益，为制定相关政策和产业发展战略做好理论准备和技术储备。

聚焦人民美好生活，从需求侧入手、理性引导供给侧投资，加强科技应用推动高质量发展，重点解决人民对美好旅游生活的追求与旅游发展不平衡不充分的矛盾。是否需要 5G 投资、如何投资、如何管理，对这些问题的回答都只能也必须立足广大游客的现实需求，聚焦在国民大众休闲和旅游权利的实现上。把更多的产业应用和服务创新决策交给市场主体，政府主管部门要用好 5G 等新技术，借助互联网、云计算、大数据、物联网等现代科技，构建旅游目的地智能管理体系，包括景区智慧管理、客流预测引导、宏观调控和数据分析等，推进旅游管理和服务精细化、精准化。

（一）以人民为中心，增强获得感

文化和旅游都是为了满足人民对新时代美好生活的需要，文化和旅游高质量发展将为文化事业、文化产业和旅游业发展带来重大机遇，社会各界也有很多期待。旅游业发展必须坚持习近平新时代中国特色社会主义思想，贯彻落实习近平总书记关于文化和旅游工作的系列重要论述和工作部署，坚持以人民为中心，以美好生活为新动力，重点解决人民对美好旅游生活的追求与旅游发展不平衡不充分的矛盾。为此，在未来的发展中，旅游业要进一步释放旅游消费潜力，明确市场主体作为文化和旅游融合的基础支撑作用，鼓励生产、提供更多的优秀文化作品、优质旅游产品，培育和发现更多的旅游业发展新标志、新典型、新样本等成果体系。以优质旅游为导向，让文化、艺术、时尚、科技和绿色引领旅游走进新时代，让游客、企业和社区居民在旅游发展中有更多切实的获得感。

（二）游客为本，市场需求导向

决策者、建设者和经营者要多研究旅游需求、度假市场以及国内、入境和出境等市场，充分考虑游客的可到达性和可感知性，以文化和旅游需求为导向，理性开展 5G、区块链等科技创新和项目应用。涉及人民生活和百姓幸福的事情，不可能再走资源导向和专家规划的老路子。同时，广大企业家要在这个变动的时代保持定力、匠心匠力，才能行稳致远。任何时候都要坚持以人民为中心的旅游发展理念。与一般的工程类投资项目不同，涉及人民幸福和品质获得感的领域，资本、技术和文创都应保持必要的谦卑，耐心细致地研究市场，满足需求，做阳光下的生意。事实上，今天的旅游业已经不再是资本高歌猛进的时代，也不是技术攻城略地的领域，那种炮制一个概念，说一个故事就可以让政府分地，从资本市场分钱的时代一去不复返了。

（三）服务人民群众的异地生活

新时期的智慧旅游等业态，应当时刻牢记以人民为中心的发展理念，努力实现“更多国民参与、更高品质分享”美丽中国旅游梦。游客要的是出行前方便获取交通、项目、价格、预订渠道等实用信息，要的是到达目的地后的接机、入住的高效率和客房、餐饮、私属空间的品质感。恰恰在这些方面，我们满足不了游客最为关注的需求。比如，一些目的地和国有景区（国家 A 级旅游景区、国家级旅游度假区），有的没有微信公众号，有公众号的不知如何有效运营，更多是宣传思维而不是营销导向。

（四）实现人民群众旅游权利，提高游客满意度

我国拥有出境旅行证件者、乘坐飞机出游的游客数量都不到人口总数的 10%，广大中西部地区的农村居民还没有享受过一次真正意义上的观光旅游，节假日期间高速公路还是“堵堵堵”，热点景区依然“人从众”，强迫购物、诱导消费、酒店“毛巾门”“口杯门”等负面新闻屡禁不止，距离“游得起、玩得好”的美丽中国旅游梦还有漫长的路要走。我们还清醒地意识到：相对于资本的狂欢和技术的胜利，奋战在旅游服务第一线的导游、讲解员、厨师、服务员、保洁工还没有获得应有的职业尊严，社区居民还没有获得高质量就业的机会，自然和历史文化资源既存在利用不足的问题，也有商业开发过度的矛盾。

要把游客满意作为涉旅行业融合创新风向标。游客满意度、获得感的提升客观上推进了旅游与文化、教育、金融、商务、交通等产业的互动与融合，一方面提升了旅游目的地的知名度和好感度，另一方面通过不断衍生新产品、新业态、新供给，也带动了相关行业的经济增长。

二、依靠市场主体，要发挥企业的主体作用

（一）确立企业在旅游科技创新的主体地位

旅游高质量发展是产业转型升级、新旧动能转化的必然结果。要形成越来越多的共识，并为之而努力：没有充满生机和活力的强大市场主体，就不可能有新时期旅游业的高质量发展，市场主体是引导产业创新最重要的力量。要按照十九届四中全会关于完善科技创新体制机制精神的要求，弘扬科学精神和工匠精神，加快建设创新型国家，强化国家战略科技力量，健全国家实验室体系，构建社会主义市场经济条件下关键核心技术攻关新型体制。加大基础研究投入，健全鼓励支持基础研究、原始创新的体制机制。建立以企业为主体，市场为导向，产、学、研深度融合的技术创新体系，支持大中小企业和各类主体融通创新，创新促进科技成果转化机制，积极发展新动能，强化标准引领，提升产业基础能力和产业链现代化水平。完善科技人才发现、培养、激励机制，健全符合科研规律的科技管理体制和政策体系，改进科技评价体系，健全科技伦理治理体制。

（二）更加充分地发挥市场主体的积极性

从普遍的意义上说，现在旅游业最为短缺的不是什么顶层设计，也不是什么新技术，更不是贩卖焦虑的概念炒作，而是服务业所必需的管理制度、服务流程与标准化，特别是具有认同感和工匠精神的员工。正是在这一背景下，国务院近期颁发了《国家职业教育改革实施方案》。从2019年开始，在职业院校、应用型本科高校启动“学历证书+若干职业技能等级证书”试点工作。希望教育家和教员不要整天东张西望的，动不动就想着培养这个“领袖”，那个“精英”，总想着专升本、本申博，而是低下头来看看行业需要什么，静下心来想想培养对象学到了什么。希望社会和行业培训机构更多面向基层、面向一线，下

大力气研发一批像携程定制旅游培训那样的十分钟“金课”，不是山寨什么“某某大学某某学院”，随意推出心灵鸡汤的水课。现在旅游业最稀缺的不是“双一流”“985”，而是“蓝翔技校”。没有这样一批对旅游业高度认同的高级蓝领，智慧旅游就是有了万物互联和人工智能的光环加持，也终将落得个种瓜得豆的下场。毕竟，我们可以在网上收集目的地信息，也可以在网上预订航班、酒店、餐饮，可是总不能在网上住酒店、吃早餐吧。

（三）千方百计培育文化和旅游品牌

毕竟产业是由广大企业构成的，品牌企业是其中的关键，也是新时代文化建设和旅游发展的基础支撑，是国家文化软实力、国际旅游竞争力的关键要素。迪士尼、好莱坞、NBA、麦当劳、可口可乐等，直接构成世人对于美国的想象。正是通过这些文化符号和日常消费，美国的价值观在不知不觉中得到了传播。同样，没有强大的市场主体和完善的产业体系，我国就不可能继续保持在全球文化和旅游经济版图中的重心地位和领先优势。为此，政府文化和旅游主管部门需要转变文化事业、文化产业和旅游业发展思路，更加重视市场主体建设和商业环境培育。在推进文化和旅游产业的战略体系中，除了国家和政府层面的大科学、大工程和协同创新外，更需要依靠市场。现在搞创业、创新和创意，一些人还像当年计划经济搞工业那样，寄希望于自上而下的规划。甚至一天到晚关注的不是市场热点、消费痛点，而是政策窗口。上面提到，华侨城率先冲出事业单位管理体制的约束，开启了成长壮大的企业化历程。华强方特开拓了中国自主 IP 与主题乐园相结合、文化和旅游相融合的创新发展模式。贵州丹寨小镇自 2017 年开业以来，以其丰富多彩的非物质文化遗产、苗侗文化主题广场等文化旅游项目，吸引众多游客到访。正是这样一批企业和企业家，为文化和旅游产业的繁荣发展拓展了最为广阔的商业空间，奠定了最为坚实的市场基础。要培育一批新型市场主体，改革一批传统市场主体，做强一批承载国家战略的企业集团。以高质量发展为导向，着力于品质提升，培育一批有广泛社会影响力、强大国际竞争力的文化和旅游融合发展新品牌。通过协会、联盟等市场中介组织壮大市场主体，通过定期的研究报告、企业论坛、目的地评价等体系，引领有良好的社会声誉，又有卓越的商业能力的企业走得更远。鼓励文化集团 30 强投资旅游项目，旅游集团 20 强投资文化项目，或者文化机构和旅游企业交叉持股、合资新建和合作开发。

推动文旅融合高质量发展，培育文化和旅游品牌应该做好以下几方面工作：了解文旅融合和高质量发展内涵、政策和方法；形成以人民为中心、以客户为本的企业理念和战略；开发文旅融合产品；对标国内外的文旅品牌，如国际的迪士尼、环球影城、泰迪熊、Hello Kitty、六旗、韩流、奈良、维也纳、罗马、谷歌、猫途鹰等，国内的华侨城、曲江、宋城、方特、万达、祥源、抖音、故宫、天空之翼等。

（四）推动旅游集团和一线企业的示范引领作用

金融资本、产业资本、互联网和创业潮催生了在线旅游代理商的繁荣发展，一方面对旅行社的传统业务形成竞争，另一方面也拓展了旅行服务的新空间。大型旅游集团是整个行业的引领者和风向标，也是连接行业众多中小主体的关键节点。根据中国旅游研究院十年满意度监测数据来看，旅行社服务质量虽然已达到76.12的满意水平，但仍然有较大提升空间。旅行社要重新成为旅游业高质量发展的火车头，需要中国旅游集团、携程、中青旅、广之旅、春秋、凯撒、众信、途牛、同程等市场领导者主动作为与积极担当，特别是在产品创新、服务质量提升、标准制定、产业转型、行业治理等方面发挥更大的引领作用。可以投入更多的资源到入境旅游市场中去，在规模、品质和绩效方面有实质性突破，与国家新时期旅游发展战略相向而行，涌现出更多国际化成长的百强旅行社。

（五）推动文旅市场主体数字化

发展数字文旅，需要紧紧依托导游、旅行家队伍这一5G文旅的根本力量，抓住5G发展机遇，积极探索旅行社、在线旅游企业、自由行运营商等搭建的社交商业模式。数字科技带来导游意识觉醒的重大变化，在当前消费持续升级的时代背景，新旅游形态不断出现并引领产业创新，相应的，行业从业人员需要有崭新的领导力，新导游已经不断出现并活跃在服务一线，许多人员利用自媒体颠覆传统旅游服务。

持续助力文旅行业的数字化和转型升级。随着5G、AR/VR、AI等新型数字科技的加快应用，各地的文化站、游客中心、旅行社、导游，在新时代都有很大的创新潜能。景区、博物馆、主题公园、文旅小镇、旅游住宿企业等文旅业态也都在实施智能化、数字化和智慧化升级改造。

建设统一的数字文旅平台。根据 2019 数字文旅发展论坛报道，92% 的消费者因为找不到自己满意的信息而离开搜索平台，76% 的消费者会由于网站的加载速度过慢选择离开。目前导游、旅行家队伍分散在互联网各个空间，游客出行，主要从搜索引擎、目的地政府和文旅部门网站、游记攻略网站获得旅游信息，集中的、平台化的导游、旅行家网络为游客提供了新的选择。

要以人民群众对美好生活的追求、对诗和远方的追求作为数字文旅的发展目标：坚持以人为本、用户导向，以良好的服务实现美好生活需要的发展原则；加快数字技术应用，如推动自动化、数字化和智能化以及互联网信息传输、加载提速；积极推动文化、旅游和科技融合，将数字文旅纳入文化和科技融合发展示范基地评选工作，并以文化引领、科技支撑，不断提高旅游品质；加强成果评价，除了当前的 OTA 评价体系之外，智慧旅游目的地评价体系如智慧城市、智慧小镇、智慧乡村等，酒店、景区、线路等，指数、排名、报告等应当建立起来；完善促进政策和法规，政府主管领导和企业家，对新时代的文化创意、文旅融合，特别是商业模式的创新，要秉持包容式的监管理念去对待，用激励的方式去推动产业进步，去鼓励一切面向未来的创新。

三、完善旅游科技创新政策，推进旅游治理体系现代化

（一）落实好已有的政策措施

融入文化和科技深度融合战略，做好《关于促进文化和科技深度融合的指导意见》，落实国家对网络强国建设做出总体部署，对数字经济发展提出明确要求，以及互联网发展及数字化、网络化、智能化建设的工作，全面提升文化和旅游科技创新能力，更好满足人民精神文化生活新期待，增强人民群众的获得感和幸福感。激发各类主体创新活力，创造更多文化和科技融合创新性成果，为高质量文化供给提供强有力的支撑。推动实现到 2025 年基本形成覆盖重点领域和关键环节的文化和科技融合创新体系，实现文化和科技深度融合。按照国家科技创新基地优化整合总体部署，建成若干目标明确、重点突出、协同攻关的文化科技领域国家科技创新基地，建成 100 家左右特色鲜明、示范性强、管理规范、配套完善的国家文化和科技融合示范基地，200 家左右拥有知名品牌、引领行业发展、竞争力强的文化和科技融合领军企业。

（二）应用新科技，注入新动力

日新月异的科技进步对旅游业的影响决不仅仅是产品层面，还可能重构新时代的产业环境和旅游市场主体的创新战略。我们在澳大利亚的黄金海岸调研，有一个宋城集团投资数十亿元的实景演出项目，集团总部派过去的开发团队只有两个人。大量的市场调研、环境评价、项目规划和文化创意都是分包给外部的专业机构执行，而总部各条线与海外各专业团队的沟通、协调与决策离不开移动通信、互联网和人工智能（AI）的应用。由于社交网络广泛使用和共享办公理念的推广，越来越多的商业创新和项目的策划与执行是通过移动互联网平台实现的。在人们的印象中，Airbnb（爱彼迎）和途家这样改变旅游住宿商业模式的业态创新，以及制造可回收火箭的 Space X（美国太空探索技术公司），一定是大集团、大投资和国家战略相结合的结果。事实上，很多改变旧模式、创造新模式并且引领未来的商业形态，都是由小微型企业和专业兴趣团队做出的。现在旅游领域的创业创新总体上看还处于模仿赶超阶段，未来可能会进入像华为的任正非总裁所说的“无人区”阶段，就是说除了我们自己，前面已经没有可以学习和借鉴的对象了。怎么办？技术创新固然重要，但是对于企业家而言，一定要明白：技术之上是思想，尤其是商业思想。在互联网和人工智能环境下长大的一代正在成为旅游创业创新的主力军，他们有思想、有技术、有事业心，也追求品质生活。如何适应新时代，最大限度地释放青年人的创新潜力，而不是一味地强调顶层设计和集团管控，已经成为摆在诸位面前的战略课题。如果回答不了后互联网时代的技术创新问题，就是今天的旅游集团 20 强，也可能分分钟被咖啡馆里那些穿着 polo 衫的年轻人替代，甚至被淘汰也是完全有可能的。从这个意义上说，旅游集团 20 强也好，50 强也罢，彼此之间并不是竞争关系，真正的竞争者或者说颠覆者是年轻人，是时代。

（三）建立监测评价体系，服务政府宏观调控和微观监管

无论是旅游供给侧改革，还是高质量发展，都会涉及“现在哪里，要去哪里，还有多远”等问题的回答。具体到现实中就是游客满意度是多少？公共服务效能有多高？旅游对国民经济和社会就业的综合贡献有多大？我们不能总是用“游人如织”“纷纷点赞”这样的新闻语言，而是要学会用数据说话。这就会涉及发展理论建构，统计指标体系，数据采集、清洗、生产和发布等各个环节。

在数据方面，我们在关注互联网上的意见与建议的同时，千万不能忘记那些没有机会，甚至是没有能力在互联网上表达的游客、员工和居民的声音。所谓的意见领袖、网红专家和流量平台真的能够代表大众游客吗？未必。话语权也是一种权利，谁也无法保证那些从边缘走到中心的话语者，一旦拥有了某种程度的影响力，就一定会为了国民旅游权利的最大公约数代言。从这个意义上说，大数据是旅游发展的新动能，需要培育，也是旅游领域的公权力，需要约束。

以全域旅游发展为例，一方面旅游资源要素体系的外延大大拓展，无论是一、二、三产业资源，还是城乡生活环境，都已成为新的旅游资源，另一方面，旅游资源要素的泛化，叠加游客旅行空间的拓展，即跳出景区蔓延至城乡生活的各个空间。两者共同决定了目的地旅游品质的提升，需要构建更具综合性、协调能力更强的管理体系。全域旅游建设要以更高站位、更加综合的管理体系协调各涉旅部门的服务，破除行业间的藩篱，实现各部门、各产业间要素资源的流通以及信息、产品、业务间的合作，从而提前预判并及时响应游客在目的地旅游中的需求，全面提升出游品质。目前，全国已有 26 个省（区、市）设立旅游委，以加强部门间的合作沟通。未来，由文化和旅游、农业、林业、交通、餐饮、工商、税务、物价等多部门联合组成的综合管理部门或旅游联席会议制度，还应进一步完善；同时，应进一步创新旅游综合执法模式，以更好地适应全域旅游的发展需要。

此外，全域旅游的建设，还应将整体综合协调发展的全域旅游理念渗透于目的地建设的各个环节之中，不断提升当地的基础设施、公共服务、生活环境、旅游产品质量和服务品质。

（四）保护科技创新的知识产权

要坚持商业理性和技术理性，以满足游客核心需求构建商业机构的价值基础和技术应用方向。每一个商业体系、每一项技术创新只有符合社会发展方向、满足市场需求，才能形成有效的技术壁垒，形成企业的核心竞争力，才能使产业在全球旅游产业分工中占据有利位置。在技术领域，以互联网、物联网为支撑，以大数据、人工智能、生物技术为主导的新兴技术，有望在旅游产品和创新中带来突破。将新技术与游客需求相结合，在商业模式、新产品和业态、新业务界面和管理流程等领域将大有可为，尤其是面向年轻一族的新型体验产品创新、业务流程便利化和自主化，面向老年人、小孩、女性等特殊群体的安全性需要的科技化。此外，在全球竞争格局中，我们不仅需要以创新来构建产业格局，还需要以商业模式专利保护、IP 等创新途径为企业发展打造护城河。我们知道，美国可以为商业模式创新申请专利，最大的在线旅游企业 Priceline 就为其商业模式申请了专利并获得批复。商业模式专利的独占性很强，在服务业影响力很大，一个商业模式因构成技术方案而获得专利后，会排除其他同领域从业者直接使用这一模式。随着互联网的发展，商业模式成为企业成败的关键。运用知识产权规则保护我们的创新成果是我们在创新发展中需要具备的能力。

（五）把数字化纳入“十四五”发展规划

党的十九届四中全会要求建立健全运用互联网、大数据、人工智能等技术手段进行行政管理的制度规则。推进数字政府建设，加强数据有序共享，依法保护个人信息。

制度因素对产业创新带来全局性、方向性影响。一是在国家、行业和地方层面对某个行业、某类型专项旅游产品和业态、旅游目的地和旅游线路的政策和资金支持。二是在产业技术标准、规范等方面的规定性文件对行业创新的影响。

要把数字科技纳入“十四五”文化和旅游发展规划，建立服务质量和发展水平的监测评价体系，为政府的宏观调控和微观监管提供必要的数据支撑。重点支持数字博物馆、数字美术馆、数字景区、数字民宿项目，构建产业升级的数字化基础。技术之上是思想，除了科技应用之外，更要鼓励文旅融合发展的商业思想体系和专业人才队伍。此外，还要从法律法规层面构建数字伦理，无论是生物技术还是人工智能，大数据时代，政府要负担起对消费者隐私、知识产权和商业秘密的保护。

四、搭建各方合作平台，形成科技推动旅游发展浓厚氛围

值此科技创新和应用加快的新时期，旅游业从高速度增长走向高质量发展的今天，科技推动旅游业高质量发展需要官、产、学、研、媒各界的共同努力。

（一）优化发展环境

科技推动旅游业高质量发展需要更加广泛的共识。在定制旅行领域，以携

程、凯撒、鸿鹄逸游为代表的市场主体已经成为定制旅行和旅游业高质量发展的关键角色，正在发挥越来越重要的作用。一花独放不是春，百花齐放春满园，为了更好地促进定制旅行理性、协调和可持续发展，我们需要在共识的基础上与更多的业者同行。

科技推动旅游业高质量发展需要更多的企业标准。企业标准是在企业范围内需要协调、统一的技术要求、管理要求和工作要求所制定的标准。根据《标准化法》和 2016 年全国标准化会议精神，国家鼓励在已有国家标准（GB）、行业标准（LB）和地方标准（DB）的情况下，企业自行制定并无备案发布企业标准（QB）。企业标准在相应指标上应当比国标、行标和地标要求更高，更有个性化。在上述标准均不存在的情况下，市场主体可以自己的质量控制标准和生产流程为基础，发布自己的企业标准。企业标准的起草也需遵循一定的格式，包括但不限于适用范围、规范性引用文件、术语定义等。经过内部报审后，由企业法人代表或者法人代表授权的主管领导批准，通过企业标准信息公共服务平台予以公开发布。从公开信息来看，除航空公司外，旅行社、OTA、酒店、景区、主题公园、车船和目的地小交通等涉旅企业很少发布自己的企业标准。这与国家旅游行政主管部门多年来对标准化工作的强势主导有关，也与旅游企业的市场主体意识不够强、科研和技术支撑不足有关。

科技推动旅游业高质量发展需要权威的第三方评价。餐饮界的米其林餐厅指南、旅游推广与自助旅行的《孤独星球》、旅游供应商的猫途鹰，每次发布都会引起有关国家和城市的目的地营销机构、餐馆、酒店、博物馆、购物店等公共和私人机构的高度关注，以及媒体的广泛跟进报道。中国旅游研究院发布的“欢迎中国”、携程发布的民宿推荐，已经有这方面的意义。

科技推动旅游业高质量发展需要更多社会主体的参与。旅游品质的获得感不仅来自包括星级饭店、经济型饭店和民居客栈、短租在内的住宿设施的品质供给，包括公交、地铁、出租、汽车租赁在内的交通体系供给，包括咖啡店、特色名吃、火锅店、早餐店在内的餐饮体系供给，包括购物中心、超市、街角通宵营业的小便利店、药店在内的购物体系供给，还包括电影院、小剧院、图书馆、街头集体舞在内的城市休闲体系供给等。面对这样庞大的供给体系，我们已经没有能力再区分这些供给到底是为当地老百姓的，还是为游客服务的。但有一点我们要形成共识，发展城市旅游，不仅需要公共部门的引导，大量市场主体的广泛介入和深度合作更显得必要且重要。由于世界变得越来越“平”，商业社会的发展，物质供给极大丰富的同时容易千篇一律，导致我们在这部分的体验感效用已经越来越低。这有点像管理学的双因素理论中的保健因素，没有不行，有了也没多大感觉。这就对城市培育品质旅游又提出了更高的要求，更需要能提供高品质多元化的产品与服务的市场主体加入。吸引市场主体持续进入并保持创新，有赖于目的地良好营商环境的培育和旅游发展共享机制的建立。只有当市场主体能从目的地的发展中得到良性、持续的回报，才会有持续提供优质旅游产品和服务的动力，才能为目的地旅游发展提供丰富、多样、不断创新的供给，旅游品质提升才能落到实处。

（二）完善发展平台

要进一步发挥行业智库、行业协会、社会组织的力量，营造科技推动旅游业高质量发展的新局面。

要加快旅游科技创新，需要文化和旅游行政主管部门的主动担当和主动作为，需要市场主体的创业创新，更需要各专业的理论研究人才建设和完善以人民为中心的当代旅游发展理论体系。中国要真正成为世界旅游强国，同样离不开政府智库的智力支撑。尽管我国高校的旅游教育、研究有一定的规模，但是政府智库的研究工作和智力支撑对于建设真正意义上的世界旅游强国发挥着不可替代的作用。中央和各级地方政府的旅游战略决策需要智力支持和效果评价，旅游产业的发展也需要创新型人才。要通过课题立项、课题委托、成果评奖、科研合作、研讨会议等手段，引导面向旅游发展重大问题、热点难点问题以及基础理论的研究。鼓励产、学、研深入合作进行科研攻关。支持旅游企业自主创新，培育一批旅游创新重点示范企业。把握 5G、区块链、大数据、人工智能、虚拟技术等发展趋势，推进先进科技在旅游业中的运用，促进旅游装备制造业发展。

不断增加和完善行业和社会参与发展的平台建设，总结一批可复制、可推广的科技推动旅游业高质量发展的经验和案例，鼓励优秀企业先行先试旅游科技应用、产品创新和积极申报文化和科技融合示范基地，积极为旅游科技企业提供生产经营场地和培训辅导、信息咨询、金融、知识产权等服务，大力促进旅游领域的科技成果转化、中小企业创新、新兴产业培育等工作。要结合今天推出的一系列促进文化、旅游与现代技术相互融合的文件措施，推动实施移动支付便民示范工程，提升文化和旅游消费场所宽带移动通信网络覆盖水平，提供智能化出行信息服务，发展新一代沉浸式体验型文化和旅游消费内容，提升文化、旅游产品开发和服务设计的数字化水平。

媒体要以国际媒体的视野和专业能力服务实体经济，自觉承担起民间智库建设的责任，既要为商业创新鼓与呼，又要积极传递主流价值观，推动当代旅业思想的形成与发展。随着大众旅游和“双创”拉动，一批基于互联网和文化创意的新型传媒公司已经成长起来了，并与新华社、《人民日报》、中央电视台、中央人民广播电台、《中国旅游报》、中国旅游网等政府背景的传统平台形成良性互动的局面。除了资讯传播，举办会议、展览、路演和专业活动也是重要的业务范畴。这些公司正在走出早期的会务外包和简单的聚人脉、拉赞助的阶段，开始涉足媒体平台矩阵、会议 IP、数据库建设、话题设置、战略引领等领域。再过十年左右的时间，中国旅游产业完全有可能诞生一批具有全球影响力的专业传媒机构。可以在面向旅游市场的 C 端比肩《孤独的星球》《米其林指南》，在面向旅游企业的 B 端对标《福布斯》《经济学人》《哈佛商业评论》，在面向国家和地方政府的 G 端可以出布鲁金斯、兰德和政经塾那样的专题报告，可以举办达沃斯那样的高端论坛。希望各位投资者和企业家高度关注和支持旅业传媒和民间智库的发展，在重视资本、技术和市场等硬实力的同时，进一步加强产媒合作，培育旅业思想软实力。只有造就一批具有社会公信力和国际影响力的传播平台，我们的事业才能够不断地从成功走向更大的成功。

（三）强化发展力量

培养人才队伍，特别是兼具创业激情与商业理性的企业家、经理人和各类专业人才。只有持续吸引年轻人进入旅游市场并最大限度地发挥其市场能力，产业发展和优质战略才能落到实处。是正视旅游领域经营管理人才短缺的时候了，是正视旅游基层服务员工、乡村旅游接待人员的综合素质与专业能力不适应新时代旅游发展需要的时候了。我们呼吁各地推进“专业志愿者”和“驻村艺术家”制度，由人事、教育、科技和文化部门牵头，政府补贴，制度化派出一批电子商务、市场推广等专业人员和文化艺术工作者到小微型企业去，到乡村旅游接待户去。不要高头大章，不要为文艺而文艺，而是把习近平总书记要求的“科技工作者把论文写在祖国的大地上，把成果应用到现代化强国的实践中”切实落到实处。可以先派一些人出去，到日本、新西兰去看看，在这方面，他们有比较成熟的经验。

重视一线员工。智慧旅游离不开移动通信、互联网、物联网、大数据、人工智能等科技应用，包括区域链在内的新概念和新技术。科技之上是人文，是游客的现实需求及其潜在需求的合意引导，是工程设计人员对底层器件的精度和效度殚精竭虑的追求。越是科技进步，越是要强调和重视一线员工的价值。无论怎么强调科技和大数据在旅游产业中的重要性，都不要忘记人的连接是最好的旅行，服务永远都是旅游业的灵魂，也是经典价值之所在。随着技术的进步和文化的创新，导游、讲解员、演艺人员、厨师、餐厅服务员、派车驾驶员等一线员工的综合素质和专业能力，已经成为旅游质量这个木桶上最短的板子。我们可以在短期内抖红一个景区，甚至一座城市；可以坐在漫咖啡的落地窗前，在秋日的午后写好最动人的文案；可以使用人工智能跑出海量的数据，计算出 88 天环游世界的最优线路及其价格。那又如何？千里万里地到达目的地，出了航站楼，一个黑着脸、只想着带你去购物店的导游，完全可以几秒钟之内就把你对“诗与远方”的美好想象打回原形。经历了资本的攻城略地和技术的高歌猛进之后，是认真审视旅游业底层器件，并给予应有的专业价值和职业尊严的时候了。

做好发展评价与案例推荐。制定效率测算指标等评价体系，选择示范区、城市、企业、产品、技术等案例，如江苏、长三角等东部案例，贵阳、重庆等西部后发案例，国产邮轮、夜间旅游等产品案例，民航业、住宿业等行业案例。推动科技与旅游融合发展的科普宣传工作。

国际化方面，应考虑数字文旅的全球化问题，特别是比较评价，了解真实数字化水平；在国际竞争与合作中，融入国际旅游合作论坛、数字中日韩、东盟数字旅游平台（包括澜湄机制）、数字丝绸之路等项目；优化入境游客的体验和出境游客的服务。建议国际旅游合作在旅游大数据方面建立共享机制的同时，为企业相互学习借鉴先进的旅游数字技术搭建平台，联合开发旅游数字产品，典型如文化遗产及旅游演艺的数字化等，促进文旅融合，共同促进区域内旅游数字经济发展。

争取当地居民的支持。目的地旅游发展，要充分考虑本地居民的利益，为他们提供更多的工作和商业机会，使他们成为地方旅游发展成果的受益者。有了对旅游业发展的认同感和获得感，他们才会成为当地旅游发展的宣传者和代言人。

第二篇

2019年旅游集团发展论坛专文

Part Ⅱ

Monographs in Forum of Tourism Groups Development 2019

中国旅游协会会长段强致辞

尊敬的雒树刚部长、各位企业家、各位嘉宾：

上午好！

在此我代表论坛主办方中国旅游协会和中国旅游研究院欢迎各位嘉宾莅临本次论坛。2019 年刚好是论坛举办的第十届，十年来旅游集团会议每年聚焦一个业界关心的话题，先后提出了产业融合与新业态发展、旅游集团的国际化道路、旅游投融资与集团成长、商业研发与自主创新、商业思想引领旅游集团新成长、开放与共享、资本兼并重组和大数据科技、国际化战略、内容创造与生活引领以及社会责任等主题，为推动旅游产业发展起到不可替代的作用。这些年来，发布的旅游集团二十强已成为引领产业发展的主力军和产业创新的中坚力量。

本次论坛以“科技新动能发展高质量”为主题，在当前我国经济高质量发展，科技正成为发展新动能的形势下，此次论坛的召开恰逢其时，必将为我国旅游产业发展注入新的活力，推动旅游业持续健康发展。希望通过本次论坛的召开，为旅游业高质量发展聚集新的动能，增添新的动力。

再次对各位嘉宾莅临本次论坛表示衷心的感谢！预祝本次论坛圆满成功，谢谢大家！

凯撒同盛发展股份有限公司首席执行官刘江涛致辞

尊敬的雒部长，尊敬的各位文旅行业的同仁，尊敬的各位媒体朋友：

大家好！

我是来自凯撒集团的刘江涛，非常荣幸凯撒集团能够作为本次旅游发展论坛的承办方，与各位领导和同仁一起分享对行业发展的思考。在这里，我要特别感谢中国旅游研究院和中国旅游协会提供这样一个平台和机会。

多年来，旅游集团发展论坛在总结我国旅游产业发展经验、提升发展理论、引领产业发展、促进企业成长方面做了大量卓有成效的工作。凯撒旅游就是其中的受益者。我们在其中看到了政府、专家和企业对文旅产业发展的思考和洞察。

2019 年的旅游集团发展论坛将主题定在“科技新动能　发展高质量”。当前，我们正处于科技技术大变革的时期，人工智能、区块链、大数据、互联网、5G 技术逐步从技术研究阶段进入实用阶段，这些技术互相作用，改变了人民的生活和理念。当前，也是精神文化消费不断攀升的时期。随着我国经济的发展和居民收入水平的提高，人民的精神消费需求不断扩大，文化创意产业兴起和文旅产业正成为人民满足美好生活期待的重要载体。

2019 年，凯撒旅游一主三辅式发展更加清晰。未来我们将持续聚焦旅游主业，并拓展旅游零售、食品配餐、旅游金融三大产业，实现产业协同。未来我们也将深入推进文化与旅游产业的融合，实现更加美好的精神文化生活。

就在今天，由凯撒旅游打造的环球世界 53 天——太平洋寻梦之旅正航行于南太平洋，搭载中国非遗传承人和中国非遗产品开展文化交流活动。2020 年即将到来，东京奥运会即将拉开帷幕，这届奥运会的一大看点就是科技元素。作为中国奥组委、中国辖区票务销售方，凯撒旅游向各位发出邀请。希望 2020 年我们一起亲临赛场，共同为中国体育健儿加油助威。

最后预祝论坛圆满成功，谢谢大家。

科技与旅游高质量发展

中国旅游集团有限公司总经理　杜　江

尊敬的雒部长，尊敬的段强会长，尊敬的各位代表、媒体朋友：

上午好！

很高兴参加今天的论坛，首先请允许我代表中国旅游集团对论坛的举办表示热烈的祝贺。

今天论坛的主题是“科技新动能　发展高质量”，会议的主办方今天给我们一个命题作文，让我讲讲科技与旅游高质量发展。下面我就这个题目从三个方面谈点想法。

第一，从认识上讲，科技创新是旅游业高质量发展的第一动力。习近平总书记在不同场合反复强调创新是引领发展的第一动力，抓住创新，就抓住了发展的全程。我国经济已经由高速增长阶段转向高质量发展阶段，科技创新是引领高质量发展的核心驱动力。为高质量发展提供了成长的新空间、战略新支点和动力新源泉。我们要清醒地看到科技创新动力强大，高质量发展成效显著。国家统计局发表的最新数据显示，2019 年前三季度我国 GDP 增长 6.2%，其中信息传输、软件和信息技术服务同比增长 19.8%，排列第一，引领 GDP 增速。2018 年，中国创新指数首次突破 200 达到了 212，比上年增长 8.6%，较 2005 年实现了翻番。分领域看，创新环境、创新投入、创新产出和创新成效四大指数均比 2018 年有了较大幅度的增长。这些指数走势表明，中国深入驱动发展战略，科技创新能力和效率不断提升，对推动高质量发展发挥积极的作用。当前，我国旅游业正迈入创新发展的阶段，人民对美好生活的向往，引领旅游发展从注重速度到质量。这为旅游科技应用提供难得的发展机遇。

我们要清醒地看到创新驱动风起云涌，科技革命形势迷人。我国经济正处在新旧动能转换的关键时期，面临新一轮科技革命的战略机遇，必须依靠科技创新打造经济发展的新动力，实现产业跨越式发展。一是新一轮科技革命和产业变革加速推进，为高质量发展提供了重大的战略机遇。全球科技创新进入空前活跃期，科学技术新发现、新发明成非线性增长态势。二是世界科技竞争形势加剧，增加产业核心技术供给成为高质量发展的关键。全球民粹主义、贸易保护主义、美国等发达国家单边主义趋势明显，导致科技的国际化发展空间受到限制，掌握核心技术成为我国向高质量发展的关键。三是科技创新发展趋势发生深刻的变化。新兴的技术呈现群发性和融合性的特征，创新资源配置主体和方式多元化，数字化转型加速，企业间在技术开发、应用方面要发挥协同作用，建立更加多元协同的创新治理结构，形成更加高效互动的创新网络。

我们要清醒地看到，产业环境日益开放，市场竞争全面升级。当前全球科技创新进入空间密集活跃的时期，新一轮科技革命和产业变革正在重塑全球经济结构，以人工智能、量子信息、5G、互联网、区块链为代表的新技术突破应用的难关，融合机器人、AR、VR 等先进技术正在加速旅游向数字化、智能化转型。中国旅游业创新和 IP 发展报告指出，从创新路径来看，新技术、资本、企业家能力、市场需求和制度因素等构成了旅游业创新驱动的新的钻石模型，共同促进产业创新发展。

结合旅游企业的实际，科技创新主要表现在以下三个方面。一是信息技术主导新产品、新业态、新模式创新。大数据在重构产业的格局，数字技术打造沉浸式体验，虚拟技术在冲击游客的感官。二是文化旅游与相关产业技术的融合，引领旅游产业内容不断翻新和引进。三是物联网、互联网综合技术推动产业服务界面和管理流程再造。可以说科技创新是大势所趋、国家所倡、业界所求，只有紧紧拥抱科技创新时代的潮流，才能实现旅游业发展。

第二，从时间来看，科技创新对旅游业高质量发展的驱动作用越发明显。旅游业从高速增长向优质发展转变，面临着新一轮的升级和变革。新技术在旅游领域的应用备受关注，推动旅游消费和供给各个层面的迭代更新。

一是科技创新为旅游服务插上智慧的翅膀。近年来，人工智能一直是投融资的风口热点，金融行业融资总额逐年稳步增长。2010 年为 2 亿美元，2013 年已经增长到 6 亿美元，2015 年达到 12 亿美元。美国人工智能初创企业的融资额在过去短短 4 年几乎增长 10 倍，人工智能正在极大改变旅游、酒店以及相关产业。在旅游社区的线路设计、酒店的云端系统技术、OTI 的在线搜索、酒店的收益管理等方面都因为人工智能发生显著的质变。IBM 的“沃森”是最受关注的人工智能之一，从菜谱分析到球队管理、从健康顾问到酒店礼宾服务，以及在时尚、金融、法律、教育、交通等领域进行了很多商业融合。智能酒店需求方面提供礼宾服务和咨询，也包括周边的餐厅、旅游风景以及酒店解说等服务，及时回复用户的请求，优化用户的体验。中国旅游集团酒店事业运营群下属的重庆丽苑维景国际大酒店以智能化赋能为游客带来全新的入住体验，打通了酒管系统、公安系统，将智能化创新融入酒店硬件设施，可以实现自动入住、机器人服务、智能语言可控等功能，入住体验更加智能化、快捷化和科技化。

二是科技创新提升了旅游全流程的用户体验。我们已经正式进入了 5G 商用元年，“5G+”等科技引领沉浸式体验、人和环境的互动、超时空互动等引领旅游新潮流。2019 年 5 月，中国旅游集团和投资应用事业旗下的世界之窗景区与中国联通达成合作，利用 5G+4K、VR 技术和 5G+VR、360 度全景技术带来线上线下联动狂欢的全新体验。未来世界之窗还将在 5G+VR 旅游服务，5G+VR 社交分享、景区一体化管控、景区大数据分析平台等多个项目上探索更多 5G 技术在文旅中的深层次应用，将世界之窗打造成为 5G 大型主题公园。与此同时，全国首批自动驾驶主题公园也将落户，开展无人车的示范运营，探索无人配送、售卖等商业模式，形成一站式人车智能交流，激活游客多感官体验，使客户体验更加精彩。

三是科技创新催生了全新逻辑的商业模式。如果说这一轮产业商业模式创新是互联网技术带来的，那么下一轮的商业模式创新很可能由区块链技术主导。数字、货币、DCP（数字电影包）的发行将加快区块链在我国的应用速度，也将对旅游产业产生深远的影响，包括企业的运营、行业的监管，都可能出现新的逻辑和方式。

截至 2019 年 10 月，国内区块链企业已经有 27513 家，多为中小企业，从全球来看，目前 95% 以上的区块链融资世界处于种子、天使以及 A 轮阶段，B 轮只占 3%。欧洲旅行车巨头欧洲旅游集团途易，2017 年宣布投资区块链成为旅游业第一个尝试应用区块链的公司，他们将所有的数据转移到私有版本的以太坊上，以去除预订等的服务中间商。目前发展较完善的区块链旅行服务和分销平台还有很多，可以使用户按照需求进行模块化的预订，以数字化的形式取代传统的方式，为交易双方提供服务的约束和保障。连接到平台的旅游公司，他们能够绕开中间商，直接获得旅游服务商的资源报价，酒店、航空公司和其他供应商能直接将服务发布在平台上，旅游代理公司能在平台上找到所需服务的信息及最优的代价。

四是科技创新颠覆了传统所有的发展格局，在线旅游领域，互联网和数字技术重塑了旅游业交易的环节，在线旅游巨头代替了原有的旅行社、订票中心等渠道。2019 年上半年，我国在线旅游交易额超过 7000 亿元，占线上旅游消费的近 70%，在线旅游预订网民人数规模达到 1.5 亿人次，同比增长超过 6%，渗透率持续快速提升。从长期来看，OTA 系统将形成携程系、阿里系、美团系三分天下的局面，酒店旅游共享住宿平台，Airbnb 2019 年 3 月宣布，新房东在全球超过 600 万套的房源中开门迎客。截至 2019 年上半年，途家民宿全球房源超过 230 万套，境内境外订单总量分别同比增长 2 倍和 4 倍，两年时间业绩实现 15 倍的增长。在线旅游平台的同步发展促进了线上和线下的同频共振，将对传统旅游业发展带来强大的冲击，科技赋能旅游改变了未来的竞争格局，为旅游带来更多的方便、更高品质和更多体验，促进旅游产业效率提升，助推旅游业高质量发展。

第三，面向未来，科技创新对旅游业高质量发展将产生变革性的影响。过去 40 年，中国实现经济飞跃，靠的都是改革开放红利和经济全球化过程中的比较优势。未来 40 年，旅游业实现高质量发展，唯有进一步深化改革开放，旅游业只有以强大的科技创新为引领，才能构建高质量发展的新模式，打造高质量发展的新引擎，培育高质量发展的新动能。

从外部竞争考量，构筑生态圈，生态化的物联网，打破了行业的范式，给传统的商业模式、竞争格局、产业生态带来了巨大的影响。旅游企业要改变原有的产业界限，实现跨界融合发展，重构科技创新的旅游生态圈。驴妈妈的发展足迹等特色服务，成立景区和 IP 大数据联合实验室，达成 5G 战略合作，实现 5G 在线旅游，跨界联手穿越，推出创新型旅游体验。这些都是通过技术赋能、产品赋能、效益赋能、供给侧改革和高质量发展带来的新的探索。

新的商业生态圈要求旅游企业必须开放边界，在产业 + 科技、产业 + 互联网上主动谋划，积极布局，塑造新的商业模式下，加快实现新旧动能的转换。一要关注人工智能 5G 区块链技术，并购科技创新企业。二要建立创新工作坊，开展创新项目孵化。旅游新技术、新模式应用实验，打造产、学、研一体化的基地。当下尤其要把握好国家对区块链的政策红利，尝试搭建区块链综合管理平台，构建跨地域、跨平台的旅游管理体系。三要积极融入数字化网络，在数字化营销、运营和生态方面着力，引进吸收先进技术和经验，增强云网端的行业大数据能力，连接上下游企业，构建开放式的数字经营、资源整合和创新服务体系，实现创新链、产业链、价值链三链融合，从而打造更高层次的数字化新商业生态圈，促进旅游业态向综合性和融合性转型提升。

从内部发展着眼，打造科技创新的DNA，实现产品服务多样化，腾讯为云南打造的全智能全域智慧旅游平台是一个典型的科技应用成功案例，实现了互联网和旅行社景区服务有效嫁接。通过开发目的地微信公众号，提供景区展示、景区周边查询、门票购买等功能。要深入行业，让智慧旅游真正渗透到吃、住、行方面。而且要通过标准化营销，我们要时刻问自己是不是真的抓到消费者的痛点，是不是真的让他们离不开我们，是不是真的把产品体验做得很好，是不是迅速圈到很多的消费者。只有满足和引领消费者行为的需求，才能够更好、更快回应消费者的痛点、难点、兴趣点，提高产品和服务的市场竞争力。基于大数据，采用职能标签对消费者进行区分实现精准的信息推送，提升旅游营销的效果。

通过智能化的创新赋能体制机制，一是促进共享平台的建设，打破新兴壁垒，消除可能的数据孤岛，让数据价值在产业链各环节流动中实现。二是推动科技成果转化，拆除阻碍产业化的藩篱墙，实现从技术突破—产品开发—商业模式变化—产业发展的贯通式创新，加强创新型旅游产业的建设。三是探索科技创新模式完善技术创新成果转化，人才培养引进登记制，推进科技服务项目及运行。四是更好地激励科技人员，建立健全以创新质量贡献为导向的人才评价体系，使旅游科技人才健康成长，创新成果经得起检验。

科技永无止境，创新永不停歇，到凭借技术水平提效益，再到发挥技术优势，树品牌、拓市场，多年来，中国旅游集团始终在科技兴起的道路上坚定前行，未来我们仍然初心不变，创新驱动的道路，继续前行，实现科技化和市场化，努力成为具有全球竞争力的世界一流旅游产业集团。

最后预祝论坛圆满成功，谢谢各位！

北京首都旅游集团党委书记、董事长宋宇发言

尊敬的雒部长、段会长，尊敬的各位领导、各位文旅界的嘉宾，媒体朋友们：

大家上午好！

值此论坛召开之际，我谨代表首旅集团感谢大会主办方的诚挚邀请，也向参加所有会议的嘉宾表示由衷的敬意。

今天论坛的主题是“科技新动能发展高质量”。首旅是传统型企业，正处于转型发展时期，非常需要科技的支持和质量的保障。因此，我直奔主题，向大家汇报一下首旅在科技时代践行新技术与产业创新、提升企业竞争力与品牌价值、向高质量发展迈进的思路和初步探索。

首旅集团作为以旅游商贸服务为核心的集团是北京市首家国有资本运营公司的试点企业，承担着北京市四个服务的重大保障任务，同时也承担着首都旅游商贸服务业产业聚集和转型升级、优化国有资本结构布局等多重使命。20多年来首旅集团始终与国家旅游发展战略相向同行，聚焦旅游主业发展，形成吃、住、行、游、购、娱＋文旅＋航旅途产业布局，努力提升服务品质和企业竞争力。经过20多年的积累，资产规模超过千亿元，拥有4家上市公司、过亿会员、百余种知名品牌、千万平方米的土地资源和500多万平方米的物业资产。2019年是北京文旅融合的开局之年，首都旅游集团在新科技时代的背景下积极适应中国从生产型社会向消费型社会转变，确定了打造生活方式服务业产业集团的新定位。下一步，我们将重点打造两个载体，聚集产业要素，一方面，以商业板块为依托，选择重点城市核心区域打造商业物业的综合体；另一方面，以文旅景区板块为依托，在人口聚集量达到一定规模的城市周边和自然景区丰富的区域打造景区和旅游小镇，以这两个载体为依托，全力打造首旅集团线下聚集地和生活方式聚集地。众所周知，首旅目前正在建设环球旅游度假区项目，这是文化旅游＋科技创新的融合，文化旅游与动漫、游戏、影视等产业的深度融

合，也是首旅集团传统产业转型升级的重大项目，是打造首旅集团线下资源聚集地和生活方式聚集地的重要标杆项目。

2019 年 10 月北京环球度假区正式公布了功夫熊猫盖世之地、变形金刚之地、哈利波特魔法世界等七大主题景区，其中功夫熊猫盖世之地是全球首个以功夫熊猫为主题的景区，围绕中国式的传奇体验进行设计，打造全室内景点，通过中国特色文化与现代科技的完美融合，凸显中国传统文化的独特魅力。同期北京环球度假区与阿里巴巴集团达成战略合作，共同推动主题公园及度假区的科技应用和数字化体验核心，以创新科技和数字生态禀赋赋能北京环球度假区，实现数字化、科技化的智慧文旅。未来首旅集团将把北京环球度假区打造成北京文旅的新地标。

在打造生活方式服务业产业集团的征程中，我们也深刻认识到，文旅行业不仅要面对变化莫测的国内市场和国际先进经验的冲击，更要面对大众消费理念和消费习惯的升级换代，一路走来，我们经历了种种挑战，也克服了重重困难，越是如此我们越能感受到在新科技时代背景下，文旅产业融合发展的复杂性和必要性。首旅集团希望和参会的行业各领域嘉宾共同研究、分析、探讨，把脉新时期文旅新思路，为向广大消费者提供更好的高品质旅游产品而不断努力。

最后，预祝本次大会圆满成功，祝各位来宾有所收获，谢谢大家！

把握入境旅游机遇　打造“友好中国”品牌

携程集团首席执行官　孙　洁

尊敬的雒部长、尊敬的各位领导、各位嘉宾、朋友们：

大家上午好！

今天很高兴有机会跟大学分享携程集团在入境旅游促进国民经济、增加外汇储备、改进并提高中国形象方面做出的贡献，并提出一些想法。

旅游在 19 世纪以欧洲作为中心，20 世纪以美国作为中心，21 世纪整个旅游向亚洲做了很重要的迁移。很多指数，包括经济指数在亚洲急剧上升，消费者数字、贸易数字都是急剧上升，而社会的平均寿命、识字率、贫困率在亚洲也遥遥领先，其中最重要的原因就是中国经济的崛起。赢得亚洲就赢得半壁江山，而亚洲的重中之重又在于中国。2050 年全球一半的 GDP 将来自于亚洲，中国作为最大的旅游国遥遥领先，我们出境旅游一年输出游客 1.5 亿人次。未来如果一切顺利的话，按照正常轨迹，中国也应该成为最大的入境旅游国。现在的挑战确实非常巨大，我也非常希望在座的各位齐心协力，能够为入境旅游打开一个新的局面。

我们看到，现在出境游遥遥领先，而入境游基本上持平。跟 GDP 的发展相关，入境游还有很大的提升空间。入境旅游的增长率低于出境游和 GDP 的增长率，但这一块我们有很大的上升空间。

展开入境旅游地图，中国虽然非常大，但 2018 年入境游客人数只有 4795 万人次（不包括港澳台游客），排名第六；法国入境游客人数 8940 万人次，排名第一；美国入境游客人数 8220 万人次，排名第四；泰国虽小，入境游客人数却有 3830 万人次，排名第九。

一般发达国家入境游占到 GDP 的 1%~3%，泰国遥遥领先，占有 12%~13%

的比例，中国只有 0.3%。如果我们能够做到 1% 的话，那就是三倍的增长，如果能够跟美国和其他发达国家一样做到 3% 的话，那就是十倍的增长。对整个国家的 GDP 是一个非常大的贡献，很多人来中国之前不知道中国，从 CNN（美国有线电视新闻网）上听到的是污染、拥挤等，到了之后发现中国多么充满活力，很多人希望再次来到中国。我上周刚刚接待了一批美国游客，他们感到非常欣喜，之前没来过中国，觉得中国很拥挤很落后，现在看了高铁，美国没有那么好的高铁，我们的高楼大厦远远超过美国，还有很多年轻人充满朝气。我们文化输出最好的方法就是让所有的外国记者能够来到我们美好的国家，用他们的眼睛，用他们的文笔来描绘美丽的中国。

入境游低迷，与中国的大国地位不相符。应该有 1000 亿美元到 2000 亿美元的增长，相当于 GDP 的 1%~2%，彰显我们的软实力，包括教育等。泰国之所以做得那么好，不仅是旅游，还做医疗，还做教育，还做其他各方面的东西，这作为国家政策是非常重要的。令我们非常惊奇的是，它的首都超过纽约、巴黎、伦敦，成为全球过去两年入境游客最多的城市。上海、北京、深圳把游客吸引到中国来有可能超过它。

我们有需要解决的问题，给大家举个例子。我在佛罗里达的老师很想来中国，但是要让他飞到休斯敦办签证不是很方便。因此，开放签证还有很多工作要做。沙特从来不开放旅游签证，现在因为有石油的压力，它的王子亲自引领，也开放了电子签证。新西兰电子签证 5 分钟搞定，所有的国家都在争入境旅游这块肥肉，希望我们能够齐心协力把电子签证搞起来。

过境签的时间和地域可以开放得更大，现在已经做了很大的努力，由原来的 72 小时，变成现在的 100 多小时。既然已经进到中国，希望他们在中国花钱，希望他们能够多花时间看中国。

上网难，很多人在国外是用海外的网络，五星级饭店可以开放网络。相当多的酒店不具有涉外接待能力，但是未来随着国家的开放、酒店业的发展，更多的酒店应该可以有申请涉外资质。国家形象的提升，我们有很多城市很分散地在时代广场做一些宣传，但是我们国家有一个很好的形象，印度跟中国没有办法比，中国可以说“友好中国”，我们有熊猫作为吉祥物，全世界的人都会觉得中国人非常友好。中国人的确是非常友好的，孔子说有朋自远方来不亦乐乎，这是我们的基因。

还有语言的障碍，可以向新加坡学习，所有主要的旅游景点、机场都应该有中英两国语言。支付难最近有突破，以前外卡在中国很难绑上支付宝和微信。现在高铁是中国非常好的一个旗帜性宣传，很多人一坐高铁觉得中国那么厉害，科技发展那么好，但是外国人必须要在很拥挤的高铁站排队取票，其实旅行社可以把车票送到客人酒店，改善拥挤的现象，也为外国人坐高铁提供便利。

环境方面已经做了很大的努力，厕所革命对入境也会有很大的帮助。

还有租车，美国的驾驶执照在中国没有办法使用。

如果我们能够攻克这些难点，每年攻破几个难点，特别是签证，签证等于是漏斗的最上方，让更多外国人进来，对国民经济文化交流都有很大的好处。

携程作为全球最大的旅行商，我们超过Booking，2019年超过GM（通用汽车），在世界各地都做了很大的部署，我们投资了欧美两家公司，在印度我们投资make my trip（印度最大的旅游网站）成为最大的股东，跟美国Skyscanner（机票航班搜索引擎）合作，把欧洲、美洲、东南亚的客人一起带到中国，促进中国的旅游业发展。

Trip.com是全球发展最大的旅行商，我们把Ctrip.com中的C去掉，变成有更多人了解的Trip.com。我们海外用户超过一亿，国内用户超过两亿多。Skyscanner和印度make my trip在英国、日本、韩国、新加坡等都建立了服务的中心，在爱丁堡有自己的呼叫中心，日本、韩国都有我们的呼叫中心，未来在菲律宾等国家还会再开呼叫中心。我们有丰富的营销团队和全球合作伙伴能够做一些交流，跟各个国家的旅游部建立了很好的关系，每次我们出去都希望跟大家一起做一个很好的宣传。

中国除了历史悠久以外，还有没有别的？我们有友好的形象，我们有友好的服务、友好的人民，我们有友好的政府，习近平总书记一直说建立命运共同体。中国非常安全，没有听到枪击这种事情，大城市的犯罪率非常低，我们的高校非常现代化，这些都是我们非常好的现代化形象定位。

入境游具有巨大的潜力，希望政府能够提高中国的形象，把“友好中国”的标签推向全球。我们用全球的布局、全球的力量，帮助政府吸引更多的高质量客人，并提供高质量的服务。在此，我们非常感谢各位领导给我们的支持，希望大家一起齐心协力，为中国旅游业的入境游打开一个新的局面。

谢谢！

大运河文化旅游产业投资合作

江苏文化投资管理集团董事长　盛　蕾

尊敬的各位领导、各位同仁、各位嘉宾：

大家上午好！

非常荣幸能够参加中国旅游集团发展论坛，也非常感谢以上各位业内大咖和专家给我们带来的站位格局和思想盛宴，在这里我想给大家分享关于大运河文化旅游产业投资的话题。

可以说人类自古择水而居，水是文明的摇篮，有人说中国的历史就是一部用水和治水的历史，而大运河正是其中最为浓墨重彩的一笔。因为大运河流淌了 2500 年，绵延了 3200 公里，它是一条承载着密集文化基因的大动脉，也是水韵江苏的人文写照。运河之水是世俗生活的婉转，是生活在两岸的人们祖祖辈辈的生活场景，它或许不复从前的繁华，但运河水当中有人们的记忆和乡愁，运河之水也是现实世界的留白，或许随着随遇而安的流逝兴衰不定，运河水当中包含的是中华民族坚韧包容、进取的文化基因，它能够抵御时代的变迁，也能够孕育出未来无限的可能。我今天发言的主题是"如将不尽，与古为新"，这是运河的智慧，在流动中保持初心和本真，在看似一对对的矛盾中寻求新生的内在生动力。

首先，江苏是大运河国家文化公园建设的重点区域先导段。江苏省政府也赋予文投集团大运河文化旅游发展的职能，并担任大运河文旅母基金的管理人。我们集团在探索和实践中从几个看似矛盾的关键词中看到：文化遗产和资源要动起来。大运河江苏段的运河遗产最为丰富，列入《世界文化遗产》的点段是最多的，占到 40%。为了将静态的文化遗产保护好、利用好，我们积极与中国旅游研究院开展合作，我们搭建了大运河文化带保护传承和利用的指数体系，用动态的数据和让静态的文物来说话、让历史说话、让文化说话。这个指数体系通过设置一级指标 4 个，二级指标 3 个，三级指标 8 个和四级指标 53 个，形成更新的数据库。让我们保护、传承、利用的行动更精准、更科学、更高效。

还有快与慢。因为大家都知道，两张网在改变着我们的生活方式和交易方式。一张是高铁网，一张是互联网。高铁千里京沪一日还已经成为常态，快的工具为我们慢的生活提供了可能，快旅慢游可以实现。

互联网特别是移动互联，让文旅产业从上半场流水线的大众时代也可以转向下半场私人定制式的分众时代。但是这个需求端是一个快变量，供给端是慢变量。为了解决这对矛盾，我们积极地构建江苏大运河文旅总入口平台，搭载在移动终段的平台能够让运河边的雅致慢生活借助 5G 时代的网络适应分众时代，能够打造游客手中随叫随到的旅游管家。这个平台通过倒流层、表现层、运营层和基础层形成总体架构，实现四个平台功能，也就是文旅资源整合宣传营销平台，市民和游客主客共享的城市公共服务平台、惠民文旅消费的供给平台、产品评价和企业信用的归集平台，让游客和市民在这个平台上实现个性化的需求满足。

再次，是古与今，落地一批硬核产品。让古老的大运河真正鲜活起来的最好方式，就是让它融合到当下人们的生活场景中，而融入的核心就是产品。不缺资源，缺产品，这是当前国内文旅业普遍的一个痛点。以往我们在文旅项目开发过程中，也发现存在 5 个坑，一是我们的内容挖掘太浅。二是形态确定得太早，规划设计建设风貌很早就确定了。三是运营介入太晚。四是消费分析太少。五是政府和企业太远。尤其是在内容挖掘太浅方面，我们对于老祖宗留下的宝贝，内容和价值上挖掘很浅。我们知道把遗产陈列摆放出来，但不知道怎么样将它和我们当代人的精神消费需求相连接。我们知道把古典的内容、故事单项播出，但还不太会和受众双向互动进入体验。所以更深层次的原因还是在于我们没能将优势的资源转化成优质的产品，文旅产业链尚未成熟。

因此，我们集团正在通过组建文旅产业联盟和参股优质民企团队来组建我们的联合舰队，打造硬核产品。2019 年 5 月，戴斌院长给我们非常好的创意提醒，大运河是不是可以做一个动手造船、陪你下江南的商业策划。通过我们的不断集合和推进，相信在不久的将来可以划着赛艇亲近运河之水，还可以在运河船吧上乐享我们的运河之夜。即便不到运河之畔，也可以通过根据获得茅盾文学奖作品《北上》改编的电视剧回眸运河的往事，也可以利用运河的文化产品赶一把国潮，让我们古老运河的生活场景和现代产业相融合，让历史的繁华记忆和时代的生机勃勃相互加持，让美丽的静止变成美好的生活，让古运河成为年轻人的打卡地，让新消费成为古运河的复活血。

最后，是虚与实，用好一支旗舰基金。工业主要靠科技转型，商业依靠模式，文化主要在于内容。对于文旅来说，既要有内容模式科技，另外更需要金融的助力。我们依托江苏省大运河文化发展基金来运营我们的实体产业，用看不到的金融之拳激发运河之水的活力。由省政府牵头设立的省级大运河文旅发展母基金，首期的目标规模 200 亿美元，目前认缴达到 110 亿美元。基金在成立不到一年的时间，已经撬动了 11 支区域子基金和 7 支行业子基金，包括文旅科技、新消费、文旅演艺、留学教育等，同时也对徐州窑湾古镇和苏州渔家村等十多个项目推动策划和运营。同时我们也期待以基金为轴，更好集聚开发运行金融资本，规划、策划地方文旅产业等多方面资源。和 WCCO 社会公益组织、国际知名运河城市之间交流，也用好我们的专家智慧、媒体力量构建产、学、研、用的协同生态圈，所以借此机会在这里也诚挚邀请在座的各位业内精英，加入我们的朋友圈。

一个人可以走得很快，一群人可以走得很远，我想一群志同道合的人可以走得行稳致远，让我们以河为美，以项目为纽带，以投融资为连接，共同打造国家文化公园的文旅产业链。

各位领导、各位嘉宾，如将不尽，与古为新，我们将秉持跨、接融合多元的理念，以运河之水的柔韧来助文旅产业的佳兴，以运河之水的纯净来践行一心为民的初心。依托金融资本的力量和科技赋能的手段在动与静、快与慢、古与今、虚与实之间探寻古老运河下一个千年的辉煌。

最后祝各位嘉宾身体健康、论坛圆满举办，谢谢！

新科技与航空发展

春秋集团董事长　王　煜

尊敬的段会长、各位领导：

非常有幸参加这次 20 强的会议，这次的主题是“科技新动能　发展高质量”，下面就这一主题结合春秋的发展给各位领导和各位嘉宾做一个汇报。主要分两部分，第一部分是目前通过科技的引领春秋怎么做的，第二部分是我们对整个航空产业的科技应用做一个想法交流。

春秋靠 IT 发展起来，在 20 世纪 80 年代后期当计算机还是打字机的时候，在行业里面比较早把计算机技术应用于整个生产，包括采购、销售，我们通过春秋的局域网开发了自己的春秋散客化操作系统。从 1989 年开始，每年业务的发展基本上翻番，不仅在上海，原来是纸版的全部搬到线上，在全国发展了 4000 多个代理，很快 1994 年实现国内旅游第一。2004 年进入航空业，当时航空业都是老大哥公司，我们定位自己的时候，首先把自己做成 IT 公司，然后才是航空公司。我们在 IT 上的投入不遗余力，通过几年的发展建设，自己建设了销售、离港、运行、维修、安全管理等一整套系统，目前是全民航唯一拥有一整套自有知识产权的航空公司。这些新技术不仅自己在用，这几年各方面的运行安全效益比较好，很多航空公司、很多机场包括民航监管部门都在使用我们的系统。

在信息系统特别是科技的投入上，我们很好地实现了安全准点的同时也实现了低成本。在绿色和高效的同时获得了非常好的经济效益。安全是民航最最重要的基石，目前已经连续保持 58 个月零责任事故，整个中国民航业的安全零责任安全事故航空公司的纪录我们一直在保持，我们自己打破自己。2017 年在民航安全工作座谈会上，我们是唯一获得马凯副总理表扬的企业，在 2019 年的民航安全工作会议上让我们发言，年内还获得国际 ISO 认证。前几年航空公司因为准点的原因在旅客市场受到诟病比较多，2017 年开始民航局对准点进行了统计考核，我们从 2017 年统计开始，2017 年、2018 年包括 2019 年上半年都是全民航最准点的主要航空公司，不管国内非常准的数据还是国际 OTA 数据都是如此。

我们进入行业比较晚，很多资源不如老大哥们，但是我们在高效率使用方面，目前的成本比行业水平低 13%，费用低 66%。目前我们是全民航唯一的互联网航空公司，我们的直销占比超过 85%。同时更多把传统公司的议价捆绑产品拆分，满足散客化的需求，满足现在旅客越来越多个性化的需求，销售系统拆除开让旅客进行个性化选择。

为了给旅客更好的体验，我们和上海机场集团合作，2017 年在虹桥机场第一个尝试打造全自助流程服务，从旅客的办票、行李托运到安检、登机过程全自助，从值机开始到上飞机，旅客花费的时间可以缩短 1/3 以上。现在很多机场把航班提前 45 分钟办票，在虹桥能不能提前到 30 分钟？后面跟机场合作，进行无感登机，不用打印登机牌，从行李托运、办票到安检到登机全过程。民航局每年有运行品质的考核，安全、准点、服务和执行，从这两年的情况看我们是全民航 50 多家航空公司中仅有的两家全 A 的优等生之一。

春秋航空单机油耗比行业水平低 20% 以上，引进 A320 后油耗水平还会更低。通过这些努力，我们在获得安全准点的同时，也实现了比较好的效益。2018 年在全民航中净利润率最高，2019 年上半年也是，我们遥遥领先于行业的第二名。在纳税规模方面没有三大航大，但每架飞机的纳税额 1700 万元也是遥遥领先于全民航。就在下周末将迎来第一百架飞机，中国民营航空从 2004 年国家放开以后，我们是第一个达到 100 架飞机的航空公司。

前面雒部长讲科技改变旅游行业，科技一定会改变我们的航空效率。托马斯·库克开创旅行服务行业，智慧航空、智慧旅游不仅给航空旅游产业带来新的发展机遇，还会带来很多新的体验。未来航旅产业有四方面的趋势：无人化服务、基于大数据的解决方案和智慧解决方案、VR 场景应用、机器人对服务业的改变。

现在的人力成本越来越高，特别在大城市，上海已经深刻体会到，相信在座的很多公司人力成本的比例越来越高。无人化不仅降低成本，而且机器是不会出错的，相对来说也会更好地提高我们的服务精准度，提高旅客满意度，同时降低成本。现在我们的旅客对服务的需求、对产品的需求越来越个性化，基于大数据可以更精准地得到旅客服务需求，同时我们的企业也需要更精细的管理、更精益的生产，提高资源利用的精准率。我们公司 70% 以上的航线编排是通过系统技术实现，包括不正常航班很快恢复，也是利用大量 IT 技术。飞行员培训一直是非常高的投入，一台模拟机一个多亿，现在有 5 台模拟机，我们今后还需要 10 台、20 台，通过 VR 的引入，我们可以大量通过这些技术降低模拟机的使用，提高安全水平，同时在飞机的维修方面可以实现远程管理。

现在智能机器人在制造业里面应用得比较广、比较多，随着旅游行业、航空行业的发展，智能机器人将越来越应用于精细化大规模生产，如酒店的客房清扫方面会有越来越多的应用，我们也在这方面进行积极探索。

旅游服务品质提升的专业与技术

岭南集团董事长　冯　劲

尊敬的各位领导、各位嘉宾：

非常荣幸岭南集团能够有一个机会在这里聚焦品质旅游主题做一个汇报和分享。

下面，我就从小的切口，用 4 个维度，就是战略坚守、品质标准、创新供给和产业生态来谈谈我们在旅游服务品质提升上的实践与思考，请大家多提宝贵意见。

一、以战略坚守打造品质旅游，满足消费者对美好生活的期待是我们岭南人的初心。构建具有国际竞争力的旅游服务运营商的战略定位、确立和践行品质旅游的目标，既是集团的使命担当，也是构建核心竞争优势、驱动转型升级、实现高质量发展的内生动力。打好战略布局、运行模式和资本发力的组合拳。我们在全国布局的营业网点超过 500 家，实现了多产品中心、多签证中心、多市场组团、多口岸出发的服务网络。我们通过数据中台来管理数字资产，构建智慧旅游平台。在数据中台支撑下的“一起行”和“行走网”双网赋能 B2B2C 模式，极大增强了旅游服务的丰富性、精准性和便利性。践行战略、客户第一，专著品质，集团收获了连续十年营收和净利润双增长。旗下“广之旅”品牌先后荣获中国用户满意鼎、中国质量协会优质服务项目奖、广东省政府质量奖、战略绩效极大增强了战略自信。

二、以领先标准打造品牌的含金量。集团追求以标准领先，以标准化建设来稳定、保障和传承优质旅游服务。从标准化建设、质量管理体系、导游培训管理等维度构建并持续打磨领先的服务标准，在标准化管理委员会领导下，我们采取产品设计、服务交付全流程的交控标准，从 6 个环节、18 项指标接受评审，严选资源型同业共享平台。“行走网”拥有严格的供应商准入机制，线上产品执行率达到 100%。团队旅游全维度服务评价体系是浓缩严选旅游资源、旅游评价体系和消费者体验的服务解决方案。在行业首创“金导游金课程”培训项目，首办“导游节”，推行“品牌符合度、顾客满意度和员工敬业度”三度管理，提升了品牌的含金量。

三、以创新供给满足消费升级需求。以数字化把握消费升级需求，确保和创新旅游产品与服务的品质供给。通过数据中台深入洞察各个旅游细分市场需求，定期公布基于大数据分析的行业报告，着力抓好旅游产品与服务的高质量供给，新产品迭代更新率达到 30%。空气、水、睡眠、低碳、体验等品质成为岭南住宿业新产品的目标追求，以都市群外一小时的“滨海世外桃源”文旅融合新理念设计建设运营的南沙花园酒店，开业一年，深受宾客喜爱，在业界产生独特影响。近年来，我们也推出了包括岭南“五号精品”“岭南创享公寓”等一批新的品牌与产品的供给，粤菜师傅走进美丽乡村等活动，还有皇上皇、致美斋等一批美食产品。岭南移动宴会接连亮相博鳌亚洲论坛、2019 年冬季达沃斯等，成为岭南广府美食的城市名片。

四、以供应链优势增强产业生态优势。以成熟的供应商信用体系构建供应链优势。岭南在吃、住、行、游、购、娱六要素中，形成了穿透国内外旅游目的地、覆盖旅游全产业资源的继承能力。我们与全球 89 家航空公司建立了密切的合作关系，拥有 76 个国家独立送签权，被全球 100 多个国家和地区旅游机构指定为首席和重要的合作伙伴。集团坚持出境和入境双发展，聚焦强化资源集成、客源扩大、服务流畅等精准推广四个能力，巩固目的地、客源地的深度合作。在“一带一路”131 个国家和地区中，广之旅旅游产品覆盖 79 个，近 3 年业务量年增长率在 10% 以上。集团在国内外旅游业中拥有比较丰富的产业链资源，有利于形成产业平台和优良产业生态，构建更多的利益共同体。2019 年 1~11 月承接的会议超过了 3000 场次，同比增长 6.18%，连续 11 年以市场化方式成功运营广东旅游博览会和产业合作平台，连续多年成功举办“广之旅供应商发展大会”“老字号博览会”和广府文化旅游嘉年华，与法国索迪斯集团在场馆运营、体育赛事等方面进行合作，成效突出。继 2018 年与美国智奥集团成功举办了享有厨艺奥运之称的博古斯时代烹饪大赛亚太区选拔赛之后，再度主办博古斯 2020 年亚泰区选拔赛，推动中外餐饮业在食材、厨艺、厨师和创新的合作，2020 年再次联合主办里昂—广州 1.2 万公里丝路“太阳之旅”自行车挑战赛，彰显绿色环保、开放合作和新理念挑战极限的体育精神。

岭南集团是一个来自广东的发展中的企业，我们珍惜粤港湾大湾区建设和深圳建设先行示范区国家战略。岭南集团非常期望与业界同行在文旅融合的新时代，携手共同推动旅游业高质量发展。

最后再次感谢中国旅游研究院，感谢中国旅游协会给我们这次分享的机会，谢谢大家！

数字时代的文化和旅游融合

华侨城集团董事、总经理　姚　军

各位行业同仁：

大家下午好！

很高兴有机会跟大家分享一些体会，华侨城集团每年都会参加重要的中国旅游集团发展论坛，而且华侨城集团每年都是20强，今天代表华侨城集团感谢戴斌院长，感谢中国旅游研究院和中国旅游协会每年举办这样一个重要的聚会。我在这里每年都会感受到很多丰富的信息，获得很多启示，对我本人以及华侨城集团都是一个很好的促进，很感谢。

这次戴斌院长给我布置了一个作业，讲讲文化旅游和数字化的问题。大家知道这两年中国的宏观经济形势日趋复杂，不确定因素进一步增多，但是随着我国科技的不断进步，在5G万物互联技术的加持下，以ABCD为代表的数字技术、人工智能、区块链、大数据等正在加速驱动中国经济的转型升级，并快速渗透到各个行业，提升行业的产出和效率。习近平总书记指出，中国要加快建设数字中国，更好地服务我国经济社会发展和人民生活的改善。文化和旅游产业作为幸福产业的代表，是体现人民生活水平提高的重要行业，更要主动拥抱数字时代，加快数字化转型。在文化旅游行业，我们也非常高兴地看到，诸如人脸识别、AR、VR、人工智能等一系列数字化的应用场景已经在很多景区、酒店、旅行社、OTA等细分领域进行普及和应用。智慧服务、智慧景区、智慧游乐、智慧营销等理念和技术也已经深入到我们的企业经营和管理的各个环节。

在文化旅游加速融合的背景下，互联网的原住民“90后”“95后”们已经逐渐成了社会消费的重要力量。科技进步带来的信息传递和分发边际成本越来越趋近于0，技术产品的迭代速度在很多行业甚至已经开始以月以日为计量单位。我们的总部在深圳，我借中央对深圳现行示范区的定位来说，对文化产业来说无疑是干事创业的火红年代。数字化技术无论在游客的体验升级、企业管理创新，还是行业创新发展上都带来很多的可能性。我们近几年进行数字化的建设布局，数字化战略已经覆盖我们的旅游企业，并持续探索数字技术和业务经营的深度融合和相互促进的有效路径。从华侨城集团从事文化旅游产业多年的探索体会来看，要想用数字化技术推动旅游文化产业高质量发展，我个人认为有很多的关键元素，今天我有四个关键点跟大家分享。这就是思维变革、模式创新、组织优化、产品创新迭代。

第一，思维上的变化，文化旅游企业必须完成思维革命、导入数字化思维、拥抱数字化时代。拿我自己的经历举例，我还是暨南大学深圳旅游学院的院长，我每年都要给学生讲课，特别是每年给新生讲一次课，告诉他们旅游是什么，要热爱这个事业。2018 年新生入学给他们讲课，跟他们新生交流，发现新生的思维很有意思，学生们讲他们喜欢电竞，中学时代乐于参加这些对战，他们也喜欢主题乐园，如深圳旅游学院的总部在深圳，他们对深圳欢乐谷感兴趣，探讨为什么不在欢乐谷给他们制造场景区域，让他们对战。这些重要客源、新生力量的出游动机、行为偏好、消费机制我们一定要认真地加以关注和研究。我聘请这十位大学生作为我们欢乐谷的产品体验官，就是让他们定期和不定期地去感受我们的主题乐园，在新产品研发的时候，也让他们做一下头脑风暴，提提他们的感受，因为他们才最接近我们的消费者，我规定他们必须把原汁原味的感受和需求体验做报告告诉我们，告诉我们的产品研发和经营管理团队，这样来促进开发的产品更符合消费群体的需求。

在华侨城的各大景区，在我们的特色小镇，在度假酒店等各个业务单元，除了传统的市场调研外，热点、动图、消费者画像等数字化技术已经大面积使用，为我们把脉市场动向、跟踪消费者偏好，提供了很多重要依据。我同时还负责中国旅游景区协会和中国游乐行业协会、中国游乐园协会，我们这几个协会很关注新技术对中国文化旅游的影响力，协会专门组织了专家队伍，长期跟踪新技术对景区和游乐行业的应用研究。我们也经常邀请人工智能、大数据等方面的大咖和国内外的专家为行业分享最新的技术和应用，让我们文化旅游这一非技术原创性行业也能跟上时代的步伐。即便不是最早原创这些新技术的行业，但是我们也能争取成为最早应用这些新技术的行业，来助力提升文化旅游产业的质量发展。

第二，模式创新。这里更多谈谈商业模式的创新，这些年移动互联网已经深刻改变了游客的组织方式和出行方式，颠覆了传统旅行社和景区的生产和服务模式，我们今天上午的圆桌会议很多专家讨论其实充分体现了这样一个变化。但是这其中更关键的是，文化旅游企业的商业模式创新必须要与时俱进。信息成本大大降低了，传统的委托代理关系已经发生深刻变化，这就导致我们这些景区特别是旅行社商业运营模式发生变化。传统的企业战略理论有经典的“三问”（你是谁、你从哪里来、你到哪里去），到了数字化时代更需要关注的不再是你拥有什么资源，而重要的是你在跟谁合作、你在跟谁相连接、为谁赋能、为谁服务，从而创造更多的资源和更多的可能性，产业的边界也可能无限地打开，打开一个更新更广阔的新天地。可喜的是“文化+”“旅游+”“景区+”这些年来在文化旅游行业蓬勃兴起，创造了更多的商业形态，打开了更多的商业空间，提供了更多盈利模式和运作模式。

华侨城集团近年来积极探索和布局文化+旅游+城镇化、旅游+金融+互联网的全新商业模式以及投资项目的落地模式，我们以创新共享的理念广泛与各类型的企业合作，和各个业界伙伴合作，实现了产业的扩张和业务规模的快速增长。

第三，组织的优化，游客的边界到哪里，企业的边界就应该跟到哪里，游客的行为发生了变化，企业的服务和管理也得相应地快速发生变化，甚至需要更多前瞻性的思维和举措。数字化时代已经不是用产品吸引顾客，而是颠覆性地先有顾客，再为顾客生产和提供产品。在文化旅游行业的企业当中，为需求而改进创新供给侧创造更新的需求，这也是经常存在的，这些方面更是文化旅游企业能够保持基业长青的重要法宝之一。

“把游客当朋友，视员工为亲人”，这是华侨城集团多年的价值观，同时，也启迪我们要在组织上保持持续优化。为此，我们启动智慧华侨城战略，完成数字化基础应用和平台的搭建。华侨城创建了智云慧眼数字化管理中心，作为华侨城旅游业务的智慧大脑，逐步将线下业务线上化，并完成了标准、产业、基金、数据的统一，推动精细化与智能化管理与运营，探索实现数字技术与业务运营的深度融合和相互促进之路。在这个过程中，我们也积极和互联网企业结合，把线上的故事也放到线下来，实现线上线下相互贯通，更加吸引线上的发烧友能够到线下体验。如游戏当中的一个场景一个过程，这样更扩大了线上线下的市场活动、游客互动。

第四，产品的创新迭代。数字化技术的应用将进一步增强旅游产品文化内容的表现力和体现性，技术手段的加持、游客参与和互动将使文化和旅游产品迭代更快，拓展出更加广阔的形式和内涵。数字技术为文化的传承、保护、修复、传播带来新的手段和方式。我们现在都知道数字故宫、数字敦煌等工程带来了文物保护性修复和沉浸式的游客体验，让传统的文化宝藏焕发出新的生机。因此，作为从业者，我们要更善于利用新技术，进一步挖掘文化精髓和文化价值，提高国家文化软实力和中国文化影响力。我们老讲科技以人为本，科技是更加以人为本，科技也能够让文化旅游产品服务就像戴斌院长一直倡导的，科技能够使文化旅游产品和服务更加有温度。除了已经实现的预约排队、AR 智能推荐等智能化服务都在景区得以推广，华侨城也在探索多元、个性、互动。诸如，参观、导览、体验、分享、购物等多种服务，搭建了人脸识别运营平台、AR 游戏线下体验等新一代体验产品。

文化和旅游均可以看作是体验经济，我们在大力借助数字技术的同时需要始终不忘初心，聚焦游客体验。我很赞同今天上午圆桌论坛浙江旅投的方总提出的高科技对文化旅游发生作用不是无限制去发动技术，而是新技术的创新使旅游的管理服务更加科学、更加合理，让游客觉得更好玩，这个新技术和文化旅游的结合才是最合理、最科学的。我特别赞赏方总的这个提法，我们大力借助数字技术的时候，始终不忘初心，聚焦游客体验，让技术为业务赋能，让技术为游客创造美好的体验，更好地满足人民日益增长的对美好生活的需求，真正推动旅游文化行业高质量发展。

各位同仁，这就是我跟大家分享的一点小小体会，不当之处请指正。我代表华侨城集团感谢论坛，每年在这时候能见到很多同行、很多老朋友，华侨城集团一如既往地希望能够与各界、各地政府和兄弟单位合作，大家互相取长补短，共同进步。

感谢大家，谢谢！

文旅行业数字化转型探索与实践

深大智能董事长　汪早荣

尊敬的戴斌院长、各位领导、各位嘉宾：

大家下午好！

今天很荣幸利用10分钟时间跟大家分享这20多年浓缩版的行业认知，我们在探索中、在实践中摸索过来，今天跟大家做一个简单的分享汇报。

首先我们要对整个行业做一个观察，目前行业的特点、状态是什么？从政府的角度来讲，最近这三年政府出台各种各样的政策，推动行业的快速发展。实际上作为旅游行业的老兵，内心无比高兴和激动，我们看到由此带来的行业繁荣，如供给侧改革，这几年景区门票不断降价，各个省不断推出门票降价甚至免费阶段性地刺激游客入园的动作，以及文旅融合产品创新的速度加快，还有夜游最近比较热门，全域旅游业态的发展也是百花齐放。还有一个很重要的特点，我们的旅游资源方不断尝试一些新的模式，如实名制、分时预约的推广，从名字上看不见什么现象，从旅游行业20多年的发展来看这是一个重大的改革，从底层要素进行全面的革新，对它的业务流程进行完整地颠覆，这是供给侧端的一些现象。

消费端的变化，年轻化、个性化，刚才姚总讲华侨城对年轻人产品的创新，实际上意味着"95后""00后"的喜好成为我们重点研究的方向，我们的产品更多的消费端讲互动体验，高品质以及移动化的氛围和技术支撑能力，还有在目的地周边资源的整合以及产品的迭代，这些发展得特别快。文旅行业转型面临的几个问题，我想从六个纬度来讲，不当之处请大家提出批评。从技术纬度来讲，它需要从顶层架构整体进行设计，最终在运营端实现结果的体现。从人才纬度来讲，某些传统的文旅企业需要从底层人才培养进行一次革新，这个涉及组织架构优化。从产品体系来讲，产品的创新，大量的活动内容策划，这类案例层出不穷。从管理纬度上来讲，真正实现多景区、多业态的一体化管控，不仅仅是人流的监管。从营销层面来讲，核心要建立一个全渠道营销能力，无论 C 端、B 端必须拥有自己的一整套体系。从服务端来讲，要构建数字化的场景服务能力。这个是目前在座的文旅企业无论是经营了 20 多年还是 30 多年还是刚刚进入这个行业，我接触了几十家，基本上面临这六大问题。这六大问题实际上就是我们接下来要努力的方向，在数字化转型方面需要进行突破。

下面来讲讲这几年探索和实践，实际上也是围绕六个纬度。

1. 技术，渗透到全产业链。数字化转型是全产业链的命题，不是某一个单一要素或者单科门类里面去落实，必须全产业链。我们看到从技术角度来讲，不外乎现在大家热衷的这些技术，这几年基本上这些技术全部应用到这个体系。县市甚至一个省的目的地所构建的三位一体的数字架构，这是我们在实践中总结出来的，其核心是面向运营的引擎，这个引擎的动能决定了整个一套体系是否生态化运营。对于文旅集团来讲，这个架构是我们 2019 年才总结出来的一套架构，从我 20 多年从业的积累来看，基本上文旅集团都需要用一体两翼的体系来构建从数据到挖掘基础信息以及多目的地的运营体系 to B、to C 的能力，最终实现智慧大脑，中间有一套数据中台体系，围绕旅游企业的服务总线构建，数千个模块。

2. 从人才体系来讲，在全国重要的目的地建设参股、派驻运营人员入场，最后本地化培训，现在已经达到 2000 多人，本地化的人才远在新疆、西藏都有人才培养出来。

3. 从产品体系来讲，基于目的地原有的产品构建的基本要素来讲，我们需要全面升级，无论是简单的组合还是内容的创新，都必须实践，这些都是我们做过的实践，抽取了几个平台的特殊案例，大家看到五花八门的产品都是根据本地的文化旅游要素来设计的。

4. 在管理上实名制分时预约。未来大流量、高流量的平台必须走技术路线，还有管理上要做到真正可视化管控，实景 +AR 技术全面开始应用，在高清视频下实现地、物、视、勤管理。

5. 在营销体系里需要构件完整的目的地数字化运营体系，无论 to B、to C，还是 to G。

6. 全场景数字化服务能力，要具备从游客中心到景区到酒店民宿，再到景区的小交通以及购物体系一整套完整的数字化场景运营能力。

在六年的探索中凝聚了很多不可控的因素，但是我们进行了突破。下一步我们会联合华为做一些 5G、区块链、大数据的应用，其中在 5G 落地多个目的地景区，像无人驾驶在福建湄洲岛落地，采用 5G 技术无人机航拍，以及 AR、VR 应用。文旅和区块链的结合，采用目的地联盟进行打通，通过区块链实现联盟各个目的地之间会员体系数据的共享、服务的共享、营销的共享，最后实现落地服务的统一化。这种模式是区块链真正能够落地的重要环节，让所有已经以核心流量构建的目的地平台实现全国的数据共享，这是更加去中心化的应用场景。

我们跟华为还在安徽黄山落地了城市大脑，在大数据应用上面真正做到数字政府、数字城市场景化决策应用。我们认为像这种尝试属于这个行业里面创新的落地，从数字文旅到数字政府，逐步实现一体化。

这几年来在各种论坛上我一直倡导一个理念，也是一直坚持做的：行业文旅的生态。旅游的核心要素资源方永远是核心，它们是这个行业的原动力和发动机，我们作为技术运营数据赋能的单位，应该为它们提供各种各样的服务，帮助它们在数字化时代实现完美的转型升级，最终构建整个文旅行业的新生态。

时间关系，不能够展开，希望会后可以和大家进行深度沟通。

谢谢大家！

光科技助力夜间经济发展

北京良业环境技术股份有限公司执行总裁　唐雪文

尊敬的各位领导、各位专家、各位同行：

大家下午好！

今天很荣幸参加这个论坛。从上午到现在，我一直非常用心地聆听大家的发言，自己受益非常多。

今天分享的题目是“光科技助力夜间经济发展”。夜间旅游不仅仅是光环境和光影产品，良业公司是一个在细分领域做得比较细的企业，成立于 1996 年，一直致力于城市光环境的运营和打造。2019 年以来，我们随着技术的发展和商业模式的改变，慢慢转型到城市文创经济的创意商和运营商，利用文创产品和智慧产品来打造城市夜间文化旅游的综合体和新业态。

这两年做了一些探索，通过投资、建设、运营的方式，通过文创和智慧助力城市夜游经济，在发展新的商业模式上做一些探索。下面用我们在温州落地的两个项目跟大家做一个分享，希望得到大家的反馈。

一个是瓯江项目。这是一个典型的 PPT 项目，通过投资运营，把城市体量的光环境打造和夜间文旅经济做了非常好的结合。这个项目也是国内非常典型的夜间经济的打造，把温州市进行点、线、面的打造。温州瓯江是温州的母亲河，相当于广州的珠江、上海的浦江，在核心段我们通过 10 公里的游线，来回 20 公里设计的旅游项目。中间有很多旅游产品，包括建筑、景观、桥梁、山体与载体，展现温州自然的特色，融合灯光秀、码头等商业综合体打造有特色的光影路线。这里有很多不同的展示空间，不光在展示夜间的环境，同时在阐述这个城市的人文和地理、历史和文化。当然每个阶段有每个阶段不同的特点，通过游船的讲解，让市民、游客过来，除了视觉冲击之外还有精神的提升。

我们还设计了很多产品，包括光影码头、光影嘉年华、光影公园、夜游的游船，还有光影婚礼堂，不光是让政府投资，而且通过自己的投资及新的产品运营产生收益。这是2019年10月1日投入使用的码头，十分优美，各位有机会也可以去体验一下。现在的游船也是十分爆满，跟普通的码头不一样，是以光影为主题的码头。

第二个项目，是在2019年12月22日将要正式运行的项目——“塘河夜游”，跟传统的夜游不太一样，良业公司之前在武夷山做过尝试。这次在塘河把文创灯光和文旅旅游做一个尝试。这个项目分两期实施，第一期在2019年已经完成了，是通过游船的乘坐和夜游线路，通过人的表演和光影的表演，通过投资建设运营在游船上观看前景小剧，打造科技化秀场、光影秀，包括五龙戏珠等场景让市民在其中沉浸式观影，一共40分钟，同时有几个典型的产品，如“遇见·塘河”，实现一个主题秀，运用直径12米的大光球的投影来讲述五龙戏珠的故事。

良业公司在众多新的尝试过程中也实现了很多技术的积累。在规划阶段，首先是帮助城市做城市夜游的规划。我们通过自己的数据库给予城市的决策者一些建议，如这个城市的夜间经济什么投入方式更合适。作为传统照明的实施商，我们在照面方面做了很多探索，包括照度、亮度、城市规划等，比较典型的有我们对塘河两岸进行分析，包括景观、桥梁、建筑、天桥等，在桥体上对亮度、照度上做分析，在灯具安装方式上，包括防眩光，效果保控也做了基础工作。

在这里给大家分享两个我们做的前沿探索案例。首先，大家看这个世界上最大的光瀑布，获得了吉尼斯世界纪录。瀑布的实施不是铺的，是用11张大网做的。还有一个大的水幕，是永久性的水幕，在桥体上，解决航行的问题、供水问题、光影问题等，这也是非常震撼的东西。通过大的有代表性的作品，让游客慕名而来，从而产生消费。这是瀑布的实现方式，一共有11张网，瀑布高度500米，最宽处400多米。在运营阶段也有很多新的场景的应用，一个城市或者照明，或者一个作品肯定不是千篇一律的，所以涉及节能、基础等，可以通过一件终端来实现。

在过程中，智慧路灯是非常重要的节点，也是我们作为光环境打造者重要的基础。所以在这个景区里我们用了很多灯杆，包括食品的监控、信息的发布、信息采集、触摸屏，让一个新的技术可以得到很好的应用。

同时，因为大的平台也非常重要，我们通过智能的控制平台来实现整个景区一键控制和让人工减少，科技增加，从而提高效率，同时得到很好的维护和效率。

从温州来看，这几个项目出来之后，城市给的反馈非常好。第一，打造一个城市的客厅，让温州的市民和游客有一个好的去处。第二，让市民和游客有现场的获得感。第三，还是带动区域经济的发展，让更多的市民走出来，让更多的游客来到温州消费，这也是大家的初衷。

还是刚才讲的，城市夜游是非常大的课题，良业在这方面做的探索还非常浅显，在此也诚挚邀请各位专家到温州看一看，给我们提出一些指导和意见，做一些考察，我们共同探讨如何服务于城市夜游经济的发展。

谢谢大家！

山西文旅产业发展战略

山西文旅集团党委书记、董事长 王文保

尊敬的戴斌院长，各位同行、各位朋友：

大家下午好！

非常高兴和非常荣幸在2019年的年度盛会上来给大家介绍山西文旅集团。大会给我的题目是“山西文旅产业发展战略”，在戴斌院长和组委会的领导下，在中国旅游集团大家庭中，希望有更多的机会让山西文旅集团走进这样的大家庭，提供更多的交流、学习、合作的机会。

今天，我给大家分享三句话。

第一句话：在转型中诞生。“山西文旅风正劲”来给大家介绍山西文旅集团为什么在转型中诞生，至少有三点：一是习近平总书记视察山西重要指示精神的落地之举；二是山西省委省政府坚定走好转型之路的真实选择；三是全省上下的共同呼唤，更是坚定文化自信的必然选择。

我们知道2017年6月，习近平总书记视察山西，做出了坚定走好转型之路的重要指示。山西省委省政府坚定地落实总书记讲话精神，按照山西省委书记的要求横下一条心，培育新动能。在培育新动能的过程中，致力于把山西的文化旅游业打造成非煤产业的七个产业之首。就是这样一个背景。

为什么说是全省上下的呼声？可能社会有一个共识，说到山西大家会想到煤，山西的煤最为知名。同时要说，山西的地上文物同样知名。多少年来都在说，我们如何把山西厚重的历史文化资源传递出去，感染别人，传承下去，把地上的文化这篇文章做好，从上到下形成共识。所以正是今天的我的演讲主题“山西文旅风正劲”的最好注解。

坚定文化自信，文化可以无限大，也可以无限小，可以是一个民族的风格，也可以是一个精神，可以是一台戏，一本书，甚至是一个生活习惯。如何把文化阳春白雪的东西用下里巴人的方式，用老百姓喜欢的方式传达出去，更是这一代文旅人需要做的事情。

第二句话：改革中发展。我用最简单的语言介绍山西文旅集团。山西文旅集团于 2017 年 8 月正式挂牌成立，组合了两个省属企业，整合了其他省属国有企业设立资产，整合省属企业的酒店、宾馆，把山西所有设立的文化基金由文旅集团管理，为山西文旅集团注入了资本金，同时划拨一个上市公司，这是组建文旅集团的组织架构。2017 年我们组建以后，全体文旅人按照 13366 的发展战略，致力于在传统旅游业和新型旅游业发展过程中，按照吃、住、行、游、购、娱，从建设、管理、服务等各方面为广大游客提供安全、便捷、经济、高效的消费服务和消费体验。两年多来，我们按照这个战略，致力于打造酒店板块、景区板块、智慧旅游板块、文化创意板块以及康养地产板块总的产融结合等。按照 2019 年 12 月底的报告，预计集团总资产 570 亿。两年来致力于在全省发挥统筹平台和整合的作用，希望把我们山西厚重的历史文化，把我们最美的，老天爷、老祖宗留给我们的壮美的景观，宝贵的红色基因用老百姓，用广大消费者所喜闻乐见的方式，让大家在旅游中体验，这就是我们常说的旅游是载体，文化是核心。我们就是要把文化阳春白雪的东西用润物细无声的形式，让更多的游客能够感知，这就是前几轮圆桌会议嘉宾谈到的，无论是科技，还是为科技增加温度，其实我们表达的是共同的一份期待，或者共同的一份愿望。

第三句话：在创新中前行。我们这次圆桌会议的主题是企业的高质量发展。如何实现企业的高质量发展，我总结了 3 点：立足文物发展产业、立足创新培育业态、立足文化讲好故事。我觉得把这 3 点做成产品，做成我们的服务，就是走在高质量发展的路径上，就是真正实现文旅企业“两高两低一创”高质量发展。这里特别强调，常说文化旅游业，文化旅游业既然作为一个产业，肯定有经济性，特别想说的是文化旅游产业的文化性。常说旅游是从自己熟悉的地方到不熟悉的地方去，我认为不熟悉的地方的背后基因或者根本就是它的文化。所以文化旅游产业典型的一个自身所具有的属性就是文化性。

还有，文化旅游产业的非标属性。我们都是从事旅游业多年的同行，我们知道旅游业很多产品是不可复制的，不可复制的原因在于它的非标属性，没有可复制性。非标要求我们怎么做，就是以创新来促进产业的发展。所谓的创新，就是要研究产业的发展，研究区域经济社会的发展，研究每一个消费者的消费心理，为游客、为消费者提供喜闻乐见的方式和消费产品。我们知道，山西拥有在全国比较早地叫文化旅游集团的企业。因为刚刚公布的全国国家文物保护单位山西有 531 处，数量居全国第一，占全国总数的 10%。所以说，山西的文化旅游资源核心竞争力或者说最大的特点，在于它的文化性。但是并不是所有的文物都自然天然可以成为文化旅游资源。怎么把文物资源变成文化旅游产品，核心点就要创新，用人的智慧为我们的资源赋能。我们整天都在谈赋能，赋什么能？就是用润物细无声的形式，让更多消费者喜欢和接受。

这就是我与各位分享的三个观点。时间太短，想说的太多，希望有机会与同行进行深入的交流。

最后特别想说，新时代的中国旅游业蓬勃发展，新时期的山西文旅风正劲，也特别期待各位能走进山西，我们共同发展，实现合作共赢，谢谢各位！

打造最美风景、建设美丽南京

南京旅游集团党委书记、董事长　谢国庆

尊敬的各位领导，女士们、先生们：

大家好！

今天，我结合南京旅游集团成立两年以来的商业实践，与各位业界同仁一起分享高质量发展的企业战略。

在旅游发展从“美丽风景”走向“美好生活”的新时代，南京旅游集团作为南京市委市政府重点打造的专业化产业平台，以“打造最美风景、建设美丽南京”为企业使命，以“旅游让生活更精彩”作为企业愿景，扛起提升南京旅游首位度的企业责任。围绕“省内第一、全国行业前列”目标，通过“做增量、补短板、促改革、扩影响”系列举措，推动南京旅游快速发展。

一、集团发展现状

集团成立于 2017 年 12 月 12 日，集团总资产近 400 亿元，拥有二级子企业 20 余家，参股企业 11 家，并控股上市公司 1 家，在岗职工 4200 余人，是江苏省内规模最大和产业链最完善的大型国有旅游企业。作为成功入选“双百行动”的国企，集团通过全面综合改革交出了优异答卷。经省委深改委评估后认为，旅游集团综合改革经验对推进国有企业解决深层次矛盾，做强、做优、做大国有企业，具有较高的应用价值，提供了可在全省推广复制的改革样本。截至目前，南京旅游集团经营业绩在全省同类平台中居首位，在新旅界发布的 2019 年上半年国内大型文旅集团榜单中，位列第 18。集团围绕“重大旅游项目开发建设主体、重要旅游资源整合运营主体、新兴旅游业态投资引领主体”的战略定位，初步形成了旅游开发、景区运营、旅游服务、酒店餐饮、商业会展、旅游金融六大业务板块。

（一）旅游开发板块

集团拥有的南京项目资源有幕燕建设公司、钟山风景区建设公司、秦淮河开发公司、城建历史文化街区开发公司、南京明外郭秦淮新河百里风光带建设有限公司、南京旅游公司、东部园林绿化建设公司 7 家企业。

（二）景区运营板块

集聚南京“一山两水一城墙”优质资源，拥有南京明城墙、幕燕景区、红山森林动物园、甘熙故居、石头城遗址公园、秦淮河水上游线、玄武湖水面游览、紫金山索道观光、滨江游轮九大景点，创造优质旅游供给，丰富全域旅游体验，引领旅游创新发展。

（三）旅游服务板块

拥有德高国旅、莫愁旅游 OTA（南京全域旅游总入口）、金旅红文化、环城游巴士、老字号博物馆等优质资源，开发特色旅游线路、提升智慧旅游服务品质，将更多的游客“引进来，住下来，乐起来”。

（四）酒店餐饮板块

包括紫金山庄、国会中心、黄埔大酒店、水秀苑大酒店、南京大饭店（北京）等 12 家高星级饭店；集团联合华住集团推出花间堂、美居、全季等特色精品主题酒店；另外打造了长三角房车旅游标准化示范营地——高淳半城房车营地，立体构建星级饭店、精品酒店、非标住宿体系，满足游客的多样化需求。致力于振兴老字号餐饮，培育“金陵菜厨艺大赛”赛事；推出老字号餐饮门店连锁，打造老字号一条街，弘扬南京美食文化。

（五）商业会展板块

依托南京商厦、国际展览中心、熙南里文旅商业街区、水木秦淮艺术街区、金旅投资等，聚焦城市综合 MALL、文旅特色街区，打造文旅商产业深度融合新模式，引领城市品质生活，全面提升旅游业对南京综合经济的带动力。

（六）旅游金融板块

涵盖南京市国有资产经营公司、南泰集团、金旅融资租赁公司、金旅保理公司、海腾金旅基金公司等优质资产，拥有 A 股上市平台南纺股份，与海尔资本、途牛旅游共同成立了 10 亿元产业投资并购基金，通过国有资本运作，促进旅游资源整合联动、转型升级，为南京旅游产业发展提供支撑。

二、集团发展战略

（一）做增量，打造一批亮点项目，夯实发展根基，提升南京旅游目的地吸引力

旅游集团将加强载体建设，打造一批有全国影响力的景区、街区、园区项目，推动传统旅游提档升级，打造新的增长点、抢占产业制高点。一是将幕燕景区打造"永济江流"国家级旅游度假区。二是将熙南里打造成为全国知名的文旅商业街区。三是实施南艺后街北延南扩，打造全国知名艺术生活街区。四是实施玄武湖东岸环境整治工程，建设钟山风景区旅游服务中心，打造南京城市客厅和中心花园。五是建设紫金山东部入口集散中心和北部入口服务设施，提升钟山风景区游客体验。六是实施明城墙外郭百里风光带整治联通工程。七是加快推进酒店板块硬件提升。

（二）补短板，丰富产品端供给，延长游客停留时间，提升南京旅游产业对综合经济的带动力

1. "吃"：在熙南里四期打造老字号一条街，食在金陵。实施老字号振兴计划，恢复"六华春"老字号餐饮品牌，举办首届金陵厨艺大赛，开办 2~3 家金陵大菜特色餐厅，打造金陵大菜美食品牌，留住南京美食记忆。整合南京老字号餐饮品牌，探索实施老字号连锁经营。

2. "住"：联合华住集团打造文化主题酒店，利用南京独特的文化资源和山水环境，拓展特色精品主题酒店。力争 3 年拓展合作项目 20 家，让更多游客夜泊金陵。

3. "行"：整合提升环城游巴士、秦淮河和玄武湖游船、滨江游轮、紫金山索道等景区交通资源。利用莫愁旅游 OTA（南京全域旅游总入口），联通景区、

酒店及一二级集散中心，构建“信息一网通、订购一网通”畅游南京体系。与重庆冠达深度合作，在南京至上海航线基础上，新开南京至武汉、南京至重庆豪华游轮。拓展滨江游轮会议、研学、婚庆、江祭等延伸业务。

4.“游”：探索管理权与经营权分离，按照所有权和经营权分离，集团整合了红山动物园、燕子矶公园等7家景区资源；集团南纺股份通过市场办法并购夫子庙游船；集团经营公司收购华东地区最大的地接社德高国旅；同时联合专业公司成立金旅红文化公司，专注红色旅游。

5.“购”：联合南京十家旅行社在国展中心打造放心旅游产品旗舰店，倡导旅游产品无理由包退换新模式。与文旅局一道，搭建无理由包退换线上服务平台，建立完善全市旅游产品售后服务体系，提高游客满意度。

6.“娱”：利用中华传统节庆民俗，组织“中华节庆，与宁同庆”特色节庆活动，讲好南京故事、传播中华文化。举办“秦淮河龙舟竞渡比赛”“第二届幕府南京国际登高节”，进一步挖掘资源，办出特色和国际影响。启动南捕厅演艺剧场和沉浸式演出打造，推进“长江传奇”灯光秀设计，拉动南京旅游夜间经济。

（三）促改革，探索资源管理新体制，激发企业活力，提升南京文旅资源综合利用力

1. 落实董事会职权，厘清权责边界。市国资委向董事会下放9个方面的权力，扩大了集团董事会中长期决策权、经理层选聘权、薪酬考核分配权等职权，进一步厘清出资人与企业董事会之间的权责界限；建立决策清单，明确党委会、董事会、经理层议事规则和决策范围。

2. 完善法人治理结构，实现“外大于内”。建立外部董事占多数的董事会，并设立提名与薪酬考核委员会、战略委员会、审计委员会三个专门委员会，进一步提升董事会决策的科学性和专业性。

3. 创新整合方式，构建旅游资产运营新体制。通过无偿划转、股权并购、事业单位管理权变更、授权经营等方式，整合市属部门涉旅资源，构建旅游经营性资产统一管理的新体制。

4. 以差异化考核，加快企业转型发展。对企业按功能定类别、按规模定等级、按贡献定薪酬，实行精准化考核；积极探索股权激励、超利润分成、分红激励等多种激励方式，激发集团干部职工干事创业的积极性。

5. 实行人才强企战略，不拘一格降人才。率先在集团副总层面实现职业经理人制度；新设二级企业经理层，全部实施职业经理人制度；存量企业经营层全面实行任期制和契约化管理；弘扬“要当干部先领任务”的目标导向，员工实行“举手制度”，实现“人岗相适、人尽其才”。设立人才发展专项资金，解决现有薪酬体系与市场薪酬差距大的问题。

6. 加大混改企业比重，提升企业竞争力。加强与优强资本战略合作，新设企业一律实行混合所有制，分类推进存量企业混改。探索管理新模式，混改企业重大决策事项由股东会决定，工资总额预算实行备案制，经理层的薪酬考核分配由混改企业董事会决定；在混改企业中推进长效激励机制试点。

7. 全面加强党的领导，夯实党建工作基础。集团党委积极发挥“把方向、管大局、保落实”的领导作用，在“把方向”上，党委前置研究重大事项“可否做”和“谁来做”，董事会具体研究“做不做”和“怎么做”，经理层负责落实“怎么做好”的问题；在“管大局”上，党委负责协调各方利益，保证集团的重大决策符合党中央的大政方针不偏离，符合集团发展战略不偏离；在“保落实”上，党建工作紧紧围绕经济工作不动摇，以经济发展成果检验党建工作成效。

（四）扩影响，实施品牌发展战略，策划系列文旅活动，提升南京旅游国内国际影响力

实施品牌强企战略，构建旅游集团 1+N 品牌体系，适时组建品宣部，努力走出一条以市场为导向，以品牌为核心，以创新为支撑的发展道路。加大宣传推广，举办“端午龙舟竞渡、七夕为爱酷跑、重阳幕府登高”等节庆活动，讲好南京故事，传播中国文化，不断扩大集团品牌影响力和南京城市旅游美誉度。

南京作为一座历史文化名城、六朝古都、十朝都会，拥有许多独特的旅游资源，是公认的旅游资源大市。近年来，南京旅游取得了长足发展，把旅游业培育为最具影响力的幸福产业，实现旅游业高质量发展，是新时代赋予旅游业发展的重要使命。

南京旅游集团正处于提质增效、转型发展的关键时期，我们将按照集团“四化、四提升”策略：促进企业专业化，提升竞争力；推进集团项目品牌化，提升影响力；增强服务集成化，提升综合经济带动力；深化资产证券化，提升

市场占有率。加快把南京旅游集团建设成为一流的现代化旅游企业集团和充满活力的国企改革典范。

“旅游让生活更精彩”，我们愿意与大家一道，“携手打造最美风景，共同引领美好生活！”

酒店集团高质量发展的机遇与挑战

雅阁酒店集团 CEO　张黎明

尊敬的戴斌院长，各位同行、各位朋友：

大家下午好！

会议已经两天了，大家非常辛苦，感谢大会组委会的邀请，让我站在这个思想盛宴的舞台与大家分享。当面对这么多部委的领导、行业的翘楚、产业的专家，我十分忐忑。两天的会议大家非常辛苦，我在这里跟大家分享一个小故事，汇报一下小思想。

各位领导和各位嘉宾，可能不太了解雅阁酒店集团，很多人也不认识我这个酒店行业的新兵，这事不怪大家。雅阁是个小公司，我个人也是个小农，但是 15 年的发展历程，小公司可以有大思维，小人物可以有大梦想。雅阁酒店集团 2002 年创立于澳大利亚悉尼，发展三年业绩平平，解决温饱，2005 年雅阁进入中国，2005 年 10 月雅阁在上海长寿路 146 号开设第一家酒店，到 2019 年 12 月 11 号，雅阁签约北京丽泽桥五星级大饭店。14 年的历程，雅阁目前在华有 165 家四星级和五星级饭店。雅阁酒店集团在世界酒店排名第 59，并连续四年获得酒店协会中国酒店 60 强。

2007 年雅阁酒店集团申请澳大利亚政府出口大奖，澳大利亚人口很少，2500 万人相当于北京的人口，澳大利亚这个国家是一个出口型国家。澳大利亚人均 GDP 是世界 G20 国家，这个国家 1962 年起举办年度出口大奖，2007 年雅阁申请这个奖，几轮角逐最后剩下雅阁酒店集团、麦格理投资银行和昆士兰国际机场，颁奖的那一天大家都不知道是谁获奖，当最后宣布获奖公司是澳洲雅阁酒店集团时，我走上领奖台看着下面 500 多位嘉宾，当大家看见我的时候，场下一片寂静，一家没有听说过的公司，一个中国人，一个小块头，站在领奖台上，当发言的时候我告诉大家雅阁中国的故事以及中国旅游产业格局的时候，场下爆发出热烈的掌声。

雅阁酒店集团在中国的发展历程中事实上是借助于中国这样一个大的市场，雅阁酒店集团在中国 15 年，我们经历了中国的酒店业峥嵘岁月，潮起潮落，我们看到了中国酒店业在发展过程中的辉煌，我们共同努力构建了中国梦、人民梦、美好生活的新标杆。

各位领导、各位嘉宾，改革开放 41 年，中国已经当仁不让成为与美国比肩的经济超级强国，中国的酒店业也迈入酒店大国的行列。但是我们发现，在世界酒店 320 强中，前 50 名中有 22 个中国的企业，但是在 Brand Finance 世界酒店品牌的排名中，能够进入酒店前 50 强的只有两家企业，而且排名靠后。人民群众对美好生活的渴望是酒店消费升级的原动力，中国经济改革早已走出深水区，中国的酒店业正逐步迈进黄金时代，从 2005 年经济型酒店的风起云涌到 2014 年中国中档酒店的群雄争霸，再到 2017 年以后中国传统高星级饭店的逐步回暖，是消费的升级，更是需求的迭代。今天我们每一个酒店人都在满怀热情地为建设酒店强国而奋斗，新的技术、新的观念让传统的中国酒店呈现出全新的功能、全新的物种和全新的业态。酒店的集团化正走向逐步成熟，同时，个性化的定制成为市场细分的策略，我们所看到的“一店一故事，住在时光里”，是雅阁菩提酒店。这样一个酒店品牌实际上是个性化世界，以历史为载体，以文化为平台的设计型酒店，同时我们的酒店里有面向中国新型消费群体“80 后”、“90 后”、小资、白领、洋范儿、小白领的奥斯特酒店品牌。

酒店集团化需要各个酒店集团打造出全新的管控平台，形成酒店效率和服务质量的保证。今天各个酒店集团以 IT 和 DT 运用为支撑，成为酒店集团化效率的保障，以大爱为本的精细化服务成为提升客户满意度的前提条件。

各位领导、各位嘉宾，雅阁的故事是中国酒店人奋勇向前的一个缩影，雅阁人从 8 人的团队 2005 年在中国创业，到 2019 年 3 月与格林集团合作共同敲响纽交所的钟声，用华尔街的资本建设中国的酒店事业。我们满怀感恩之心，感谢天时地利人和，天时就是这伟大的时代，地利就是中国广阔的市场，人和就是各级领导的支持和各级客户的厚爱。我们清楚地知道我们是一群西装领带干农活儿的人，我们服务于人，服务于社区，我们每一天的工作都是在用辛勤的汗水播撒爱的种子。

谢谢大家！

第三篇

2019年旅游集团发展论坛实录

Part Ⅲ

Memoir in Forum of Tourism Groups Development 2019

《2019 中国旅游集团发展报告》核心内容

中国旅游研究院副院长　李仲广

2019 年 12 月 15 日下午，中国旅游研究院副院长李仲广在 2019 年中国旅游集团发展论坛上发布《2019 中国旅游集团发展报告》。报告从科技正在成为旅游发展新动能、科技正在加快旅游消费升级、科技正在促进旅游产业变革三方面阐述了科技对旅游业的重要意义，并提出科技推动旅游业高质量发展的政策建议。

当前，我国正处于“两个一百年”的历史交汇期，党中央已经部署高质量发展，开启社会主义现代化新征程。党的十九大报告指出，我国经济已由高速增长转向高质量发展。2018 中央经济工作会议进一步指出，我国经济已由高速增长阶段转向高质量发展阶段，这是我国经济发展进入新时代的基本特征。临近年尾，习近平总书记主持召开中共中央政治局会议，会议强调，要推动旅游业高质量发展。

科学技术是第一生产力。当前，以信息技术、新能源技术为主要特征的科技革命和产业革命方兴未艾，新一轮科技革命正蓄势待发。在经济换挡、转型、升级的历史时期，必须依靠科技创新提供更多更好的技术保障和系统解决方案，为经济发展提供新动能、注入新动力。包括文化和旅游在内的各行业正深刻领会新时代的高质量发展要求和科学技术的重要作用，科学总结“十三五”发展情况，积极部署“十四五”发展任务，在各项工作中全面准确贯彻落实中央要求。

党中央和习近平总书记高度重视文化和旅游领域的高质量发展。当前，我们正以习近平新时代中国特色社会主义思想为指导，深入学习贯彻习近平总书记关于文化和旅游工作的重要论述，在推进文化、旅游融合发展上开创新局面，进一步推动社会主义文化繁荣兴盛，为中华民族伟大复兴作出贡献。

近年来，我国国际旅游竞争力排名持续提升。2019 年前三季度，全国旅游服务质量综合评价指数为 80.06，文化、创意、科技为旅游服务提升带来新动能，存在明显的线性关系。互联网、文创、VR/AR 等当代科技新要素，为旅游业从高速度增长、融合发展，走向高质量发展提供了全新动能和无限可能。

一、科技正在成为旅游发展新动能

当前，旅游经济发展进入新的历史阶段，我们还要发现和寻找旅游需求、投资、治理和国际交流合作等领域正在积聚的新动能。这些新动能有的已经为业者所认识并加以利用，有的则还认识不够或者利用不足。其中，新兴的科技企业，尤其是部分专注于旅游各行业的应用型旅游科技企业，承担起了旅游科技创新与发展的历史责任，已经成为旅游科技创新与发展的重要力量。

科技在旅游业发展中的作用越来越突出。近年来，依赖“二老”，即老天爷馈赠给我们的自然资源、老祖宗留给我们的历史文化遗产，这样的传统旅游产业正在消解。当前我国旅游产业正在进入以大众市场和社会资本为依托，以资本、技术、创意和年轻创业者代表的战略调整期和新的发展阶段。在食、住、行、游、购、娱之外，新要素不断出现。特别是新一轮的产业革命和科技革命浪潮方兴未艾，在这个过程中智能化、信息化、低碳化将成为主要特征，这对中国旅游业的发展将产生革命性的影响。事实上，信息技术与互联网、大数据、数字化、人工智能、物联网、区块链、文创等当代科技已经开始推动旅游业新发展。

二、科技正在加快旅游消费升级

旅游是为人类幸福和发展而存在的产业。持续提升旅游消费质量水平是旅游发展的目标方向，也是适应我国消费结构升级趋势的必然。

当前，旅游成为人们美好生活的重要组成部分，旅游需求开始从“有没有”向“好不好”“对不对”转变。我们只有通过制度、技术、资本等多个方面推动产业创新和供给侧结构性改革，形成更加符合人民需要的产业格局，才能更好实现以旅游通往幸福的道路，鼓励中小旅游企业技术、商业模式和业态创新。

在任何时候，我们发展旅游业要以推动经济社会发展为导向，以满足人民对美好生活的向往为中心。也因此，旅游业的创新发展既要有商业理性、技术理性，更要有人文关怀，才能真正担起旅游业的产业价值和社会责任。

当前，科技推动旅游消费升级，不仅体现在消费规模扩大、消费意愿提高等方面，也体现在消费内容、消费方式、消费质量改变等方面。具体说，科技助力人们美好旅游生活不仅体现在科技实现人们的旅游愿望，更体现在科技推动大众旅游繁荣。事实上，中国的大众旅游时代是互联网、经济发展和假日制度同频共振的结果。

科技加快旅游消费升级。尽管从数据来看，中国仍然处于“大基数、稳增长、低消费”的大众旅游初级阶段，观光仍然是国民旅游的基本市场，景区景点仍然是大众旅游的刚性需求，但与此同时，游客的出游动机、组织方式、消费内容、消费模式等发生了根本性变化，家庭出游、自驾游、休闲度假等成为主流，国民旅游需求开始从“有没有”向“好不好”转变。从观光到体验，从大众到定制，从跟团到自由，旅游消费实现了分级与升级的变化。

此外，科技有效实现消费者主权，催生游客评论业态，提高游客满意度。科技还有效服务旅游消费需求，开展精准服务。

三、科技正在促进旅游产业变革

从供给的角度看，旅游是产业深度融合与创新发展的重要载体，是国民经济的新动能。旅游业不仅发展速度较快，而且在加快业态的创新与融合、旅游与文化、旅游与体育、旅游与互联网、旅游与大数据乃至人工智能的相互促进，催生出新的产品和服务，改善了供给质量，调动了内需潜力。

旅游集团一直致力于科技创新。中国旅游集团公司发布了全新品牌、进军邮轮产业、推出住宿“黑科技”，联手华为、腾讯部署旅游科技创新。首旅集团开展 2019 年度创新奖评选，推出生活方式智慧服务实验室、首旅夜经济、慧科联手腾讯、阿里和老字号品牌高质量发展等一系列新成果。在中央部署和工信部、华为、电信、联通等方面的共同努力下，5G 正在稳步进入商用阶段并在旅游业初步应用，数字文旅企业和产品服务快速增加。近年来，无论是中青旅、锦江、岭南等大型旅游集团，携程、去哪儿、途牛、海昌、众信、如家、汉庭等上市公司，还是蚂蜂窝、在路上、世界邦、海玩、铂涛、布丁、亚朵、途家等创业机构，也包括旅游传媒，都在各自领域推陈出新，不断吸引越来越多的年轻人加入创业的群体中来。

创新推动现代旅游业发展。经过智慧旅游的十年洗礼，移动通信、互联网、人工智能与大数据已经成为业界会议和政府文件必谈的关键词。在科技的推动下，过去我们谈旅游资源，盯着山山水水和历史古迹。今天，经济社会发展成就和美好时尚新生活都成了旅游吸引物。

当代科技推动旅游业转型升级，新业态不断出现。如智慧旅游与旅游大数据、定制旅行（定制师与数字导游、入境定制等）、数字文旅和文旅云、数字文创、人工智能与文旅数据建设、旅游物联网、品牌创设、分享经济、旅游 IP、目的地管理和全域旅游运营商，以及 AR/VR 与 5G 旅游等等。

科技推动区域旅游。《2018 中国在线旅游发展大数据指数报告》结合供给端订单数、各类企业数、交易额、非标酒店占比等大数据，以及需求端搜索量、净流入、点评等大数据得出：省域在线旅游发展指数较不均衡，广东最高为 92.6，紧随其后为浙江、江苏、山东、四川和北京等省市。指数均在 80 以上；安徽、湖北、河南等中部省份线上旅游企业规模不领先，但在线旅游发展较好；西北和东北等平均气温低的省域，在线旅游发展滞后。

四、科技推动旅游业高质量发展的政策建议

政府部门、企业、社会等在重视当前新一轮科技发展机遇的同时，也应看到存在的问题，以及其中的挑战和风险。例如，尽管出现了一些可喜的变化，但是旅游产业的发展动能和发展模式还没有得到根本改变。以山山水水、历史人文为主的传统资源和发展动能“大而不优”，以资本、科技应用、文化创意和创业创新为代表的新动能“势强能弱”。全域旅游、旅游发展基金、人工智能、大数据、5G+4K、文化创新、遗产活化等仍然处于概念导入阶段，鲜见现象级的产品、服务和企业品牌。

科技推动旅游业高质量发展，应以实用性作为根本的衡量标准：游客的实感和获得感，他们如何使用数字文旅游并使旅程更加放心、舒心、开心？目的地、企业如何用以提高竞争力？以目的地为例，如何利用智慧旅游，使旅游黄金季节取得市场营销和旅游接待效果？同时以“三个有助于”作为具体评价标准：宏观上有助于提高国际竞争力，建设文化强国、旅游强国，融入全球化并

破解孤岛现象；中观上有助于促进文旅融合、通过完善旅游公共服务和发展优质旅游实现旅游业的事业属性和产业属性、解决导游就业问题等；微观上有助于使文旅服务触手可及，使游客及时获得有效服务，例如 LBS、社交功能的强化。

旅游业科技创新要以游客需求为导向，要以人民为中心，增强获得感；游客为本，市场需求导向；服务人民群众的异地生活；实现人民群众旅游权利，提高游客满意度。

要依靠市场主体，发挥企业的主体作用。要确立企业在旅游科技创新的主体地位。旅游高质量发展是产业转型升级、新旧动能转化和的必然选择。要形成越来越多的共识，并将为之而努力：没有充满生机和活力的强大市场主体，就不可能有新时期旅游业的高质量发展，市场主体是引导产业创新最重要的力量。要按照十九届四中全会关于完善科技创新体制机制精神的要求，建立以企业为主体、市场为导向、产学研深度融合的技术创新体系，支持大中小企业和各类主体融通创新，创新促进科技成果转化机制，积极发展新动能。要更加充分地发挥市场主体的积极性；千方百计培育文化和旅游品牌；推动旅游集团和一线企业的示范引领作用；推动文旅市场主体数字化。

要完善旅游科技创新政策，推进旅游治理体系现代化，落实好已有政策措施；应用新科技，注入新动力；建立监测评价体系，服务政府宏观调控和微观监管；保护科技创新的知识产权；把数字化纳入“十四五”发展规划。

要搭建各方合作平台，形成科技推动旅游发展浓厚氛围。值此科技创新和应用加快的新时期，旅游业从高速度增长走向高质量发展的今天，科技推动旅游业高质量发展需要官、产、学、研、媒各界的共同努力，优化发展环境，完善发展平台，强化发展力量。

企业家战略对话环节

由戴斌院长做主持，对话嘉宾有：

浙江旅游集团党委书记、董事长方敬华；

湖北文化旅游投资集团党委书记、董事长刘俊刚；

复星旅文集团董事长钱建农；

祥源控股集团创始人、董事长俞发祥；

众信旅游集团创始人、董事长冯滨；

海昌海洋公园行政总裁王旭光；

欢乐谷集团公司总裁刘冠华；

途牛旅游网创始人、首席执行官于敦德；

蚌埠市委常委、宣传部长谢兵；

北京中长石基信息技术有限公司亚太区 CEO 濑德源。

大业传媒董事长苏忠；

中国动漫集团董事长庹祖海；

途牛旅游网 CEO 于敦德；

杭州大运河董事长陆晓亮。

戴斌：各位业界的同仁，听了雒树刚部长的主旨发言和几位企业家的发言，借此机会跟各位企业家聊三个问题。刚才雒部长说了，推动旅游的高质量发展，首先看游客满意度高不高，看企业的竞争力强不强，看企业发展有没有后劲，这三个方面跟科技有关系，说明是围绕三个问题来谈：第一，对当前的旅游业形势到底怎么看。第二，如何用科技的力量来推动产业的高质量发展，解决企业自身的问题。第三，就 2020 年的形势和所在企业的发展和地市政发展谈谈看法。我们“两讲”“两不讲”：第一讲自己的心里话，第二讲实话；“两不讲”，客套话不讲，过多的企业广告不讲，大家都比较熟悉。

钱总是内资还是外资？

钱建农：我们公司本身是内资，还是国际化企业。地中海俱乐部收购了很多，给人感觉像外资。旅游企业高质量发展，这涉及旅游升级的话题，无论2019年还是过往，整个产业本身非常具有前景，我想理由不用多说。刚才谈到科技，科技也是促进旅游产业发展非常重要的动力。未来科技影响旅游商会更大，科技在提升经营效率产生新的内容方面，大家关注比较多。

我们现在更多关注未来消费的方式，从2018年来看，全球有140万台机器人投入使用，如果在未来5~10年每年超过140万台的机器人投入使用，整个社会生活方式会发生什么样的变化？这个不是技术本身，全球的技术发展对全球的生活方式带来巨大的变革。生产效率提升，财富会继续增加。第二，人的空余时间越来越多，人的工作方式发生变化，很多人在家里上班了。这时候人会变得非常孤独，这时候旅游实际上是未来解决人类新生活方式的一个非常重要方面。

戴斌：人变得更孤独了又出去旅游，又对着机器人，岂不是更孤独了？

钱建农：科技从旅游角度出发不应该变成更冷漠的旅游，而是应该更加人性化的旅游。我参观日本的一个机器人酒店，给我的感觉非常不好。商业的发展必须和科技的发展结合起来，不是技术替代人工，我参观日本的机器人酒店之后，给我的第一大感觉，它只是替代了原来人工做的事情，如Check in，换了几个动物或者机器人，但都是机器跟你Check in。

戴斌：放几个动物，是真的动物吗？海昌集团拉了几个小企鹅过去吗？

钱建农：送行李和开房间，几乎没有一个真人在里面，但这样的旅游实际上给整个游客的感觉非常冷漠，科技一定要跟未来的旅游模式结合，而不是纯粹由机器替代人。

戴斌：不能简单用机器替代人来引领未来科技的应用，应该有温度。冯滨频频点头，冯总请谈谈你的看法。

冯滨：这次的主题科技或者技术，从我的体会来讲，从公司的管理角度来讲，现在员工越来越多，成本越来越高，之前看到员工心里还是喜气洋洋，最近一段时期，看到员工也是紧锁眉头。人员的费用确实非常高昂，非常希望能够用科技的方式减少一些部门人员的费用，这是我的体会。从我这儿发掘不出什么来。可能还要靠科技公司、技术公司来给我们企业赋能，这是我自己看到的很重要的问题。

相对传统的企业近几年非常深刻地感受到具有科技能力的公司对我们传统企业的挤压，挤压到喘不过来气的程度，如何能够既有有温度的服务又有科技赋能给到我们这样的企业？这是我们未来需要深入探讨的问题，也必须要科技给我们赋能，企业才能成长，才能健康地活下去。

戴斌：冯总，你觉得哪些地方可以用机器、用科技来降低员工的成本？

冯滨：很多，比如财务，标准化的签证系统。戴斌院长去过我们公司，我们公司光签证部门一年要为几百万本签证做工作，我们公司在北京就有两百位员工做签证服务，众信现在也在研发签证服务，从后台管理到前台服务一条龙服务流程的管理系统。这样来讲，能够为企业的成本带来急剧下降，对消费者签证服务的体验来说能够提供很好的服务质量。还有定制旅游，如何能够通过人工智能的学习通过消费者的指引，把线路直接展示给 C 端用户，如何用技术把当下选择的线路直接变成费用，大大减少消费者的咨询时间。目前来讲做定制游的大部分还是用公司非常资深的旅游专家，用他们的人脑为 C 端消费者提供服务，再过一个时期一定用人工智能的方式把这个问题解决掉。

戴斌：冯总，我们很久没有单独聊天，公开场合也没有对过话，从你的谈话当中确实感到众信越来越理性，越来越务实，你刚才提到成本上升的压力。雒部长刚才走的时候说我在的时候不见得把所有话都说完，后面企业家说的话要记下来，我们要专门报告，专门进行沟通。刚才会见的时候跟部长说一切都挺好的，我理解可能没有说完，个别地方还有不好的，是不是？

冯滨：是的，我知道这个会议的重要性，时间确确实实对大家来说很宝贵。

戴斌：中长石基的濑总，我们公司的一些技术或者商业模式能够有助于解决冯董他们的焦虑吗？

濑德源：我感觉是可以的，首先我们面对 B2B，还有 B2B2C 的客户群，我们提供最新的技术，举一个例子，怎么可以给集团搜集数据或者管理酒店。最近做了调研，一般有两个大需求，一个是怎么运营数据中台，一个是怎么把数据中台作为每一个管理酒店的数据及时回收。所管理的酒店业分两类，一个是集团直接投资，一个是输出管理，就是加盟店，往往两套标准。现在的问题是，按照国内的惯例，不管你用什么酒管系统也好，大部分系统放在不同的数据中心，或者不同的平台，往往回收面临非常大的困难。现在是挂在所有的旅游集团的大问号，怎么建立服务中台，怎么建立数据中台，这一点我们相当有经验，往往要花很长的时间跟他们去落实这个问题。

还有大型的主题公园，最近我去拜访广州和珠海长隆公园，预订上千人一次来，吃早餐也是上千人来，排队玩也是上千人，怎么同时处理这些人群？如果没有科技的帮助是不可能的。虽然科技不能替代人，但是科技往往非常重要，能减小人流，把各种数据，不管是预订的数据，还是通过第三方预订，这个数据怎么返回集团，给集团的领导第一时间做决定，这是我们的经验和优势。

戴斌：钱总是你的客户吗？

濑德源：绝对是。

戴斌：你用哪些方面解决痛点问题，帮助我们降低了人工成本，还是增加了市场的份额？我想听听钱总的看法。

钱建农：科技上涵盖面很广，未来科技发展上，对于改变人的生活方式之后，对中国旅游产业也未必带来红利。但在新内容提供方面作用非常巨大。比如谈到客户，大数据对整个经营的影响，这是非常重要的一点。未来科技发展之后，无论是对客户端还是对产品端，信息的透明度会越来越大，随着大数据发展。也就是说，我们未来旅游行业本身的产业结构会发生非常大的变化。

戴斌：这些变化是企业给我们的，还是靠自身的力量驱动的？

钱建农：肯定是共同的。

戴斌：所有的进步需要靠生态圈共同促进，这个非常好。一说科技就联想到互联网，联想到大数据，科技进步不仅仅是这些东西，也包括刚才濑总谈到主题公园，主题公园涉及很多动物，怎么把它们养活、发展起来，这难道本身不是科技吗？在这里问问王旭光的意见。

王旭光：我们是做海洋主题公园，一个将近 80% 是“80 后”“90 后”“00 后”的家庭人员，4.5 亿人口，这一代人都是伴随着技术进步成长起来的。他们在主题公园的消费场景、技术应用必须要做。包括在上海海昌海洋公园就做了一个游戏，重要的点，比方大数据和人脸识别技术，每天下午 3：00 能够准确到 5% 的误差以内，对客流有一个预判，对第二天园区运行的情况，包括对游客有效疏导，提升满意度，都有非常大的帮助。

戴斌：这个进步是来自于自身内部的研发团队，还是跟别人的合作？

王旭光：我们是合作的。包括对园内消费体验也有很大的提升。我们非门票收入达到 38%，可以实施监控各场馆的流量，可以去调整表演时间，调整点位，甚至根据游客的信息判断，比方说哪一个年龄段喜好什么样的食品，对第二天的消费引导都有很大的帮助。游客的满意度，提升我们服务品质，在产品服务端这是必要的。

戴斌：帝企鹅的技术有吗？

王旭光：做海洋公园最大的思想，就是海洋动物，在数量上是世界第一大，到现在还没有对外讲。保育和繁殖技术是最重要的核心能力。从海外野生环境下获取的海洋动物是不允许做商业用途的，国际立法还没有。所以动物族群的繁殖和发展必须要做。我们将在北极熊、企鹅这两个珍稀物种繁殖上下功夫。运用了大量的技术，对保育、治疗都进行了管理，有很多科技内容。包括跟中科院水生所，甚至有一些保育学的研究，包括对长江江豚的保护都在做。我们现在还跟航天三院合作研究人工智能仿生动物。

戴斌：不会哪天去看到的小企鹅是假的吧？

王旭光：不是。因为很多珍稀动物，表演的动作很难在动物保护越来越强的情况下做。

戴斌：这会涉及另外的商业模式问题。

王旭光：一定要有真实的。

戴斌：我在前段时间跟部里聊天，我们在报相关材料时说，我们旅游高科技不仅是互联网成长起来的，像途牛、海昌海洋公园也是高科技企业，把北极熊、帝企鹅做成全球第一，我们对科技的概念要开放一下，不要狭隘的。包括制造业的科技，生物技术的科技都是我们要关注的。说到这个问题，我在想，你旁边的刘冠华是欢乐谷，也是中国主题公园离不开的人物，你 20 年来，30 年来，对旅游业发展科技应用有什么看法？

刘冠华：这个话题确实很大。中国这个产业从 30 年前，从当年做第一个主题公园到现在有 30 年在中国的发展。今天的主题是科技，我觉得这 30 年一路走来，我们都是在科技的带领下一直在发展。从早期的美化园区，因为旅游就是集山水的项目，提供优质的服务用的科技，从当时的手段一直到现在互联网技术、5G 时代。发展让我们所有从业人员充满了信心。未来经济的发展一定会赋能整个文旅产业的发展。今天我有三个想法：

第一，科技进步怎么为主题公园提供整个产业链上最终端的体验产品。如果没有这个体验产品，所有的互联网就是一个服务的过程。这个产品怎么样插上科技的翅膀。首先，制造业的科技创新能够给大家带来更多新奇特的体验。

其实主题公园真正把高科技融入进去还是“冷战”结束以后，“冷战”期间很多高科技直接运用于军事，真正运用于民用是“冷战”结束以后才得到大的发展。比如遥感技术、全息技术感应的东西。我们现在全球的制造业，特别在主题公园需要的游乐、设备这块，我们国家这 30 年发展得还是很迅猛的。但是这个产业还要有更大的发展。所以我也呼吁全体旅游从业人员都应该积极支持旅游制造业，给我们提供更好的产品，产品第一是安全，旅游一个前提是安全。制造业科技进步可以让游乐体验更加安全。

第二，更加人性化。最早的互联网技术应用很多人觉得不接地气、不人性，很多人宁愿打电话，自己到旅行社订，不愿意用互联网。昨天听了腾讯，今天听到携程，最近这几年，更多人性化的定制服务业出来了，让整个互联网都人性化，我们的服务业要人性化，也要借助高科技。王总讲了很多，这对提升景区的管理效率，提升服务品质，进而提升游客的满意度是非常必要的。

第三，还想提一个工匠精神问题。我觉得做文旅的人要有情怀。做文旅的人如果没有情怀，他提供的产品也是没有情怀的。文化旅游是用文化赋能体验经济，特别是现在主题公园行业随着国际知名品牌进入中国，欢乐谷华侨城一直在研究怎么用创新的办法让我们的产品能够体现精致、美好，让所有的游客体验中国人自己的工匠能够打造出来的东西。我们过去说工匠不是受益人，我们做文旅的人也应该把这个再强调。

戴斌：你刚才提到制造业科技进步对我们的安全、效率产生影响。你觉得欢乐谷最需要解决的是哪些方面的问题？比如制造业方面是过山车跑得不够快，还是海盗船摇的角度不够多元化，是什么样的问题？

刘冠华：我想说点具体的事，比如汽车制造业，现在真正能买到量产的汽车技术跟现在真正汽车公司研发能够产生的技术水平还是差得很远。大家可以看 F1 赛车，现在规定的赛车发动机排量就是 1.6，但是能爆发出 1000 匹发动机的能量，因为F1 一次跑300 公里就结束了，是为保证在这么短的时间高效产生。但是长期应用，一辆汽车跑几万公里技术还达不到。所以说我们现在在做，特别是针对人的体验项目，我们的高科技水平一定要快速发展，更高、更快、更有新意和刺激，这是人的需求。但是因为技术上有的时候还不确保，所以没有拿来用。

戴斌：就像我们不仅是技术如此，包括在时尚界看时装发布会，最前卫的东西不见得在生活中会穿。在这个过程中，我们有一家企业过去做房地产，后来做交通建设，目前是最有潜力的在旅游景区、主题公园建设方面的企业，就是祥源控股。想听听你的意见。

俞发祥：一个是科技，一个是创新，我讲两个案例。第一个案例，我前一段时间刚收购的电梯，这个电梯十几年前建成，表面看是电梯，实际上是科技的结晶体，没有收购之前没了解，收购之后做尽调，有 6 项世界专利，10 项国内的专利，电梯这个项目就有这么多的专利。承载一年极限能到 800 万的承载力，每秒速度是 5 米，在室外快速电梯中是创世界纪录的产品。实际上刚才在讲的都是旅游管理，作为祥源是旅游目的地和建设的运营商，实际上产品科技的应用为消费者带来的便捷、快乐、体验感好，是很好的方向。这是我讲的第一个案例，科技给我们带来很好的产品，很便捷的服务。

另外，创新的案例。我们在黄山有一个叫“自由家树屋、自由家营地”产品。这个产品前后研发了三年多的时间，就是关在屋里不断研发和迭代，做这么一个产品。我们做出来以后，在市场上的反响非常好。讲一个数据就知道了，在“十一”期间一个房子订的人有 20~30 人，每一间房的价格是普通房子 10 倍以上的价格，这样的产品在市场中，国内不缺消费者，缺好的产品。在好的产品研发中是很好的。所以从这两个案例来讲，我们集团在未来或者现在还有一堆的旅游创新型产品在研发中，未来也请各位同行来指导。

戴斌：我到祥源学习过两次，一次是青山那个地方印象很深刻，汽车文化营造，我就觉得快撞到一起，又分开了，这种感觉年轻人非常喜欢。另外到合肥看花世界，有一个艺术家叫二木，网上很红，是个种多肉的小男孩，粉丝数很多，这个是科技还是文化？

俞发祥：这里带有很多创新，这是我们企业内部创新平台做的一些产品。我们的逻辑是这样的，找到这个行业中第一特别擅长，第二特别喜欢的人，然后有跨界性的思维。比如做汽车文化的小伙子，一辈子就干汽车，特别爱好汽车，一说汽车就两眼放光。怎么把汽车当作商业模式，就是折腾，我们祥源集团就把这个种子培养，给他投资和平台。类似这样的产品，就像你说的二木网上有 200 万的粉丝，在种多肉中是全国排名第一的人。也有很大的梦想，做特别漂亮的园子，我们引进，给他股份，大家一起，平台给他，资源给他，做很多创新。我们会有不断的创新和研发产品出来，实际上我们通过生态平台给他们资源。

戴斌：这个观点非常好，就是很多东西不管是科技还是童话也好，最终是人。特别喜欢又专心致志地做，一定能形成新的突破口，而不是靠纸上谈兵出来的。接下来这位做过《奔跑吧兄弟》，做过《遇见天坛》，也做过卖给国际漫画节的主故事《洛宝贝》，是大业传媒的苏总，请讲一下文化和科技旅游之间的关系。

苏忠：刚才讲提高质量和温度，我特别赞成戴斌院长讲的温度。文化和旅游的结合，最根本是用价值理性引领工具厉行。价值理性根本点回归到人的生命需求，尤其是生命的微需求，就是舌尖上、眼睛上的，所有的为需求突破带来的就是重大的商业蓝海。刚才戴斌院长讲我们做的《遇见天坛》，把天坛让人们深度感知、感觉，到底这样一个天坛里有什么内涵，通过好玩形式展示这样的内容，把天坛变成活的文化 IP。在座所有旅游业的同仁手上都有很多宝贝，这些宝贝如何 IP 化，这就是文化和旅游结合得很好的点。

戴斌：我们之前有一个亲子旅游品牌，文化和旅游融合，让不同的文化和旅游人在一起聊就出来了。今天我们还有跟你做一样工作的，也是做动漫的国家队，中国动漫集团的董事长庹祖海。

庹祖海：2018 年很荣幸参加了旅游集团的会议，讲了动漫和旅游结合的事。总结一下，2018 年我们是文化旅游融合的开始，还在探讨为什么文化或者动漫可以和旅游融合。而 2019 年主要探讨动漫和旅游如何融合。动漫和旅游融合已经是一种非常广泛的实践，像我们台上在座的几位嘉宾，祥源控股、欢乐谷、海昌都是在文化旅游方面，特别是在动漫和旅游结合上做得非常好。当前动漫和旅游结合，最主要是三个事，或者三个方向。

一是用动漫做旅游的营销推广。这件事就是动漫独特的贴合性功能在旅游里的应用，应该说应用比较广泛。二是动漫为旅游进行内容赋能。动漫产品是内容作品，所以在旅游渠道可以为广大的游客带来一些独特的创意内容。三是 IP 打造，这是目前最为关注的，或者说最新的，也是最值得去做的。旅游作为渠道本身，能不能利用动漫打造属于自己特色的 IP，这是当前最值得去做的一件事情。

戴斌：台上这些企业家之间有具体的项目合作吗？

庹祖海：前期做了沟通，像祥源控股和欢乐谷，海昌做海洋动物和水生动物，长江的大保护，如何把长江的江豚进行保护，我们正在策划一个“长江总动员”的动画片，主角就是江豚。我们设想应该可以和长江沿岸的政府或者说景区共同打造国际化的动画片。

戴斌：2018 年集团年会上也谈到，希望文化企业 30 强和旅游企业 20 强先融合，起到示范带头作用。中国动漫集团作为动漫界的国家队希望和各位有更好的合作，为游客提供更多的内容。谢谢庹总。

现在还有一个人的问题，说一千道一万，以游客的到访为前提，这是谁作为核心的内容，旅行社、OTA 永远不会过时。我们的未来之路在哪里，还是回到为游客服务上来，和资源商在进行合作的情况下，能不能有资源的掌控、客源的掌控，在这方面想听一听来自南京的途牛旅游网 CEO 于敦德的想法。

于敦德：我举个例子在打包上的基础应用。一个是出差订机票和酒店，现在通常订机票和酒店是分开订的，单独订机票、火车票，单独再订一个酒店，这是分开订的，会有不同的价格体现，有预订价、限浮价。另外一种方式，可以打包订。而打包订的好处是什么？除了方便、一次性订完之外，更重要的是可以实现更便宜。为什么能更便宜？是因为单独的机票裸卖的价格比较高，打包的价格比较低，但是要保护好这个价格是不容易的，要求必须通过打包形式才能进行销售，这个打包体系在现有的销售渠道里也是有的，但是这个价格体系并不是特别广泛。但是我们认为在将来会是非常重要的价格体系，对消费者来说和对资源方来说是共赢的，能够提高我们的入住率，提高航空公司上座率，现在平均上座率 80% 不到，酒店的入住率 70% 不到，所以都是有打折空间的。是为什么大家不愿意提高自己的入住率，就是不愿意直接打折。当我们打包的方式能够提高上座率和入住率，这个打折可以接受的。

第二，在旅游上面。比方说在国内长线旅游、出境游、自由行上。举国内游的例子，在 6 年以前，国内游 90% 以上的产品是出发地成团的，在出发地就确定好当地的机票、酒店，大家一起到机场，去到目的地，一起游玩和返回。现在 90% 以上的产品是目的地集结的，动态组合，包括机票和火车票，当地的行程包括当地的资源。这个发生变化，从预打包的变成动态打包的产品，这个趋势从国内游向出境游的泰国、日本延伸，也是复制这样的模式，能够更好地让消费者进行定制，更好地提供更多样化的产品，而不是局限出发地。这个同时也和出发地成团，或者出发地的产品形成很好的补充。但是确实在国内游和出境游短线上比例已经非常高了。尤其是在国内游上。所以这是两个具体的应用场景。

实现这样的打包，后台的支撑主要有两个技术设施。一是大仓库，需要存储所有的旅游资源，包括机票、酒店、各种当地的产品，而且需要实时进行查询和更新，知道当前最新的价格。二是有一个大工厂。它负责组装任何两种或者两种以上的旅游资源进行打包。这上面有 1000 多台服务器，每天的计算量大概 1000 亿次，实现任何两个和两个以上资源组合的计算，也包括航班的中转和直飞的比较。通过两个技术设施，虽然是服务业，但是和制造业仓储和工厂的流水线、组装和计算差不多，所以用这样一个名字能更为形象地去介绍它。所以我们认为，我们用制造的方式通过计算能够更好地满足客户的需求。

戴斌：谢谢于总，你昨天看到科大讯飞发了一个信息，成果发布的时候它可以做到即时翻译，我们一边说话，那边字就出来了，英文就出来了。这种东西出来以后对我们将来的地接系统会有什么样的影响？

于敦德：在这个领域研究得比较少，这里面还是会有帮助的。

戴斌：会不会有人拿着这个东西不再找传统的地接社导游？

于敦德：游览过程中需要有温度的服务，不光是看个稿子或者看一个介绍就行了，介绍的话可以去网上搜一搜就可以看到。这个过程中有很多细节需要提供有温度的服务，让大家感受无微不至的照顾，这些是旅游里面非常关键的。

戴斌：过去大多数人在客源地成团，现在到了目的地成团，这个叫新地接，对我们的旅行社和 OTA 都将面临技术模式、商业模式上的新变革，希望大家研究这个问题，关注这个问题。

我们跟很多企业家谈了问题，科技也好，高质量发展也好，今天台上还有一位来自政府部门的目的地管理者，来自蚌埠的常委、宣传部长谢兵同志，蚌埠对旅游越来越重视，对科技越来越重视，想听听你对旅游、对科技的看法。

谢兵：戴斌院长也是我们家乡的骄傲，感谢给我们这么一个机会。文旅归口宣传系统时间不长，但是我也有一些体会，科技对我们文化旅游业的赋能提供强大的作用，特别是对传统旅游业提档升级起到很大的促进作用。比如在手段上，刚才在座的各家企业包括互联网的企业都说到，我们运用大数据、云计算这些平台，包括人工智能，搭建了在线旅游平台，双休日的时间比较多，大家一机在手游遍全球，短的游遍全国，手段上让大家更便捷。另外，内容上特别是对人文历史积淀比较深厚的拥有文化旅游资源的城市起到强烈的助推作用。在老百姓当中有一句话，“故事一串串，好听不好看”“文化上下几千年，就是不赚钱”，怎么避免这样的现象？蚌埠是历史文化底蕴非常深厚的一个城市，我们有 7300 年前的双敦文化，大量的文字刻画符号，证明我们是中华文明的起源地之一，也是文字创始地之一。另外，4200 年前大禹在我们那儿劈山倒海会诸侯，2200 年前楚汉相争霸王和刘邦垓下之战就发生在我们那个地方，怎么把历史人文的文化资源以科技的手段再现？需要科技赋能，比如 VR/AR 人工智能等手段，把历史人文的故事呈现在人们面前，让历史文物说话，让历史人物和游客对话，这个是我们现在正在打造和规划的两个国家级遗址公园以及垓下之战遗址主题公园，用科技的形式来丰富旅游的内容。在管理和服务的效果上，我们的科技应该说给我们插上了翅膀，旅游研究院对整个长假期间游客的流量用大数据实时监控，用我们的智慧平台可以监控，合理疏导游客的流量。在网上吃、住、行、游、购、娱提供便捷服务，让游客有更高品质的体验。蚌埠在这块已经做了一些，还是不够，在今天的会议上跟在座的企业家携手共推科技和文化旅游怎样双融合。蚌埠这个处于南北分界线上，交通非常便利，辐射 2 小时车程、人口在 2 亿的城市旅游市场潜力是非常巨大的，而且我们有五大平台，有国家级的自主创新示范城市示范区，另外有一个孵化平台中科院蚌埠科技成果转化和孵化中心，还有非常好的传播平台。最近太湖世界文化论坛在蚌埠举办会议，把太湖世界文化论坛的世界文化记忆交流中心永久落户在蚌埠。东西方的文化可以在这儿交融，另外还有承载平台也是国家级的，也是在 2019 年命名的文化和科技融合的示范基地。另外，还有示范平台，刚才雒部长在的时候我也汇报了，获批第 5 批大禹文化产业示范园区，全国只有 10 个文化类的产业园区。

戴斌：作为一个旅游目的地一定要考虑，我们的目的地形象该怎么建构。请教一下冯总或者于总，解决目的地形象，解决游客到访以后要玩什么、要住什么，这涉及旅游目的地资源的开发和产品的培育与打造，解决游客可居留性的问题，政府有政府的思维，商业有商业的思维。介绍两位新的朋友给你认识，过去做政府部门旅游局的局长出身，今天出去做企业，刘俊刚董事长是湖北文投的党委书记和董事长，他横跨政府和企业两界，相信他一定有很多想法供谢部长参考。

刘俊刚：文旅产业是一个长线投资的产业，要久久为功，才能有效益。我在政府、在企业工作了十年，离不开两个赋能，为科技赋能，在 5G 时代互联网大数据智能时代，旅游文旅产业的发展离不开科技。我们正在实施数字鄂文旅投的计划，搭建三个平台：第一，一键游湖北的平台，一键预订、一码通行，2018 年做了试点；第二，大数据运用起来，形成文旅大数据平台；第三，高科技的手段正在形成新的旅游服务平台。

作为企业来说一定不要忘记资本运作赋能，资本运作赋能太重要了。

第一，成立了自己的资本公司，给了 20 亿元，发展了 5 个旅游的产业基金，包括湖北省文化旅游产业基金、鄂文旅投产业服务基金，还跟农行刚刚签订的农业基金，现在直接管理的资金 65 亿元，专注于企业内部的股权投资和企业以外有上市潜力企业的投资。

第二，我们投资了一个证券公司 9000 多万元，3 年之后一出权 4 亿多净利润就回来了，我们建立了自己的资金中心，每天晚上 5：30，天南地北企业的资金全部回到总部，账上任何时候都有 20 多亿元的现金，贷款没用完，当前的营业收入又过来，也提高了自身对外融资溢价的能力。

第三，走证券化的道路，我们推出资产证券化。近几年参股了三家公司都上市了，效益很好，都是优质的可以随时出售的抗风险的金融资产。

我们培养两个新三板自己的企业，金旭农发、鄂旅股份 2018 年从新三板下来了，现在完成了整个股改过程，预计 2020 年下半年申报，2021 年争取 IPO 上市。通过这次上市我跟雒部长提了一个建议，很多券商也好，律所也好，证监会也好，确实不了解旅游的一些规律，他们按照传统的制造业思维研究旅游的上市公司，旅游企业的关联交易问题、独立性问题、同业竞争问题，它的理解确实有很多不合适。比如，两个景区相距上万公里，他说同业竞争，旅游的生命力在于差异化。这么多优秀的专家，在这里面要有我们的话语权。

戴斌：谢谢刘总，我们已经记下来，我们会给你答复。方董事长过去是浙江省旅游局的局领导，现在掌握浙江省政府管理的所有旅游资产，我们听听你的看法。

方敬华：科技改变旅游，千万不能忽视旅游还有它的特殊性。第一，旅游需要温度。第二，旅游一定要讲究差异化。第三，旅游行业作为充分竞争的行业，它的盈利能力已经到了天花板，微利行业。基于这三个特点，科技无论如何发达，我们旅游行业不像制造业、零售业那样科技可以颠覆行业，不要把科技改变旅游的功能和作用放得过大。就我个人而言，达到两个提高就足够了。

第一，从企业纬度要提高效益，如果科技赋能最后没有达到提高企业效益的目的，也是惘然。旅游企业最大的问题是用工成本过高，作为我们国有企业来说，用工成本相对民营企业成本更高，因为我们都要规范，要履行社会责任。

戴斌：民营企业冯总刚才说成本也很高。

方敬华：我们必须严格纳税，按标准给员工缴纳所有的社会保险，全面巡视审计都有这方面的要求。科技如果能够提高我们旅游企业的劳动生产率，能够把我们这些人工成本降下来，我觉得科技赋能就是最大的生产力，就能够走远。

第二，提高体验度，这是针对游客而言的。如果科技在提高体验度上面能够有跨越，让游客在旅游体验过程当中因为有了科技的手段，感到更好玩、更方便，科技的赋能也能走远。科技赋能、科技改变旅游从企业的纬度要有效益，从游客的纬度要更好玩，尤其是现在“85 后”年轻人作为主力客群的情况下，更好玩可能对他们来说更有吸引力。

最后做一个广告，现在全国已经有 28 个省有了省级国有旅游集团，三年前我们共同发起组建了全国省级国有旅游集团联盟，现在已经有 22 家省级国有旅游集团加盟。这个集团非常有意义，也是赋能，我们的赋能是相互赋能。我们组建了一批很务实的专委会，党建专委会、人才培养专委会，哪个板块做得最好，我们相互派人挂职，我们有营销专委会，我们有创新专委会，很务实地推动国有旅游企业高质量发展。我们也希望地市级国有旅游企业能够共同加入，共同推动发挥国有旅游企业在高质量发展当中的作用。

戴斌：尽管我一开始说不许做广告，但是你做的是公益广告。像世界旅游联盟也很务实，我们在座大家都务实推动这个产业更好地发展。你刚才讲的这两句话我深有同感，企业要有利润，游客要满意。前两年有一个电影很热，有一句话是葛优说的，西溪且留下，自从那部电影之后，西溪湿地成为一个网红打卡地。陆晓亮陆总是西溪湿地的操盘人，现在到了大运河当董事长，这次到了现场，过去十届年会都参加了，最后请陆总说两句。

陆晓亮：我去了杭州运河集团另外一家国企不到一年时间，很留恋中国旅游集团这样一个场景，原来从事竞争性行业，现在跟刚才发言的盛董事长在从事文化保护的行业，用竞争性行业的心态去从事公益性的文化性保护。我有一个想法，现在文旅融合，旅游的“瓶颈”、效益等大家都知道，文化面临的情况也差不多，昨天有一位同志跟我讲，现在文化的主要消费力量来自 16 岁到 20 岁的小女孩，还有 3 岁到 14 岁的小孩子，像我们这样的主力消费人群在文化消费真正出钱的很少。这样的情况下，面对这样的目标市场，我想请教台上的企业家，我们怎样把文化旅游这样一个看起来效益不太好的，需要科技赋能的行业变成一个美好的事业。

戴斌：这个问题很大，我们可以再继续聊，边上就是岭南集团的冯劲董事长，下面有旅游业有文化，大家一起多聊，相信一定会找到新的突破口。

今天我们用了 70 分钟时间有十多位同志发表了自己的观点，概括来说，同志们经过研讨共同认识到：

第一，科技正在对旅游的消费行为、市场推广、品质提升和公司的治理产生全面深刻而系统的影响。正如雒部长所说的那样，科技正在改变旅游，不管我们认可不认可，紧张不紧张，科技对旅游的全面影响时代已经到来。

第二，大家共同认识到，我们必须理性地看待也要理性地应对科技时代或者数字经济时代我们旅游业未来的发展战略和走向。科技是为旅游业赋能的，是为了满足人民群众对旅游生活的向往，不可能全面替代旅游业人对人的服务。科技的发展应当是以增进人们对美好生活的需要，而不是以降低温度为代价的。同志们一直谈关键词，温度也好，工匠也好，我想都意味着我们不拒绝科技的到来，但我们也不能够让科技凌驾于人之上，正如马克思说的那样，人是目的不是手段。

第三，文化和科技的融合发展需要工匠精神，也需要企业家精神。各位企业家说得比较谦虚，实际在我的心目当中，每年为什么花这么大精力办这个会？包括台上台下的各位还有没到场的企业家，你们为国家创造财富，解决了成千上万人的就业问题，按章纳税我们才能在书斋里写写文章。由于大家的努力，我们的产业不断去进步，特别让更多人用较低的价格门槛来享受较高品质的服务。我建议给我们的企业家一点掌声，谢谢大家的努力。

当然这个过程当中也需要产业政策的推动，部长虽然走了，政策法规司的鹤云司长在，我们会记录下企业家的每一句话，我们将转化成政府的语言向部党组进行报告，部党组批示下来我们尽快落实，有的会很快解决，有的考虑到中国的国情，考虑到政府资源本身也是需要调配的，在为我们企业家创新鼓掌的同时不要忘了，在体制内据我所知也有很多为民着想、为企业家着想、殚精竭虑地为旅游业发展奋斗的政府官员和专业人士，我们也应该把掌声献给他们。

今天上午的研讨到这里结束，谢谢各位的参与。

圆桌论坛一：数字化时代的旅游业

主持人：中国旅游研究院副院长唐晓云

唐晓云：各位嘉宾下午好！下面进入圆桌论坛研讨环节，有请：

银联商务股份有限公司党委委员、副总裁张靖文先生；

巅峰智业创始人、华侨城旅投集团董事长刘锋先生；

名家汇科技创始人、大话神游光影科技董事长张经时先生；

字节跳动公共政策研究院执行院长袁祥先生；

驴妈妈集团董事长特别助理任国才先生；

悉造科技创始人 CEO 邵华强先生。

唐晓云：数字经济在国家的政策层面是非常重视的，如果大家没有关注到的话，在 2019 年 12 月 12 日国家发改委等 9 个部门刚刚发布了《数字互联网 + 社会服务》的新文件，这个文件事实上是国务院在 2015 年推出“互联网 +”之后的一系列文件之一，从政策层面非常关注，在政策层面还推出了互联网 + 数字 + 农业 + 制造业、智慧能源、高效物流、先进制造、流通等不同行业，这些政策的颁布事实上表明我们国家将充分利用当前在互联网、人工智能等方面的发展优势，以数据作为非常重要的生产要素，推动整体经济与农业、制造业、服务业等实体产业的融合，以及社会服务业方面的深度融合，全面推动国家经济的转型发展升级。

下面有请 6 位嘉宾上台研讨。

非常感谢各位嘉宾的到来，刚才我已经提到在政策层面有很多国家政策的出台，应该说在国家层面非常重视数字经济的发展。那么在企业层面，我们的企业家如何看？请各位嘉宾谈谈自己在这些方面的想法。银联商务应该说在金融领域、在数字经济层面应用非常早，同时也是在数字经济领域领头的企业。

有请靖文总！

张靖文：数字科技、数字行业和传统行业深度融合，我所从事的支付行业过去是支付以货币现金为主的支付体系，但是一直在探索整个业务流程的数字化过程，包括早期的银行卡由现金支付到银行卡支付的转型，随着4G快速兴起、移动网络的兴起，现在移动支付快速发展，我们也不断把支付行业向数字化、移动化进行转移。

数字经济在市场上通过这么多年的实践，数字经济未来不断转型升级，对经济运营的模式乃至政府的治理模式都会产生比较深刻的影响。无论对我们客户的需求端还是对市场的供给端，乃至整个市场端都会起到非常新的推动作用，不断地创造新的需求，创造新的供给，乃至创造新的价值，对整个经济的发展有非常大的助推作用。从我所从事的现金支付领域到银行卡支付，再到移动支付，随着数字化的不断推进，整个产业不断扩大，一方面作为消费者日常支付更加便捷，另外一方面随着数字化的推进和其他行业融合也更加便利，而且通过网络化、数字化技术不断推进，整个产业得到很好的提升，对其他行业起到很好的助推作用。我对数字经济的未来充满信心。

唐晓云：感谢靖文总。以前我们拿着一个存折去银行取钱存钱，现在只需要无线的方式、智能的方式，数字经济应该说在金融领域的探索为我们带来很多便利。我们听一下刘锋总的看法。

刘锋：数字经济是当下潮流，也代表未来趋势，从全球范围来看，数字经济发展都表现出非常突出的三个特征，那就是快速迭代、深度融合和加速扩散。对于旅游业这样一个领域而言，也是不可避免要受到数字经济的影响。就旅游业而言，我们的数字经济融合需要以游客需求为中心，以数字为资产，以技术为手段，以人才为平台和依托，在这样一个过程当中我们不仅仅要关注提升产品创新和服务创新方面的结合，更需要考虑的是在商业模式上，在这样一个组织模式上怎么样能够对接这么快的需求侧变化，我们还是认为供给侧的适应和匹配相对更慢，上午盛总也谈了这个观点，刚才姚军总也谈了非常好的观点。我们市场的需求扩张到哪里，企业的组织边界需要跟进到哪里。这样一个新的时期我们怎么能够真正跟上这个变化，我一直觉得旅游是需要插上两个翅膀，一个是文化的翅膀，它代表历史，代表了过去未去，是我们的积淀，我们要从这里面来挖掘我们的基因、我们的图腾、我们的魂。另一个翅膀就是科技，它代表着未来已来，我们一定要符合这样的趋势、未来的走向，这里面科技在扮演非常重要的推动力。只有把这两个翅膀有机结合，真正实现产品创新、服务创新、模式创新乃至平台创新。没有做不到，只有想不到，在这方面实际上是我们更需要去突破和破题的。我们确实可以看到，目前旅游和数字经济的结合总体而言还是比较初级的，还是比较浅层次的，现在需要更多新的理念、新的模式、新的路径突破。

唐晓云：感谢刘总，刘总的观点非常鲜明，刘总也是在座的 6 位嘉宾里面旅游业的代表，在研究方面非常深入，相对系统地阐述了数字经济在旅游里面的发展要面向游客的需求，同时有一定的商业模式，也作为我们旅游业发展两个翅膀非常重要的一个部分。下面经时总的看法如何？

张经时：从名家汇及其大话神游光影科技来看，灯光与数字好像没有必然的联系，但是经过几年的实践，夜间旅游产品的打造灯光只是一个基础的手段，文化、创意和技术三驾马车缺一不可。其中技术非常重要，现在我们夜间的消费群体的组成，刚才深大的老总说了，群体不一样，是“90 后”“00 后”。在夜间产品的打造需要产业的数字化，也需要数字的产业化。大量使用 5G 技术，使用无人机，使用全息投影甚至区块链的基本技术，这样才能打造出让游客满意的夜间旅游产品，我们越来越感觉到数字技术在具体实践当中的重要性。

唐晓云：非常感谢，结合企业的一些情况谈我们对数字经济的看法。来请袁院长，你所在的字节跳动在数字化内容上全球的排名也是靠前的，看看袁院长的看法。

袁祥：刚才唐院长也说了，我们企业是数字经济发展的代表型企业。我们的体会，要打造一个数字经济发展的信息平台，通过这个平台赋能数字经济的发展。这是我们这几年主要做的工作。我们现在的产品挺多的，大家知道的可能比较熟悉的是今日头条和抖音。有人问这个公司能不能用一句话几个字来定义一下，这是什么样的企业，我们后来想了想，今日头条的 CEO 说了，我们是一个通用信息平台，抖音是一个短视频创作和交流平台。打造这两个平台对于赋能数字经济的发展是需要的。这个平台怎么赋能？通过信息的赋能，另外通过技术的赋能，还有通过流量赋能。现在整个用户全球的、全产品矩阵的现在已经有 15 亿人，这样一个平台想打造成为一个给数字经济发展更多赋能的信息通用平台。谢谢。

唐晓云：下面就有请任国才介绍一下驴妈妈。

任国才：第一个问题是行业的。我就讲一个小故事解解乏，2013 年在美国生活了一段时间，去了亚特兰大的可口可乐世界，是可口可乐总部旁边的主题馆，现在是一个企业展示馆，实际上是一个旅游景区。一年接待游客人数 120 多万人次，有 9000 多平方米的室内空间。

那次印象比较深刻的，中国游客一般都是到景区门口就买票，但是那个时候我待在美国的同事和朋友就告诉我，那边很少在门口买票，都在网络上买。网络买也很正常。但是它有个特点，叫作实名制分时预约。比如想预约上午 10：00，对不起 10：00 的没有，只有 10：20 或者 10：40，哪个时间段没有就变成灰色。我就计划好大概从家里到那里的时间，提前十分钟就可以了。到每个场馆都精确控制看这个场馆的时间，看完这个场馆，这边门打开出去，那边门再进来一波人，每一个场馆比如可以容纳 200 人，精确化数字控制每个人预约的时间和参观时间、游览的安排，使大家有序进行游览，给我触动很大。

我一边看中国所有人拥在高速上，在门口排队，这就是浪费。所以那个时候写了《美国景区的游客管控和需求引导》。这个启发到 2016 年写了一篇文章，三年过去了，还是有启发，叫《改变中国旅游未来世界的三大动能》，第一服务创新，第二文化创意，第三科技创造。今天我们看到数字技术已经广泛应用到旅游行业，但是相比旅游行业的目的地端应用很薄弱，我们的渠道端携程、字节跳动，产生内容的都在广泛应用数字技术，通过大数据分析，人工智能来解决，快速跟上消费者的变化。如果跟不上，企业就倒闭了。但是我们的目的地反应比较慢，所以一方面自己首先拥抱数字经济，快速拥有数字经济技术满足游客需要。另一方面输出这种内容跟目的地合作，跟国有旅游集团合作，快速帮助他原来的产品、原来的服务进行升级，更好地满足消费者。

任何所谓的经济产业都从细微的地方开始，我们就从细微的地方一步一步往前走。谢谢!

唐晓云：数字是冰冷的，但是要用冰冷的数字提供有温度的服务，尤其是面向游客。下面请邵总。

邵华强：今天非常高兴来这里交流，跟各位前辈学习了很多东西。我从技术角度在这里做一些分享，不当之处大家指正。

我们是专门做 AR 的智能公司，跟华侨城有合作，打造很多 AR 合作，就是赋能娱乐产业，提升数字化经济。回答这个问题，我谈谈站在技术来讲，三点浅显的看法。

第一，数字化是不可逆的，只有当整个世界注入数据之后，我们的信息传输成本才能无限低，甚至趋于零，就是所说的大数据，万物互联，达到这种情况 AI 才能真正起来。

第二，现在社会讲 AI 会替代人。万物互联数字化是 AI 的技术，人可能处理不了特别大的数据、特别复杂的计算，但是人有人的强项。我们人可以把握人的情感，机器不可能做到。未来会出现很多数字体验的艺术家，比如说在文旅方面做得很多，灯光也是一种，绘画、音乐都会有。最近大家看到的李子柒创造的作品视频在国外有 700 多万粉丝，国内有 2000 多万，未来的数字化是很重要的。

第三，站在我这个行业来讲，未来数字化一定是虚实融合，AR 和 MR 是最大的经济窗口。如果各位领导感兴趣，可以多多交流。

唐晓云：邵总公司主要研究 AR 的技术。刚才各位嘉宾都谈了各自对于数字经济的一些看法。我们在前面嘉宾演讲的时候汪总也提出了 6 个方面。刘峰总也提出几个维度方面的变化，经时总也提出数字产业化、产业数字化、数字经济发展过程之中，行业要发生的一些变化。这里相对于农业经济，数字经济要发生这些变化，真正落地到企业实际的层面是什么情况。下面也请各位企业家、机构负责人谈谈这个话题。也就是说，在企业落地数字化实践中、在企业管理和运营过程中，哪些因素会发生变化，哪些因素又不变。下面先来谈一谈大家认为哪些方面要发生变化。

邵华强：先说可能会变的。上午和下午交流，第一，大家明显感觉到数字化和技术力量加入，交互体式会发生变化。比如有，新鲜的 AR、VR 视频，灯光秀，以前进去走马观花，到了景点拍个照片，现在有更多体验产品，这是最直观的数字经济的引入。第二，技术产品背后就是人才，人才结构会变化的。比如跟欢乐谷等景区合作 AR 影像机，有了 AR 的技术直接拍，通过小程序获取照片，整个过程是无人的，有一些岗位就会消失。但是怎么优化体验更好，能给运营和效率带来提高？当然这里面会有很多变化。第三，最重要的，正在发生的每一轮经济形态的改变，背后是代表着企业组织结构变化。比如早期互联网时代 VR 最早推出全员持股，全员持股的奠定使微软的战斗力爆棚，干掉很多公司。在移动互联网时代，小米提出合伙人概念，提前锁定人才，整个组织架构模式也改变了。现在新的时代，“90 后”“00 后”的出生，整个组织形态也会变化。我们公司也在进行一些实践研究，更能激发年轻人的创造力和扁平的主题结构，适应时代的发展。

唐晓云：我们看看国才总的看法。

任国才：这个问题是带有哲学性的问题，变与不变。最大的变化是开会的主题变了，以前讨论另外一个主题，今天讨论这个主题，这就是最大的变化。不变的就是酒店的工作人员忙着给我们做服务，旅游还是一个服务性行业。所以在我看来，或者从我们的实践来看，如果站在游客端来看，无论怎么变，对我有什么变化，变化对我有什么价值，如果没有价值的变化对我来说就是没有价值的。

这两年的变化，第一，在营销方面发生重大的变化，特别是 5G 的应用，未来的信息传播变成人人都是直播客，这样原来我们信息端是"瓶颈"，你有好东西别人不知道，现在任何一个导游，任何一个管理者或扫厕所的人都可能变成直播的人，把信息无限制搭起沟通的桥梁。第二，内部的管理会发生变化。第三，未来的商业模式会发生变化。因为数字技术本身会产生价值，叫作数字资产。原来运营的都是有形的固定资产，未来无形的数字资产的持有人比有形资产公司要值钱得多，因为他掌握了未来，所以这些是变化。不变的对消费者来说，数字科技最后有没有有利于我的旅游、有利于我的体验，如果有利于我就都是好的。本质来说，数字回到本原，数字以人为本，这样才是我们的未来。谢谢！

袁祥：我们这个企业不是一个旅游企业，我们在观察旅游发展或者从我们具体参与一些赋能文旅产业的发展中有很深的体会，就是未来的重要变化：短视频化。现在短视频对于推进文旅产业特别重要。抖音现在是 3.2 亿用户，日活用户这么多。所以我们 2018 年推出叫"Dou Travel"（抖旅游）计划，专门是用抖音促进旅游的发展，统筹一批网红城市。短视频信息传播的工具还有平台对于整个文旅事业的发展越来越重要。

因为它的门槛比较低，谁都可以拍，拍十几秒的视频。现在对优质的用户已经延长了拍的作品的时长，给他们更多的创作机会，给他们展示旅游生活的权利。所以短视频随着 5G 的到来，短视频迎来为文旅产业赋能的重要机遇。这是可见的趋势。

另外，智能化。从信息赋能文旅产业的角度来看，智能化越来越深化了。刚才专门研究 AR 技术的专家也说了，我们企业的核心竞争力也是人工智能，我们的产品为什么有那么多的用户、那么多的黏性，实际上底层技术就是人工智能。所以我们最重要的核心技术就是智能推荐。把智能推荐应用于文旅信息的创作、交流和分发，实现了人和信息的精准匹配和高效连接，让文旅信息高效流动，发挥价值，这很重要。另外社交化，现在看很多旅游方面的 App，社交功能特别重要。人们不限于在上面订票、订酒店，更多用来分享或者交流文旅美好的体验，社交化会越来越强烈。我初步的感受是这样的。

唐晓云：非常感谢，在内容、形式和商业主要的模块上面都会有一些变化，刚才华强总提到股权各个模式都有一些变化，我想知道到靖文总这边还有什么其他变化，经时总谈谈你的想法。

张经时：对我们来讲，实际上有两个挑战，一个是在夜间旅游产品的打造上，因为灯光是一个基础手段，我们要大量运用 VR、AR 技术，包括一些互动灯光产品。过去设计人员、创意人员都是搞灯光的，现在可能需要大量的跨界融合人才，而且这些人才紧缺，我们内部来讲有一个适应的过程，人才的挑战是第一个方面。第二方面，我们还要搞夜间旅游投资和运营，运营的过程当中可能也需要大量运用数字技术，刚才任总讲怎样合理地控制人流，夜间旅游的管理、夜间旅游安全和白天是两码事，给我们带来很大的挑战。这两个方面需要我们在今后进一步进行探索实践。

唐晓云：非常感谢，我们听听刘锋总的看法。

刘锋：影响和变化都是方方面面的，首先我们在心态上一定要去拥抱变化来适应变化，找到契合点。这里面涉及很多方面，我想谈三个方面。

第一，数字经济 + 营销。刚才袁院长谈了抖音，最近看过西安不倒翁抖音短视频的人请举下手。基本上都看过这个短视频，这个效应确实非常强。现在网上点击量有 16 亿人次，如果点击一次就算一元钱，这个价值就是 16 亿元。线上流量的关注确实是非常值得我们去重视的。我在 2019 年 8 月在广西调研的时候，那天正好是广西文旅厅和抖音合作搞了一个“让广西旅游抖起来”的活动，就那一天的点击量有 10 亿人次，让我非常震撼。在这方面的结合，就像刚才袁总说的，短视频化是很值得我们关注的趋势。中国旅游协会营销分会刚刚在海口举办了旅游的营销大会和首届旅游映像节，我们推出最佳旅游短视频、最佳旅游宣传片、最佳旅游各种各样的图片等，我们在全国招募了百名映像达人，为了更好地顺应这种变化。现在华侨城旅投和巅峰智业在全国运管的景区有四五十家，这里面有将近 5000 万线下游客流量，如何更好地来营销？确实需要创新突破。

第二，数字经济 + 教育。过去我们在教室里面面对面才算求学读书，现在线上学堂、线上大学有一个完全不一样的场景，巅峰智业的旅豆学堂刚刚举办了“百家景区万人共学”的公益活动，短短一周里面也有 136 万点击量，都可以看到这样一种创新的模式带来的不同效果。

第三，数字经济 + 演艺。最近在安徽安庆打造了一台《天仙配新传》，用声、光、电、水、幕、火还有全息各种各样的新技术和传统的黄梅戏的经典名剧《天仙配》做了一个结合，产生了非常好的效果，昨天下午刘馥馨院长做了一个介绍，2019 年国庆《新闻联播》专门给了 15 秒钟的报道。通过新技术的方式来解决传统的人海战术，同时又把《天仙配》这种上天入地、在过去真人没办法表演，现在用全息技术让人感受到文化 + 旅游 + 科技 + 艺术的全新魅力。在这方面都可以看到，我们也结合短视频抖音，现在的传播效果也很好。而且因为大量使用了新技术，晚上还能够在室外演，而且接近爆满，这就说明解决了一系列过去的季节性投入大以及运维成本高的问题，在这方面我们一直坚信拥抱了数字经济我们一定会有全新的变革和创新突破。谢谢！

唐晓云：感谢刘锋总，确实经济可以用很多新的技术去不断叠加，包括 AR 技术也好，数字技术也好，文创等都可以加上去，这是产品和业态层面的一些创新。数字经济如果落地到企业里面，整个最基础的过程是它的业务流程数字化以及产品数字化等转型和升级。我想这些变化可能还会落地到我们管理流程的各个方面，我们听听靖文总的看法。

张靖文：刚才各位专家从数字经济未来对旅游行业、对文旅行业长远的影响提了很多很好的案例和想法。我在这儿想谈两点，无论对文旅行业还是对其他的传统产业，我想未来的影响是比较显著的影响，有两方面。

第一，跨界的深度融合，我自己本人不是从事文旅行业的，我是从事金融服务行业的，金融科技和金融数据行业。今天和在座的各位有了深度的了解、深度的融合，数字经济把数据作为关键的生产要素之后，像金融数据、支付数据、各行各业消费数据用于刘总讲到的营销也好还是新的领域也好，这种融合成为一种大势所趋，而且这种跨界融合甚至同行业合作共赢，这是比较深刻的变化。

第二，数字经济的深入发展对我们在座的，除了旅游集团之外，中国有很多中小创新型企业。数字经济带来的非常大的变化就是对未来资本市场的供给方面有非常深刻的变化，过去数字经济的快速发展特别在支付、网络、订餐对餐饮行业、文旅行业中很多小的、连锁性的企业产生影响。由于过去没有数字可以计量没有统计，资本市场对我们这些行业关注度没那么高，因为估值困难大。由于数字作为资产深入发展，数据的统计可计量、可量化之后，欣喜地看到在文旅产业里面包括酒店、文旅公司以及文旅行业的创新性公司不断受到资本市场的青睐，不断有新的资本注入。未来数字经济的深入发展我相信对我们整个产业可计量数字化以及资本市场的可估值方面有非常大的助推作用。

唐晓云：数字经济不仅在企业层面会有产品各方面的变化，那么在融资和资本方面也会有很多的变化。整个企业数字经济发展是非常重要的环节，对一个企业来说可能是转型是升级，更重要的是重塑，在人才、供给、产品和服务内容、资本运营等方面都会有变化，在企业文化以及更多的软管理方面也会产生一系列的变化。那么刚才谈到的都是变化，还有什么东西是不变的？

张靖文：我简单提一下数字经济会改变很多东西，但是作为企业也好，作为行业也好，本质的东西不会变化。我们一贯秉承服务社会、方便大众，不管我们的技术如何先进，不管我们的服务手段如何不断更新，我们企业的文化、理念应该是一以贯之，我们的初心不会改变。

另外我们一直以我们的客户为中心，虽然我们的客户需求不断在变化，不断在更新，甚至我们自己在不断为客户创造新的需求、新的供给，我们服务客户的初心也不会变化。

刘锋：这个问题特别好，确实我们有这么多新的变化，变来变去，自乱阵脚，就找不到北。变了永恒的不变。怎么做到万变不离其宗，怎样真正抓住本质本原，能够守一持万，能够很好理解最根本的逻辑和最本质的规律。我也很同意几位专家的意见，要真正以人民为中心，以需求为导向，以真正创造价值为根本。因此，我们不忘初心，坚守匠心，持续创新，我们就一定会做到像戴斌院长所说的那样，让科技更有温度，让文旅更有动力，让生活更加美好！

张经时：刚才刘总讲得特别好，实际上对我们来讲，满足人民群众日益增长的精神消费需求，其中有夜间旅游产品，实际上就是精神消费是我们永远不变的宗旨。还有一点，灯光只是一种语言，最近对灯光的问题央视有报道。我们想今后的夜间旅游产品一定要在挖掘传统文化、弘扬中国文化上下功夫。通过灯光来歌颂祖国，通过灯光产品来赞美祖国的大好河山，通过灯光来弘扬优秀的历史文化。这才是今后夜游产品的追求和方向。

袁祥：我觉得有两个不变。一个是旅游要让亿万民众看到更大的世界，这个宗旨不会变。另外一个，提高人民群众生活的幸福感。旅游最重要的是提高人民生活精神享受，幸福感应该不变。我再补充一点，刘总说抖音的事情，也体现了不变的使命和初心。旅游在抖音上是五大热门的内容，非常受3.2亿日活（日活跃用户数量）用户的欢迎，我真诚地希望各位旅游企业的老总们来运用这样信息的平台。邵总讲到李子柒作为重大传播的成功案例，就体现了刚才的不变。原来14岁出去打工的姑娘，受尽了苦难，现在在家里拍视频，把点点滴滴的乡村生活、田园风光，怎么做蚕丝被等中国的生活、中国的传统文化东西展示出来，特别受国内外广大用户的欢迎。在抖音平台有3000万粉丝，差不多占了一半，在YouTube有750万粉丝。昨天看一个数字，她的收入达到几千万元。从14岁的孤儿，现在做旅游的创作传播，收到这么好的收益。如果大的旅游企业都像她一样来做，会做得比她更好，应该向她学习。

任国才：还是讲一个故事，2019年11月29日，对我来说是人生有特殊意义的一天，走到中国第1000个县，是山西单县。人家说你怎么总在出差，因为这是一个变化，旅游是变化的行业。因为我喜欢玩，好玩的初心不变，党员有“不忘初心”教育，因为我的使命也没有变，我的使命就是玩好。企业就要做工作，我们解决消费者的痛点问题，用变化满足不变的需求。我们推出旅游科技应用平台，这些技术性的方法帮助目的地有更好的产品满足更多的消费者，让消费者少到外国旅游，多到中国旅游，这就是不变的使命。变和不变就是辩证的思维。守正齐心，我们的旅游就会变得越来越好。

邵华强：站在技术的角度说变和不变。第一个不会变是人类在发展过程中会采用更高效的数字化，信息革命从刚开始的狼烟烽火，到后来电话、电报、PC、手机，信息传输的效率在逐渐提高，一定不会变。万物互联、数字化，现在信息传输效率还有提升的空间，所以一定会追求这个东西，这就是永恒不变的追求。

第二个不会变的要高质量的数字化。如果数字化不是高质量的，粗制滥造的也不会发生改变。站在技术角度谈两个重要的里程碑，一个是AR眼镜的成熟，带给所有人，无论是旅游还是各行业都是巨大的改变。可能就不需要一些灯光秀、电脑等，只需要一个AR眼镜。将人类所有的数字化从二维进入到三维，这个高质量变化带来的变化，也是我们自己坚信在这个行业变化，见证未来30年惊心动魄的变化。不变就是高质量带来更高的体验。另外留一个悬念，以后跟大家分享。

唐晓云：今天的圆桌论坛探讨数字经济下企业在数字化过程中的变与不变，

变的东西很多，包括企业的人才、架构、资金、运作和整个管理、产品创新内容服务等都会发生很多变化。不变的东西也有很多，不变是我们的初心和使命，同时是我们的商业本原没有变化，为游客、为服务对象提供更好的服务、更有价值的服务，更高、更好、更有效率的管理没有变化。非常感谢嘉宾带来精彩的论坛，这个圆桌讨论就到这里，谢谢！

圆桌论坛二：旅游业高质量发展

主持人：中国旅游研究院产业研究所所长杨宏浩

今天很荣幸邀请到七位企业的老总围绕旅游产业高质量发展的问题进行对话。高质量发展涉及很多方面，比如说动力转化、消费升级、供给侧改革、政府政策等。现在高质量发展越来越讨论一些细化的东西，如商业模式创新、新产品研发、新技术应用等。七位老总可能会从各自的视角来分析分享各自高质量发展的经验。有请七位嘉宾上台，他们分别是：

福建省旅游发展集团董事长陈杨标先生；

开元旅业集团有限公司创始人陈妙林先生；

黄山旅游集团总裁黄世稳先生；

上航旅游集团总经理靳黎军先生；

俏江南 CEO 兼北京宴董事长杨秀龙先生，

东呈国际集团董事、资深副总裁吴伟先生；

蜗牛景区管理集团董事长徐挺先生。

杨宏浩：由于时间关系，圆桌讨论可能要加速一点。就探讨两个问题，第一个问题，你们每一家企业在旅游产业高质量发展方面都是一个排头兵，都有自己的独门绝活，先分享一下你们在高质量发展方面企业有哪些经验。第二个问题，你们认为在旅游产业高质量发展的过程中，面临哪些主要的问题并提出自己建设性的意见。首先从福建省旅游集团陈总开始。陈总，我看你们省里出台旅游企业高质量发展的建议，你们在这方面也做得非常好，请分享一下你们的经验。

陈杨标：非常高兴今天受邀参加这个会，感受很深，收获很大。讲到高质量发展话题很多，措辞很多。我的理解，优化供给、结构性改革是一个关键。

再一个融合发展是基础、是根本。最后，绿色发展是底线。

我先讲福建旅游发展集团怎么重组，怎么整合。2016 年福建省委省政府做决定，由华闽集团和福建中旅集团合并重组设立，两家国企走在一起，而且华闽集团是省委省政府在香港的创投公司，有 40 年的历史。福建中旅集团是 70 年的历史。但整合起来，省委省政府要求打造龙头企业，怎么做？当年的景区已经穷途末路，我也认同这个观点。当年依靠景区、旅行社、酒店发展省级旅游集团可能很难。我们按照全产业链的要求，全要素整合，同时以构建平台、整合资源、跳出旅游、做大旅游这个理念来推动重组整合。不是简单的合并，而是有效重组。根据全产业链条的要求、全要素的要求构建旅游服务、休闲目的地、文化传媒。我们也是第一家提出文旅融合。当时还没有文旅融合，还有国际贸易、物业地产以及资本运营，构建了 6 个板块。

六个板块之间，既是互相独立的，自己成为链条，但是又互相联系、互相支撑，形成完整的产业链条。现在从政府主导到企业市场化运营已经 6 年了，行业发展很好，企业成长也很快。这个行业前景很好，阳光产业，关联性很强，对社会经济的贡献很大。但是企业很难，因为投资周期长，利润率低，短期内很难形成有效的商业模式。我们提出纯要素整合，全产业链打造，推动高质量发展。

杨宏浩：陈总跟山西文旅集团一样也是重组的，不是简单地合并，而是优化重组。当然里面的工作量非常大，以后可以再细聊。下面开元旅业的陈妙林总，他基本上每一届都参与我们的论坛，非常感谢。因为开元集团有两家上市公司，一定有很多经验值得分享。

陈妙林：首先企业的事情不做宣传，有打广告的嫌疑。还是谈谈高质量发展的问题，可能有冒犯的地方。因为我发现从今天参加会议的和上台演讲嘉宾来看，我有点另类，因为是民营企业，民营企业不多，现在越来越少了。

杨宏浩：陈总，今天我们这一组有三家国企，还有四家民企。

陈妙林：非常感谢，我这个信息有点不对称，很抱歉，没有关注到会议嘉宾名单表示抱歉。最近几年中国文旅产业发展非常快，这是一个可喜可贺的地方。各级政府都非常重视文旅产业，这是好的地方。但是有一个现象，值得注意的地方就是政府可能干预过多，或者投资力度过大，或者力量放得过重，这方面还应该引起旅游部门、有关部门的重视。

为什么这么说？戴斌院长说，文旅高质量发展有三个方面，我修改了比较简单化一点，首先是游客必须要喜欢。二是我们企业必须要有效益。三是行业可持续发展。这有一个很大的问题，衡量游客是不是喜欢，关键在你的企业有没有效益。游客喜欢的东西企业肯定是有效益的。企业有效益，行业肯定可以持续发展。这涉及一个问题，市场经济的问题。我认为还是要坚定不移走市场经济道路，否则这个市场是不健全的。当然国有企业做大做强我不反对，国有企业跟民营企业共同发展，发展中国经济，实现中国梦这个没有错。

杨宏浩：高质量发展，从消费者喜爱或者消费者喜欢，到企业有效益，再到产业可持续发展的逻辑，很有道理。另外，陈总确实谈到一个非常重大的问题，党的十九届四中全会就提到公有制为主体的问题，那是对整个全国来说，具体到行业不会是一刀切的，特别是在旅游、酒店市场化程度非常高的行业里。

陈妙林：国有企业要做大做强并不反对，牵扯到国计民生方面的东西一定要做大做强，中石油、中石化、银行一定要做大做强。但是充分竞争的旅游行业，一定要由民营经济来做，往高效率这个道路发展。

杨宏浩：你说的与我们国家的政策和习近平总书记说的不矛盾，基本经济制度是对全国来说，以前的讲话里也提到，关系到国家安全、国计民生这样的行业，国有是绝对要控股。但是完全市场化的行业并不是“一刀切”的。后面可以慢慢探讨。

黄总也是一个国有企业，是依托名山、世界级的旅游目的地发展起来，成长起来的国有旅游集团。黄总有什么经验可以分享？

黄世稳：民企确实有自己的优势，这一点我认同。我也是从第一届到这一届都参加的。浙旅是省级集团，我们是地方集团。黄山旅游，黄山怎么来的，1200 多年前唐玄宗一高兴把黟山改成黄山，这个时候中华大地上有一座山叫黄山。2019 年对黄山来讲也是很特别的年份，除了 70 周年大庆，也是 1979 年邓小平到黄山 40 周年，1979 年 7 月 5 日下午 5：00 在黄山有一个黄山谈话，跟旅游相关的。第一是黄山发展旅游好地方，第二是要有点雄心壮志把黄山打出去，今天正好是 40 年零 5 个月。这也是黄山旅游第一次创业。

第一次创业就说几个数据，1979 年在邓小平去的上个月，6 月份开始售门票，当时 5 毛钱一张票，1979 年接待人数是 10.4 万人次，营收 115 万元。经过 18 年的发展，到 1997 年，也是香港回归的那一年，接待人数突破 100 万人次。经过 5 年，到 2007 年，人数突破了 200 万人次，到 2012 年人数突破了 300 万人次。为什么讲这个数字？今天看中国旅游集团，大多数来宾讲科技、文化、数据，像我们传统的老牌景区越来越少了，以前还能看到几个老面孔，现在看不到了，说明传统景区发展到瓶颈时期。从 2012 年到 2019 年，接待人数也就是在 40 万人次上下。旅游怎么高质量发展，这是我们提出二次创业的阶段。

黄山旅游，当时一些领导提出中国旅游从黄山再出发，我们市里也提出二次创业，从黄山走出去。现在围绕四个目标，“四全黄山”：全新黄山、全景黄山、全业黄山、全球黄山。特别是借这个场合感谢戴斌院长，感谢各位，因为黄山旅游发展规划由中国旅游研究院给我们来做，以后发展是不是高质量，就看戴斌院长怎么带领我们。

杨宏浩：上次戴斌院长给他们定了一个调，走下山，沉下来，还要走出去，黄山旅游集团将来一定会发展得越来越好。靳总是依托航空旅游发展起来的集团，你是国有企业，现在也发生了变化，已经和绿地进行混改，成为混合所有制的企业集团，你们在发展的过程中有什么跟大家讲的？

靳黎军：大家围绕着民营企业还是国有企业讨论，我是一个 2019 年年度的跨界者，2019 年 3 月份东航和绿地集团进行了战略重组，对上航旅游进行了股份制改造。应该说，过去是央企 100% 的东航旗下的子公司，将控股权让出来，让给世界 500 强企业绿地集团，在 5 月份完成了工商变更。应该说这是在央企国企改革里非常典型的案例。因为一般是混合一部分民营资本，但是像这样将控股权交出来的案例还是非常少见的。所以说整个上航旅游集团在过去 30 多年的发展过程中，经过多次重组和兼并，基本上是物理的变化。2019 年是真正通过改革发生化学变化，发展进入快车道，这也是戴斌院长和杨所长说的高质量发展的主题。今天通过体制机制的转变有前提和保障，整个发展进入快车道，业绩大幅提升，干部员工的队伍精神面貌发生很大的变化。我也非常赞成陈董事长讲的，市场非常有说服力，要在充满竞争的市场中发展。

另外要专心打造我们的核心竞争力。分两点：一个是高质量旅游产品的设计生产，这是通过专业化的眼光、强大的议价和采购能力来实现，就跟做成一盘好菜，首先要选好食材，我们要拿好资源；另一个是通过人才设计出市场需求的真正旅游产品，完成产品的设计之后要完成高质量的旅游产品交付，这点往往被很多企业忽略。通过高科技的手段能够使产品交付效果提高和提升，这就是重组之后大半年的感受。

杨宏浩：经过两次重组，第一次重组还是国有企业，第二次是混合所有制改革，相信重组后会发生化学反应，走向高质量发展，可能对旅游集团企业来说确实是非常具有启发意义的。

下面还有三个集团，分别是旅游里的不同要素，杨总做餐饮，吴总做酒店，徐总做景区。杨总是俏江南的CEO，同时也是北京宴的董事长，主打中国服务，会有很多故事跟我们分享。但是时间关系要尽量简短。

杨秀龙：旅游这个产业是非常开放的产业，是非常好的产业，为什么呢？因为中国老百姓是最不愿意被安排的。你不管国企划归多少资源或者怎么回事，老百姓可以去看一次，让老百姓再回来看，就需要靠高质量的发展。因为我一直是做五星级饭店，做了20年的五星级饭店，为什么后来选择做餐饮呢？我就发现，五星级饭店赛道是不公平的环境，在中国超过80%的五星级饭店不以赚钱为目的。不以赚钱为目的的竞争就很难。开元酒店集团我是非常敬仰的，你也不用担心，你也不收门票。黄山的黄总守着黄山一辈子就稳了，所以叫黄山。开元不收门票，老百姓愿意来，老百姓用双脚一次次投票的结果，这是公平的竞争环境。

不管是国企，还是民企，还是央企，不管背靠什么资源，今天的主题既然是高质量发展，过去不需要，只需要占着一个好天好地。现在故宫每天参观人数是8万人次，全世界排名第一。中国排在第二名和第十名加起来都干不过故宫，不是故宫干得多好，因为故宫沾了很多老祖宗的光在那里，但是故宫的高质量发展，大家可以看到。眼见起高楼，如果不高质量发展，后面就很难。

刚才一说我是俏江南CEO，很多人愣了一下，俏江南还活着吗？我接手俏江南两年，不仅活着还活得很好，为什么？因为我们有四大承诺，凡是去俏江南吃饭，我们公开承诺：凡是给父母过寿，吃完饭父母没有流下感动的泪水，我们免单；凡是结婚纪念日，吃完饭老婆当面没有亲老公两口，我们免单；凡是求婚宴，吃完饭求婚没有成功，我们免单；凡是商务合作宴，饭吃完了，合作意向没有达成，我们免单。既然我们国家在实行市场经济的道路上会有很多曲折，这是很正常的。只要是市场经济，就必须接受市场的检验。决定权永远在人民的手里面。希望大家对我们有信心，具体北京宴、俏江南怎么做到的，就看主持人给不给时间，如果你拿回去你的企业也可以这么去吹一个牛，没问题的。

杨宏浩：谢谢杨总，今天没来得及讲故事但非常精彩。刚才还说到前面有一点纠结民营和国有，其实今天上午还有下午很多企业家都提到一个理念，用市场化的手段、用竞争的理念来做带有一定的非市场化的行业。国有企业虽然不是那么完全市场化，但用市场化的理念、竞争化的理念来做，我们没有必要纠结，而且做得非常好。

下面到吴总，他是东呈酒店集团的副总裁。东呈集团现在已经有 2000 多家酒店，而且一直提倡东方文化，肯定有很多想跟大家分享的。

吴伟：我们是一个新兵，2006 年第一家酒店才诞生，真正起步或者说转折点是在 2014 年拥有 200 多家酒店，到 2019 年变成 2500 家酒店，用了 5 年时间。现在希望通过 3 年时间拥有上万家酒店，冲击一下这个目标。这 5 年的高速发展，回应今天高质量发展这个命题，高速发展承接整个国家还有消费升级还有旅游业扩展。以前我做五星级饭店，感觉整个酒店业很小，一个会议基本就见完了，现在好多不认识，整个行业的发展给了我们巨大的机遇。这是第一。第二，民营企业愿景驱动，使命驱动。我们的企业使命是东方生活方式的实践使者，希望通过我们酒店的发展，将东方的生活方式带给所有的游客。在这个使命的驱动下战略就好定了，战略驱动的时候我们就会将所有的发展围绕企业使命去做渗透和贯彻，在高速发展的同时我们感觉到现在这个时机点，要重新回归初心，在量增长的同时怎么去平衡量和质的关系。我们感到随着中国旅游业的发展，整体的质量跟 20 世纪 90 年代比，我们做酒店业的人都知道从五星级到经济型，服务品质感觉相对下降，跟行业高速发展可能有关系，但是也是给我们敲响了警钟。在行业高速发展的同时，怎样保持高质量。我们从几个方面入手：一是产品的迭代升级，不断通过产品的迭代升级去保证我们的产品是符合“90 后”“00 后”消费者的需求。二是多品牌的渗透，我们有 15 个品牌，覆盖了从商务到潮牌到公寓到度假型酒店，给消费者更多选择，总有一款适合你。三是科技的加持，最近智慧酒店开业了，包括机器人调酒，包括指静脉识别、人脸识别，包括无人前台、大屏都有。还有文化赋能，文化加持是使命所赋予我们要做的事情，在标准化的复制基础上将文化、艺术、时尚植入我们的产品和经营管理服务当中去。

杨宏浩：谢谢吴总，他刚才提到一个问题，我们谈国有和民营企业最大区别的时候，体制机制是一个区别，还有很重要的区别，民营企业在它的使命下有一个愿景，制定战略，而且长时间一以贯之，这个可能是最大的（差别）。国有企业负责人更替相对来说快一些，对以前的使命、愿景、战略理解可能会发生偏差，甚至会发生变动，这个也是非常重要的差别。

徐总，蜗牛景区管理现在主要是做景区的运营管理，最近也上线了景区门票的预订系统，融入了科技方面的因素。徐总对高质量发展话题有什么想说的?

徐挺：我其实很羡慕我的老乡黄总，能够守好黄山，打好黄山牌，闲暇的时候可以聊聊徽文化，或者像在座那么多的文旅集团，能够守着一大堆划拨资产，可以很自豪地从负债率 90% 多降到 50% 多。我和吴老师不敢想，从来不允许欠债。我今天来想传达一个信息，蜗牛景区管理集团有一群景区工程师，我们能干好活儿，准确地干好活儿，只要是旅游景区和度假区的事，每一件事我们都能干得很准确。

另外，我就景区的规划建设和运营提一些想法。不管是景区或者是文旅小镇还是度假区，应该以运营为主导来进行思考，来构建空间的物质体系，特别回到常识回归生活。对旅游业而言，科技加快了信息的流动，扩展了边界，形成了环境与人、人与人的交互，金融业、物流业等技术发展给旅游业带来了服务体系重构的机遇。蜗牛景区管理集团从游客需求出发，根据景区度假区的发展规律，构建了景区工程师作业体系，推动景区、度假区的技术创新，提高环境与服务质量。我们在游客招揽、接待服务、产品供给、商街经营、物业服务、智慧旅游等方面进行了成果输出，如在空间规划，首先要设计运营模式，然后科学规划交通组织和游客组织，打通交通流、游客流、信息流、商品流、服务流和资金流。15 年前，我设计了黄山的旅游交通体系，也是作为黄山风景区旅游交通公司的董事长还有黄山游客中心的董事长，完成旅游集散体系的建设，在旅游方面我们很准确，希望各大集团能够把实践的机会、干活儿的机会交给我们。谢谢!

杨宏浩：徐总在景区管理方面确实有着非常重大的创新。

陈扬标：今天一开场气氛就很热烈，我也很激动，开元陈总上次在厦门见过，他做得很不错，但是他的观点我不一定很认同。国企能发展，民企就能发展，有资产没有营收，没有营收的资产不可取，没有利润的营收更不可取。国企资产哪里来？不能发展也没用。我们有一定的资产，划转也很难，现在书记吕伟国当省长的时候一年之内省政府开了两次会，资源整合不到位，资产划转很难。最近总书记提出四大联动之一，市场化，三年平均作为基数，最后 20 年增量分享。运营交给我们，托管给我们，我们这里的产品要改造提升，都应该市场化来做。我们接手国有企业体制机制，成本很高，历史遗留问题很多，特别是体制机制问题，我们 2015 年年底接手，2016 年聘请职业经理人，当时有人笑话说陈扬标是不是作秀？没有作秀，国务院检查各级国资委和企业的改革创新给我们一个肯定，给我们一个赞，说在体制内能做职业经理人真的不容易。我们有四个方面：市场化竞争、契约化管理、差异化薪酬、市场化退出。旅游是高度竞争，不是国有企业没有竞争，私有企业有竞争，不是没有门槛，是门槛很低，而且在高度竞争中求发展。

杨宏浩：谢谢陈总，很多国有企业现在在用竞争的手段，他们在做国有的事业，并不是我们所想象的那种。最后让杨秀龙讲一个故事，我们结束这个对话。

杨秀龙：习近平总书记讲看得见的青山、望得见绿水和记得住乡愁，不管手里有什么资产，只要有一个平台，记住，一定要给游客留下美好的回忆和可以流传的故事，决定权在时间，决定权在人民的手里面，这是人民是拿着钞票当选票去投票的结果。衷心希望我们在戴斌院长的带领下，全国大好的河山在各位的努力经营下给全国人民留下美好的回忆和可以流传的故事。在当前的经济形势下，让老百姓把手里的钱高高兴兴地花出来，花出来觉得值，中国的旅游从观光到度假还有很长的路要走，光一个故宫一天接待8万人，多少年都排不完，中国的旅游市场非常大，这是一盘大棋。在座的各位只要有阵地，我们要讲好中国故事，传播中国声音，让我们的文化自信充分树立起来，因为旅游的产品和文化息息相关，否则也不叫文旅项目。天不怕地不怕，就怕旅游人讲文化，我们旅游人一定要有文化，文化与文化水平没有关系，现在时间越来越惩罚那些只有学历没有学习的人，而越来越奖励那些有学习力的人。谢谢各位！

杨宏浩：谢谢杨总，高质量发展是国家发展旅游业定的最新的发展目标，也是未来相当长一段时间旅游业要为之奋斗的目标。为了能够实现高质量发展这一目标，需要我们千千万万像在座企业一样的市场主体来借助资本，借助人力、科技、文化以及数据这些基本的要素，不断创新，推动旅游业的高质量发展。不管民营也好，国有也好，只要遵循市场最基本的规律并为之努力奋斗，都会做出一番成就。

感谢几位嘉宾的精彩分享，谢谢大家！

第四篇

2019年旅游与科技融合创新成果发布及研讨会

Part Ⅳ

Release and Seminar of Innovation Achievements of Tourism and Science and Technology Integration 2019

5G 新技术　旅游新玩法

中国电信集团政企客户事业部解决部经理　孙军涛

各位嘉宾，媒体朋友：

下午好！

很荣幸有机会和大家分享 5G 在旅游业的应用，我分享的题目是“5G 新技术　旅游新玩法”，看 5G 给旅游业带来哪些不一样的变化。

习近平总书记非常重视生态和旅游业的发展，而绿水青山、保护生态和发展全域旅游等理念的提出，则为中国旅游业发展明确了方向。与此同时，“十三五”全国旅游信息化规划也明确对科技助力信息化提出很多的要求，希望通过科技助力的方式，让管理、服务、体验更加智能化，满足广大人民群众对美好生活的向往。

中国电信结合自己的资源禀赋，也在积极布局服务旅游的产品体系，中国电信旗下的号百商旅面对政企客户提供更多的出游服务，“酒店完美联盟”现在已经服务了上千万客房，中国电信旗下还有中电鸿信等一批专业公司，会围绕旅游局、企业、景区的需求开展丰富多样的信息化应用服务。例如，在钟山风景区开展的一个案例，该景区内景点非常多，信息化规划当时没有统一，业务数据没有很好地利用。中国电信配合景区围绕数据，管理整合了视频监控、票务、停车等 12 个核心系统，打造钟山风景区的智慧大脑，为景区科学决策奠定了非常好的基础，荣获 2018 年江苏省智慧旅游示范项目。

2019 年，“5G”一定是热频词。5G 超低时延、超大链接的特点，给大家带来更多接入的容量以及更低的时延，产生各种各样的尝试，未来的无人车以及高清视频点播、直播，都可以基于 5G 网络去做。

在 5G 助力旅游的板块，我理解是两个方向：一个方向让我们的实景更美，让实景升维，从平面向立体升维，从立体向空间升维，通过更多维的数据、更多维的景象，让你看到的景色更美好，来获得大家共同的向往。另一个方向是使虚景更好玩，通过景色与人文的结合，超时空的互动体验，让景色更加好玩。主要在这两个方向可以作为一个突破口，下面围绕这两个方向给大家做一定的阐述，看看 5G 在中间扮演什么样的角色。

5G 怎么升维？ 5G 的高带宽和低时延，可以将景区的采集端由以前的水平采集变成 360 度 VR 的采集，加上无人机采集，再加上超高清采集，整个采集的图像质量发生非常大的变化。再通过随时可以布设，随时可以传送的网络，加上 CDN（内容分发网络）的能力、边缘计算还有专网，可以给广大消费者远程去看，以前是一个视角传什么看什么，现在 5G 结合旅游的时候就可以产生多视角，可以随心切换视角。比如，这次中华人民共和国成立 70 周年大庆，可以看多个不同的视角，在旅游里面也可以，用户端可以有多视角的体验，让客户可以根据喜好产生更多维度的升维内容。在景区经营方面，可以针对不同的人产生不同的模式，谁可以看什么，看哪些内容是免费的，看哪些是收费的，这里有很大的想象空间。

比如我们在云南做过的案例，在云南民族特色旅游活动当中，在 5G 的支持下，全程实现了高清 360 度直播，给客户提供了两类视频源，一类传统的高清视频，一类 VR 视频。更好玩的是，就算你没有去这个场景，基于 5G 的高速度，可以捕捉实时景象，把远程的场景拉进来跟你合影。此外，景区利用 5G 加上边缘计算，结合 VR/AR 技术可以产生不一样的体验。VR 可以让游客看到更全面更多的内容，AR 技术则可以增强现实感，我们去做内容的可以通过这些技术做一些包装。例如，我们看过在韩国的很多媒体节目中观众跟明星来个约会，在旅游领域里面通过这样的技术加上 5G 的技术完全可以做得到，5G 解决了 VR 的快速传送问题。在黄山顶端，中国电信做了 5G 基站，加上高清的视频设备以及 360 度的采集设备，可以足不出户远程 360 度纵览黄山美景，并设计商业模式。

走进一个景区的时候怎么跟景区的人文发生关系？温州红军挺进师纪念馆，利用 5G+VR 可以身临其境体验粟裕将军在这里领导游击队的风云岁月，让人文结合在一起，不是简单地看景，而且有互动体验，进而大幅增强旅游快乐点。今后的智慧旅游可以加入文化要素，比如在龙虎山景区，打开 AR 导航 App，这边的文化将由一位道士来讲述，因为这是一个道教场所。除了在旅游领域，还有很多领域可以充分利用 5G 技术做模式的实践，如在媒体直播、工业、安防、教育、车联网等都可以做这样的尝试。前期我们做过大量的风景名胜古迹，结合 5G 技术给以前做过的项目插上翅膀，使其通过科技的力量让风景升维，变得更加好玩，让游客得到更好的体验。5G 技术必将打造更多元的 5G 应用业务，旅游行业必将持续提升服务。

Hello 5G，提升未来！

谢谢！

区块链在文旅场景的应用

腾讯文旅总经理　舒　展

感谢中国旅游研究院的邀请，今天来跟大家做一个交流。

区块链确实非常火，而且最近更火。对于区块链以前大家对它的认知有两个误区，一个误区认为区块链好像就是跟数字货币挂上所有的关系，它的火最早是因为数字货币带来的。另外，大家觉得区块链像前两年大家谈"互联网+"，一切皆可以 +，全国发布区块链的企业成千上万,一派非常热闹的景象，但是真正落地的场景和应用在哪里？还是属于早期的探索阶段，这个是我们对区块链的认识。

回过头来讲区块链，希望从腾讯的角度把这种技术更多与传统的场景结合，考虑区块链的技术到底在场景应用中能够解决一些什么样的问题，这个是我们做区块链技术以及分享区块链技术时一直去秉承的观点。

从腾讯的角度来说，2016 年开始着力研发区块链，今天在区块链体系分为基础平台的建设为依托，重点发展腾讯的区块链企业级应用平台 TBaaS（Tencent Blockchain as a Service），推出各种对于企业一站式相关的区块链应用，同时重点在七个场景做相应的应用落地。目前在司法的存证方面的置信链，小微企业的共享金融方面的微企业，还有发票领域的税务链我们做的案例是最多的。秉承腾讯一直以来在产业互联网上对自己的定位——数字化的助手，希望能够服务于传统的企业、传统的行业，在它们数字化的转型过程中，我们提供一个工具助手的作用，而不是颠覆这个行业或者把这个行业重新做一遍，这个是腾讯对产业互联网的整体思路。

腾讯一方面参与很多区块链的标准制度，可信的央行的数字货币，再到相关的可信区块链的推行计划，也做出相应的荣誉和成绩，在这里不展开。

在电子发票领域，如果说腾讯在区块链这块走得最快，应该指区块链电子发票。我们在 2018 年跟深圳市税务局共同落地电子发票，经过一年努力，目前开出的区块链电子发票 1000 万张。现在完全覆盖深圳的各个场景，接入的企业超过 7000 家，跟国家的税务总局、深圳局一起做了尝试，得到国家税务总局的认可，充分反映区块链在电子发票领域相应的成绩。

在文旅场景里面怎么去看区块链？第一，秉承刚才提到的，希望区块链技术能够服务于文旅的吃、住、行、游、购、娱各个场景，对用户企业产生相关的应用，这里面展开了吃、住、行、游、购、娱各个场景上的探索包括思考。文旅产业是非常适合用区块链的，它的链条非常长，涉及的场景非常多。第二，在文旅场景里面有大量的资源，原来是传统化或者自然化的资源，没有数字化，数字化之后没有闭环，看到一个一个单个的景区做信息化或者数字化的工作，没有全面数字化，而它的数字资产其实没有做共享。第三，文旅行业里面存在着可信、诚信的问题，在旅游行业里面信用示范的问题影响整个旅游体验以及全域的感受和品牌。我这两年重点服务一个省份就是云南省，用区块链技术可以很好地实现在诚信这块的发展。旅游行业里面非常重要的一点，它的信息不对称问题是非常突出的，不管相关企业还是文旅行业的上下游连接，再到游前、游中、游后，游客到异地生活旅游，很多在于信息的对称问题，区块链也有很好的应用，整体来说区块链非常适合文旅相关产业。

区块链在文旅重点打造哪几个方面？

第一，诚信。依托很多省份的合作，我们做一套诚信的模型，从政府的监管指数到行业的品质指数再到来自用户的体验指数，最近我们跟一些国外做得很好的网站做交流，如猫途鹰，作为全球最大的点评网站，它的点评数据是怎么产生的，如何保证真实性，如何运用于旅游的产业和身份。通过区块链，把诚信进一步发挥，从司法到行政再到同行同业再到相关的甚至来自用户的点评，整个在区块链对旅游的诚信做一个很好的应用，包括对于信息的安全共享和相应的保护。

第二，商品溯源。在购这个环节，很多时候大家不简单需要伴手礼，而是真正的东西。比如，到云南很多人买普洱茶，好的茶有一千多元有上万元的，也有 38 元钱的，越是当地传统文化资源的东西，越应该成为未来旅游商品的主流。但是怎么去保障？区块链在整个商品溯源体系当中已经在做相应的工作。今天给大家介绍的场景都是基于真实案例和实际研究中正在做的事情，而不是拿出一些概念化的讨论。

第三，游客全体验过程中所有的信息上链和协同保护。我们前期已经做了很多的探索，现在我们也在做一个整体的平台，希望从合同到行程单到保险乃至于导游、车辆所有的打卡信息全部整体上链，在区块链上面做相应的工作。它带来的好处一个是游客的全游程体验有监管、有记录，不会偏离旅程不会偏离服务。另外，可以推出新的服务方式，当所有的数据链可以上链追溯，会促进旅游服务行业大的变革。比如，我们的导游，更多的网约体系的服务可以形成。

第四，IP 版权保护。我们现在需要文旅有新的体验、新的内容，很大来自于 IP，既来自当地的原生文化文博内容，也来自数字内容创造。我们把腾讯大量的数字 IP 跟旅游场景结合，刚刚在云南丽江上了网红客栈应用，要做确权、交易，相关保护才能保证这个行业的大发展，我们在做这样一个数据中台的体系。

最后跟大家讲一个实际的案例，2019 年 7 月 20 日在云南首届区块链国际论坛上阮成发与腾讯开出全国第一张区块链电子冠名发票。发票的印刷费用超过 1.1 亿元，冠名票的申请非常烦琐，传统的电子发票周期长、限制多，而通过区块链电子发票的形式各方面包括监管都大大减轻，在政府端、企业端有不同的认知，推广这件事情有很大的难度。我们在云南经过等保三级认证，从简单的试点开始，第一张从玉龙雪山到石林景区，试点开出一万张。整个服务体验大幅优化，成本大幅降低，同时在税务的监管、税务治理方面有很大的提升。目前从云南的角度来看，下一步在 2019 年年底之前全云南所有的国家 5A 级旅游景区全部接入区块链电子发票，我开一张电子发票，买一张门票即给你开了相关发票，我们在交通和旅游两个领域大幅度加强区块链电子发票的试点，包括在特色小镇和产业上面更多去用到这样的技术，在 2020 年 1 月份全省全面推广区块链电子发票在旅游场景、在交通中的相关应用。

区块链只是一种技术，要落地场景，跟相关行业的痛点和场景做结合。另外，跟云计算平台做一个整体融合，是一种云面结合、数字共生的生态来做大文旅产业，做大区块链应用。

我今天的分享就到这里，谢谢大家！

AI + 翻译创造旅行新体验

科大讯飞消费者品牌总监　林　怡

戴斌院长、各位嘉宾以及媒体朋友：

大家下午好！

我是科大讯飞的林怡，今天下午的分享主要围绕讯飞在 AI 翻译上的最新进展，包括今天带来了转写和实时翻译的智能会议系统，以及围绕个人旅行消费者的一款讯飞翻译机产品来做一个简单的介绍。

科大讯飞，很多旅游行业的朋友也许还有一点陌生，2019 年是讯飞成立 20 周年，其实在 20 年的时间里我们也一直在坚持源头核心技术创新。2017 年，科大讯飞和国家科技部一起成立了人工智能认知重点实验室，2019 年 10 月已经签约北京 2022 冬奥会和冬残奥会，并且成为自动语音转换与翻译的独家供应商，也是冬奥组委会对于讯飞人工智能转写和翻译技术的一个认可。

如果把人工智能技术比喻成一个人来看的话，包括了几个方面。第一，我们希望让机器能够听懂人说话，能够识别出我所说的东西。第二，希望机器能够理解我们表达的意思，包括了很多人工智能知识图谱以及理解方面的技术能力点，包括在未来机器进行一定的思考，最后包括语音合成技术等。今天讯飞能够做到通过一个小时一个人的录音就能模拟出这个人的智能音库，我可以让不在孩子身边的父母通过智能声音的模拟陪伴孩子。

在翻译技术板块，经过十几年研究，2018 年讯飞翻译通过了国家 CATTI（全国翻译专业资格考试）英语二级口译水平考试，可以说也是对我们阶段性翻译技术能力成果的验证。我们做 AI 翻译技术领域研究的时候，认为非常重要的一个部分就是我们能够与行业里面非常专业的翻译专家一起去成长，这里包括像中国外文局给了我们很多支持，我们双方也是战略合作伙伴，包括上海外国语大学高翻学院与我们一起推进翻译技术在整个行业的应用和发展。

回到具体的场景当中，一方面，希望我们自己的源头核心技术能够不断去发展；另一方面，我们也希望这些技术能够落地实际的消费者场景，为用户创造价值。回到语言不通的相关场景当中，包括旅游出行，现在很多人在“一带一路”各种场合做涉外沟通、商贸活动，也包括出国留学、移民投资等。在这些核心场景里面，以旅游为例，我们看到的第一个现象，中国人的旅游消费力非常强，对旅游的诉求也随之增多。旅游消费者大多是一老一小结伴出游，旅游消费不再局限于体量较大的英语国家，而是追求小众的独特的目的地。这种场景就存在语言沟通上的痛点。第一，如小语种国家，很多一、二线城市居民的英语水平还是非常好的，如果去西班牙，与当地出租车司机进行沟通，他们的英语能力非常受限。第二，有些涉外场景中需要深度沟通，但是我们语言的精准度和表达力不足。第三，境外沟通环境当中，受网络信号影响，手机作为非常依赖于网络的工具不能专业解决沟通问题。

基于这些痛点，讯飞做 AI 翻译在旅游包括文体产业当中的标准我们认为有四点：

第一，要让我们的产品和应用能够听得清对方在表达什么。

第二，机器听得懂意思，才能帮助我们每个人进一步表达。

第三，翻译的准确度。现在我们的产品所搭载的大语种之间的翻译准确度已经能够做到 95%~98%。

第四，发音美。在英语、日语国家，每个发言人表达的口音特色不一样，希望我们的产品为消费者提供具体服务的时候，在发音的细节上能够做到最好。

2016 年 11 月，科大讯飞正式发布了第一款小译翻译机，至今在翻译机这个领域已经做 3 年的时间，我们也是这个行业的开拓者。在 3 年的时间当中，我们一直在推进产品形态的发展，包括技术上的重要核心能力突破，也包括消费者最喜欢的离线翻译功能，不受网络限制，也包括了方言翻译，如普通话和粤语互相翻译、粤语和英语互相翻译等。还有专业的行业翻译，如境外投资、医疗等深度全面的需求。

第一，讯飞翻译及能够实现中文和近 2020 个国家地区之间的语言互相翻译，包括各式各样的英文口音能够做到比较准确地识别，如印度英语、澳大利亚英语。

第二，方言翻译，现在汉语普通话与粤语、维语、藏语的互相翻译也在产品上体现了，还有主要的方言区和英语之间的翻译。

第三，离线翻译，是整个 AI 翻译技术领域里面比较难攻克的点，现在我们不断提升离线翻译的能力，使翻译能力不断接近在线翻译的水平。

第四，从本身产品的硬件环节来看，现在的讯飞翻译机搭载了四麦克风加双扬声器，保证在非常嘈杂的沟通环境下，还能做到准确地翻译。

第五，考虑到不同国家的出行需求，能够实现不同国家和地区的翻译。

第六，专业的行业翻译功能。包括外贸、医疗、体育等领域，如果你有非常专业的沟通需求，就可以调动起讯飞翻译机里面的行业翻译能力板块，包括拍照翻译，用于个人消费者在国外拍菜单、路牌或者资料，能够做到及时翻译。

3 年来讯飞翻译机取得一些成绩，现在据不完全统计，我们的累计销量已经近 70 万。阿里给到讯飞翻译机的一句评价："一个产品开创了一个品类"，在过去两年当中有很多友商加入到这个行业当中，一起带动产品和服务的发展。我们连续 3 年在公开的销售平台取得了销售冠军，2019 年也是天猫销售爆款前十名。

讯飞做翻译机这件事情，我们还是非常希望能够打造无障碍沟通愿景的实现，过去的活动包括一些涉外的活动当中，讯飞翻译机也得到广泛应用，包括 2018 年李克强总理在保加利亚亲自将讯飞翻译机送给保加利亚总理，包括博鳌论坛等一些场合。在整个消费者群体当中，我们也很高兴地看到很多旅游行业的意见领袖，包括旅游节目出去拍摄也非常主动地用到了讯飞翻译机来作为沟通上的辅助。

在此，希望我们能够和行业一块儿进步，能够推动翻译的发展。

大数据技术支撑下的境外自驾游市场洞察

中国旅游研究院产业所　张杨副教授

尊敬的各位领导、各位嘉宾，业界和媒体界的朋友：

大家下午好！

很高兴代表中国旅游研究院和租租车联合课题组和大家共同分享近期的研究成果。刚才几位嘉宾已经从硬和软的技术讲了如何用科技来提升旅游业的发展，为游客提供更好的服务，今天我给大家带来吃、住、行、游、购、娱当中的一个，看看中国游客在海外自驾游是什么样，利用大数据技术，看能不能揭示我们没有想到的事情。

每到节假日大家都会被一些图片刷屏，比如景区拥堵或者高速路等很长时间。游客出行越来越喜欢以自驾游的方式进行，而这种趋势实际上已经蔓延到出境游，现在可以说自驾正在成为中国游客出境旅行很重要的方式。2018 年国民旅游增长速度非常快，过去 5 年保持基本两位数的增长，在国内旅游人数基本超过 55 亿人次，在出境市场上 2018 年的出境人数达到 1.5 亿人次，在 1.5 亿人次当中自驾人数在过去 6 年时间已经翻了 65 倍，而出境自驾率翻了 44 倍。

自驾正在成为老少皆宜的出行方式，以前以“80 后”为主，现在自驾出境市场向两端延伸，低龄、高龄都加入自驾行，女司机现在已经占到出境自驾一半的比例，撑起半边天。自驾是一种很灵活、很私密的出行方式，如果结合 2019 年看到的以定制游、小包团、私家团为代表的新跟团方式会看到，游客在出行当中对私密性的要求越来越高，而我们的数据显示可以看到，用户最偏好的类型就是情侣或者夫妻或者家庭，很少有一个人出去自驾，也有，但是比较少。

2019 年大家都在讲下沉市场，市场下沉在整个出境自驾当中也非常明显，可以明显看到虽然我们的主要客源仍然以一线城市为主，但是二、三线城市订单增长非常快，如成都、杭州、东莞、大连、佛山这样的城市，二、三线城市出境主要的目的地还是比较传统的，如美国、新西兰、泰国等地，但是从一线城市的数据来看，出现小众化的目的地，数据分散，市场的分层转移非常明显。用“四宗最”来看一下出行市场。

第一，最受欢迎的汽车品牌及车型。在国内开什么车，出去就想开什么车，因为安全第一，我们最熟悉这个车型。

第二，2019 年全球最受欢迎的自驾线路。加州 1 号、兰卡环岛、墨尔本大洋路、法国蔚蓝海岸。围绕海岛，在细分市场中对我们有没有启示？启示非常大。

第三，租车订单增长最快的目的地。受到“一带一路”倡议的推进以及各国签证的不断简化，包括国际航线向二、三线市场下沉，我们出现一些之前没有想过的目的地，还有一些通过一部美剧带火的目的地。

第四，用户最关心的问题。租车时间、取还车信息、驾照政策、押金、保险理赔、租车时间、地点。

这不是一个门槛很高的出行方式，为什么？整个出境自驾门槛正在降低，从五个方面来看，到底为什么这个门槛在降低，我们分析它的价格因素、安全保障性、便利性提升、驾照的适用性和整个配套服务。

第一，我们看一组数据，大家觉得出去租车很贵吗？原来我们觉得可能出去租车很贵，尤其到欧美国家。年收入在 3.6 万元以上的人租车行为已经非常普遍，遍布在各个行业，私营企业主数量多，因为一般出去自驾不会玩两天，想多转几天，时间假期还是一个非常大的制约因素。几个目的地平均租车的客单价和平均每人每天租车的支出，每天租车实际上在海外才 100 多元人民币一天，在泰国才 68 元人民币，一个车里面经常坐三四个人，平均下来比打出租车还便宜。在价格这块已经没有什么门槛了，我们国内在北京随便打个车也要一两百元。

第二，大家觉得自己对环境不熟悉，是不是会有安全的痛点？实际很多企业在这方面已经做了非常好的服务，如自驾的锦囊，包括出行到一个目的地的时候你需要注意哪些事项、驾驶的规则和我们国内有什么不一样、遇到哪些常见问题、事故高发地区在后台可以通过保险数据给用户提示，我们还提供一些非常好的超级安心的全险：不光有责任险，还有盗窃险之类，全险买下来对保险没有任何忧虑。

第三，整个便利性也在大大提升，现在人们喜欢边走边订，即使出国游玩这样的大宗消费整个决策时间也在变短。可能下周出去了，才想着要不要租车，或者到地方了才想着要不要租车。租租车这样的企业能够提供闪租服务，已经到地方了，它可以给你提供服务，既有中文服务还有驾驶主导，还免手续费、免排队，促销期间还很便宜。在这样的平台上有很多自驾圈，建成非常好的社群。用户与用户之间的聊天或者信息的对接其实是非常有效率的，而且还有一些离线地图。自驾时海边、戈壁、沙漠没有信号，5G 可以改善这样的情况，我们需要一些离线地图的支撑，让我们走得更加放心，并且依托后面的大数据可以做出很多的行程规划和最好玩的线路推荐和不断地迭代，已经非常便利。从整个平台的订单来看，基本在移动支付端，而且可以看到在一个月以内下单的人非常多。

第四，海外驾照门槛越来越低，芬兰、比利时、美国一些特别的州都开始认可中国的驾照，租租车推出驾照国际翻译件，为 200 多个国家和地区的车行所认可。7 × 24 小时的语言服务、中文向导还有简化流程的免押金服务等都在降低境外租车的门槛。

有没有行业需要突破的挑战和痛点？还是驾照的问题，希望和所有的从业者共同解决出境自驾最后一公里的问题就是驾照的问题。虽然中国驾照像中国的护照一样，含金量正在提高，在很多国家可以用，很多国家的交通部认可我们的翻译件。在过去一年中，互相认可的进程正在加速。我们有没有痛点？我们的痛点是因为历史原因没有加入联合国道路公约组织，这是我们正在一步步向前推进的门槛，希望将来有一天能够加入公约组织，所有的人可以拿着一个 IDP（国际驾照）就可以在世界通行。当加入公约组织之后，国内道路交通也需要做好准备，让很多入境游客采用自驾的方式在中国游玩。我们企业已经为反向客流操作做好准备。最后一公里问题的解决，需要行业共同推进。

这些是我今天想和大家分享的所有内容，谢谢！

文化和科技助力夜间旅游

巅峰智业总裁助理、创新研究院院长　刘馥馨

尊敬的戴斌院长，各位嘉宾：

下午好！

非常高兴受邀参加此次论坛。刚才电信的孙总提到2019年的热词是5G，从文旅角度来看还有两个热词一定会有，就是全域旅游和夜间旅游，分别从空间和时间对旅游业态延展，满足人民群众美好生活的需求。

全国各地政府从产品、服务、业态、重点项目、片区供给的角度进行政策上的拉动，同时文旅的研究机构、咨询行业以及互联网龙头企业都在关注夜间经济的发展，从市场的需求端、市场的消费频率、消费规模等进行了研究。巅峰智业4年前开始做夜间经济的研究，从旅游目的地和旅游景区如何增加吸引力、更好地延长游客的停留时间来出发考虑的，我们从2017年开始打造了一系列光影秀落地的项目，2019年非常有幸和中国旅游研究院赵一静博士出版了《图解夜游经济》一书，基于夜间消费的各种业态、要素、产品、消费者行为以及消费时间进行研究，提出“六夜”（夜景、夜演、夜宴、夜购、夜娱、夜宿）的发展模型。六夜模型的基础是夜景，搞夜游一定把各个地方先亮起来，我们称为夜间旅游的第一赛道就是景观照明，各大资本企业最先进场的是照明亮化的公司，把城市夜游的亮化骨骼搭建起来。第二赛道是演艺公司。第三赛道是未来发展潜力非常大的，目前还有非常大提升空间的夜间一系列业态，由很多中小企业拉动，是细胞和血肉的构成，也是各地政府关注拉动夜间经济消费的关键点。

文化不仅赋予夜间旅游灵魂，同时更好地加强了这个地方夜间活动的识别性和传承性，也是一个独特卖点。具体来看，在夜景这一块，第一个趋势是光

的载体越来越丰富，不管廊道的建筑，还是森林、水的交换互动场景。第二个趋势是创新手法、科技的运用。在这个赛道里面我们看到在科技上比较领先的企业走在前面，如利亚德有1000多个发明专利。

在城市、乡村、小镇未来都有做亮化的机会，2019年12月中央最新的精神里面提出要注意过度亮化形象工程的问题。景区未来有特别大的机会，不管小镇也好，主题公园也好，商业综合体也好，商业模式和盈利模式相对城市乡村来说更清晰可见，这个是未来的主战场。

9月13日我们和华侨城集团合作的欢乐海岸项目，是我们打造出的一个超十万平方米的全彩立体灯光秀，通过各种空间载体的互动，与游客之间形成光影交互。这个项目很好地引发了顺德夜间的消费。

夜间的演艺，分成四类：

1. 实景演艺。投资最大，演出效果最震撼，运营成本高，受天气影响，亏损也是最大的。

2. 剧场演艺。这个产品跟实景相比一天可以演六七场，宋城最多一天演过十几场，但是由于受舞台的限制，迭代相对来说比较慢。

3. 沉浸式微演艺。沉浸式微演艺成为新的主流，也是很多旅游目的地最新的标配性的产品。

4. 光影演艺。需要投资金额小、方便运营、产品迭代灵活的一系列产品，景区里面有高台、水地等，都能为我们所用。我们前几年在连云港做的《天海传奇》、在张家口做的《西游归来》是用三个高塔做的演艺。2019年最新一代的产品是在安徽安庆文博园的《天仙配新传》，把传统文化进行演绎。在这些年的探索中，文化还是需要科技助力，才能让文化更鲜活，文化的灵魂赋予景区更好地传达。

地方政府特别关心和关注引导业态发展，从而真正拉动地方经济的发展。在所有的业态里面，夜宴成为很多城市的大IP，也成为大家计划行程中主要的目标。白天实际上以“游”来贯穿，通过游设计线路，晚上通过“吃”锁定的目标进行行程的设计。中国现在还是以传统美食街作为发展的主战场，这些年得到快速发展。东南亚做得好的是夜市，而政府监管还有的卫生要求使这个业态逐渐消失，需要政府引导放大来做。

市场空间最大的一块就是购物，涉及更多的零售业。目前有专家统计发现夜间是有消费冲动的，现在夜购的形态比较单一，主要在商场和主要的购物中心里。很火的夜市告庄西双景是我们的一个战略合作伙伴，夜游符合大众消费，夜间服务更多是为老百姓、为美好生活服务。曼谷的夜游由各个夜市去贯穿，需要政府引导发展。

夜间娱乐在科技的带动下是发展最快的一部分，代表着精神消费的升级。各种节事活动将夜间的其他业态串联，如悉尼的灯光节，里昂的灯光艺术节、音乐节等，都能激活夜间产品。巅峰智业连续四年在江西赣州郁孤台做了灯光节，在连云港做了光影秀，以及啤酒节、民国音乐秀等，在打造夜间娱乐的同时，带动周边业态的发展、刺激消费。目前一些四、五线城市也在做博物馆的夜间活动，需要注意的是要避免过度消费，这块的盈利和经济模式也是有待进一步探索和经受市场的考验。

夜宿，是旅游目的地最关注的一块，只有把人留下来，才能提高消费。夜宿呈现出几个趋势，现在很多地方在尝试科技酒店，从纽约的 YOTEL，还有阿里的非来不可的全场景刷脸的酒店。文化主题酒店如北京顶秀精灵堡亲子酒店，很好引爆了市场，到周六日基本一房难求。还有夜宿 + 电影 + 美妆 + 音乐 + 艺术，给我们提出非常好的方向。我们的每个产品未来和主题化、电影、音乐、艺术结合有非常大的空间，也是需要进一步探索的。

夜间经济对于企业来说，选择六夜当中的点切入，挖掘当地的文化载体，打造明星产品，从而实现盈利。对于地方政府来说一定是六夜整合在一起系统构建，才能满足大众消费。2019 年我们跟中国旅游研究院成立夜间经济实验室，是为了整合更多的产业资源、搭建平台，一起来研究夜间旅游的前沿趋势，探索孵化新产品新业态，希望与大家一起点亮美丽中国。

谢谢!

可移动旅居环境的科技解决方案

大地风景集团总工程师　文艺博士

各位领导、各位嘉宾：

大家下午好！

我是文艺，喜欢旅游，更痴迷科技。我今天演讲的题目是“可移动旅居环境的科技解决方案”。

刚刚张教授分享了自驾在我国以及国外的发展趋势，我想请大家看两张图，其实可以看出来，我们现在国家的交通发展水平已经位居全球第一，不管是高铁还是高速。现在中国的公路总里程 480 万公里，这是什么概念？可以绕赤道 120 圈。即使现在的交通网络发达到这样的程度，也还是有空缺地，这些空缺地基本分布在西部和北部，同样这些地方是生态资源非常脆弱的地方，这些地方占 54% 的国土面积，有我们国家 6 万平方米最美丽的冰川，有我们国家 120 万平方公里的沙漠、戈壁，也有 85 万平方公里的草场，94 万平方公里的森林，这些地方自然资源都非常优质，但是生态环境非常脆弱，环境保护是首先要考虑的问题。

再看一组数据，随着自驾营地的发展，随着自驾游热的升温，目前国家的自驾游市场已经超过旅游市场结构的半数以上，“十三五”期间全国的营地规划国家推出各项政策鼓励总共有 4000 多个营地规划目标，但是实际到目前建设的总数不到一半，只有 1690 个，正常良性运转的连一半都不到，只有 45.6%。在不到一半的良性运转的营地里面，平均出租率只有 37%，净利润率超过 8% 的连 30% 都不到，更可怕的是它的投资回报率只有 4%。像平均投资在 4000 万元的营地，目前面临的是什么样的问题和困境？基础建设成本非常高，但是运营周期又非常短，平均运营周期只有 37%。我们的投资资产效率非常低下，我们的投资人、我们的战略人最不喜欢看到这类投资项目。投资资产效率低的问题怎么来解决？科技！

经过两年多大地溪客和航天科技合作开发可移动旅居体系，希望自驾不仅仅可以到达，而且可以停留。未来希望让大家向往的54%的国土那些美丽的风景地区，在之前可达而不可留的自然地理区域变成可达也可停留的移动旅居目的地，怎么解决这些问题？用什么样的技术？我们跟航天科技主要的核心科技部门包括太空舱科研技术应用部门在长达两年的时间里，在可移动旅居体系中考虑以科技保障为基础的三个体系产品：基础产品就是用科技保障来解决水、电包括环境保护、污水和污物的处理；在服务保障层面，通过用公用功能的集成、通过餐厨储混合、住宿方舱和移动帐篷结合，满足短期居住停留的诉求；在体验保障层面，希望更多元化地满足场景体验的诉求，如在高原地区利用移动风景剧场欣赏一场剧，在人迹罕至的沙漠享受畅快的温泉泡池，怎么做到的？五个功能产品，这五个小功能体的结合可以满足50个人在户外没有任何生活场景基础设施供应保障的前提下待一周。静水储物搜集是一个方舱解决污水污物的搜集保护问题，通过有机物质和水的分离，通过洗衣、餐厨化学残留的搜集，把污水当中的水分离出来，再通过分化循环利用，污物打包带走。

采用微网混供的电源方舱，在7米不到的宽度采用三套供应系统，微网控制智能系统调控变频，另外电池的储能系统，还有电池和优机转换系统，可以在户外没有任何市政基础用电的情况下，持续备电50小时。

服务保障系统里面，餐厨储藏方舱，有冷藏冷冻空间，有中央厨房，还有卫生淋浴间，包括临时的公共自助餐小餐厅。将公共功能方舱集合到只有6米长的方舱，有储物空间，甚至有洗衣房，还有管理人员的休息室，包括医疗设备、淋浴。

液压式拓展大型住宿方舱，总长12米，能够瞬间容纳50个人住宿，虽然是集中住宿，淋浴和卫生间都是整体配套的。

为满足多元化的场景体验诉求，研发了移动风景剧场，配备风景咖啡、移动售贩、后台演出设备，包括利用航天燃烧保温技术设计了一套移动恒温泡池，用的也是中水。

大地溪客移动旅居体系可以应用在三个不同的场景，SEEK风景盒应用在自然保护区、文物保护区，SEEK特景营用于缺水缺氧区域，SEEK游牧村主要适用于运营期非常短、高峰期非常明显、服务保障不管软件硬件属于非常落后的区域。这些年我们做了小型的项目投放，SEEK 风景盒在山东一个风景区内，通过拼装式的装备、小型的住宿方舱，在保护区内使用。风景咖啡，只需要一个人也可以完成经营。在高原区域 SEEK 特景营的后勤保障方舱，包括供电和移动方舱的设备。未来希望在运营分界明显有 SEEK 游牧村里面，如可可西里、喜马拉雅、呼伦贝尔、大兴安岭、塔克拉玛干来设计更多的游牧村，根据季节布局。目前溪客的产品是一个初步的研发投放阶段，近期有 30 处项目投放，未来希望进行更多更大规模的现场投放和试运营，希望感兴趣的战略投资人加入。

最后跟大家分享一句话，我一位朋友在我演讲之前跟我讲的，他说文艺，今天大地溪客的可移动旅居产品体系的行程是因为科技，那么未来可能因为 SEEK 也因为科技能让我们在亲近大地的时候将不会再留下任何痕迹。

谢谢！

基于 GPS 位置数据在跨境客流 OD[①] 监测中的应用

北京腾云天下科技有限公司 CEO　崔晓波

“基于 GPS 位置数据在跨境客流 OD 监测中的应用”，以出境游为例。传统做出境游统计的时候，有一个“糊涂账”，并不是说糊涂，而是我们认为在过去的统计口径里面有几个不太好解决的问题，比如往往我们只能算小账，其实指的是微观数据，我们在很多口岸做统计其实不是用全量数据做统计，我们基本上用一些抽样问卷调查的方式去搜取一部分数据，不是面状覆盖。

第一，首站抵达的统计实际上小于游客真实的全链条旅游目的地统计，很多游客到一个地方，后续还有很多目的地没有统计在内，这是不准确的，这个叫小账。第二，我们算的账比较宏观，往往宏观判断出游人数、目的地构成，如果判断目的地停留时间，一次出游目的地数目包括整个线路的构成，尤其对人的分析，其实过去做不到那么细致和权威。第三，整个数据不管从新鲜度、频次各方面来讲不够活，不能够实时、真实反映旅游的现状。

针对这些问题，结合 TD[②] 的优势，我们通过合作生态的大体量全覆盖的数据，整体对下面几个问题做出比较有意思的探索和回答。在出境游里面回答三个问题，首先去哪儿游、大概的目的地是怎么分布的，谁在游（什么样的人群构成），怎么游（线路、时长）这样的问题。

出境游去哪儿游的问题，从洲际到国家甚至到城市看下来，2019 年出境游目的地洲域分布截至 11 月份，最热门的还是在东亚和东南亚，其次是北美、欧洲，非洲、中亚相对差很多。在欧洲部分里面，东西欧也是热门的，东南亚 + 东亚 + 北美 + 东西欧占到 83% 的出游目的地。到具体的国家和地区，像柬埔寨、

① OD：Original Destination，原目的地
② TD：Technical Data，技术数据

印度尼西亚、菲律宾、美国、加拿大、英国、中国的港澳台地区，欧洲基本是几个传统的老牌强国，像法国、俄罗斯、英国。洲际里面分别做了一定的分析，在欧洲排第一的是俄罗斯，第二的是法国，第三的是英国。在人群的叠加里面也很有意思，去俄罗斯的游客中老年人口比例非常高，红色游、怀旧游是非常明显的趋势。在东南亚比较热门的主要是日本、越南、泰国这三个地方。

目的地有一定的判断，我们在不同目的地的停留时长也都做了相应的统计，可以简单理解为停留的时长和目的地与你所在地的距离有一定的正向关系，基本上目的地越远，你的停留时长相对来讲更长一点，如在南美的停留时长接近 14 天。

旅游人口有什么样的分布？从 2019 年各省的出游热度看，全国出游 TOP10 城市中有广东、江苏、上海等，每个地区最愿意去的目的地排名为西南、东北、华南、华中、华北、西北，TOP 值排得靠前的是香港、华东、华南、西南，居民首选的还是香港，香港在东北、华北、西北的受欢迎程度低一点，韩国、俄罗斯在东北、华北更受欢迎，越南在西南、华南、华中地区比较受欢迎，跟越南在最近一年多整个经济发展配套服务有一定的提升有关系。日本主要在东北、华东和华北、华中排前三，北京、上海去日本旅游的热度是非常高的。国外目的地泰国和日本是比较相当的，泰国因为旅游价廉物美，美国和加拿大排在第二。

人均年出游次数，人均出游里面如果含港澳台大概 1.27，不含的话 1.42。因为单独去港澳台的人数相对来讲比较多。平均出游时长里面从排序来看，最长的是福建，简单来讲可以理解为福建人的时间会闲一点，有更长的时间投入到出境游里面去。

典型城市的出游目的地偏好，每个城市居民更愿意去的目的地是怎样的分布？以北京为例，北京出游最多的到中国香港，到香港大部分是商务的行程而不是纯粹的旅游。其次是北美、韩国。上海和北京类似，上海比较喜欢澳大利亚，北京去俄罗斯的人相对多一点。广州、深圳人因为地理区位问题，人们更倾向去港澳台，其次才是东南亚国家。

我们判断出游人群里面比较关键的是年龄段，“80 后”很苦，是不是生活的重担已经压到“80 后”身上？我很幸运是 1979 年的，不在这个范畴。我们总讲中国进入老龄化社会，看起来这还不是一个很差的问题，中老年人的生活安排得还是不错的，基本会有比较多的出游安排。有一个预估，“00 后”基本是跟着“70 后”家长出游，“00 后”单独出游的概率比较小。

按年龄段做目的地的对比，香港、澳门还是首选的目的地，其次远一点的是日本和美国。年轻人更喜欢菲律宾、柬埔寨等东南亚国家，这里面是有成本因素的，相对来讲去菲律宾、柬埔寨的花销更低一点。

从性别比例来看，出境游人群女性占比高于男性，大概高到 10 个百分点，25~55 岁的人群基本占到 80%。通过对出境游游客持有的手机做了一个简单分析，侧面来判断一下我们对这个人群消费能力的验证，基本他们的消费能力还是比较高的，用苹果、华为手机多一些。

最后看一下境外游客在境外的消费各方面的表现，出境游客中 53% 有代购经历，47% 无代购经历。在代购金额分析上，基本还是有比较可观的代购额度，小于 1000 元的还是比较少的，尤其 5000~10000 元是比较大的板块。所有的代购客户里面只有 43% 退税，52% 没有退税，初步的判断土豪还是很多的，并不太在意退税返还。

跟团花费的额度对比，大头集中在 2 万 ~5 万元，出境游的整体花费还是比较可观的，1 万 ~2 万元的占到第二梯队，1 万 ~5 万元的花费占到 68%，是出境游花费里面的主力军。

自由行和跟团游的大概对比，可以看到整体的比例接近。

出境游的整个购物支出商品类型分类，排名最高的还是护肤品和化妆品，中国女性的购买力世界闻名。第二的是其他，例如，在日本代购里面有各种各样小的生活用品难以分类，所以我们统统排到“其他”这个类别里面去。

我们和中国旅游研究院研究的课题里面有非常多的 topic（主题），我们抽取了一部分数据、一部分方向给大家做了简单的分析，时近春节，在座的各位春节可能有出游的计划，至少这个分析能够帮助大家在选择目的地的时候有一点点帮助和参考。

谢谢大家！

圆桌对话环节

由唐晓云博士做主持人，参加圆桌环节的嘉宾：
欣欣旅游董事长 CEO 赖润星先生；
平武县人民政府县长黄骏先生；
力方数字科技集团总经理陈方前先生；
商汤科技商务总监李星冶先生；
中国智慧酒店联盟秘书长荀亮先生。

唐晓云：下面的圆桌环节仍然是我跟大家在一起探讨，科技这个话题应该说既是一个老话题，又是一个新话题。旅游业和科技的话题很久远，可以追溯到近代旅游业发展的开端，托马斯·库克第一次组织旅游开始于 1840 年，那时候他们依托蒸汽机的技术开展第一次组织以火车为交通工具的团队旅游活动，是近代旅游业的开端。应该说科技与旅游业一直以来都有非常紧密的关系，今天我们探讨科技在现代社会尤其信息社会与旅游业发生的紧密关联。首先有请各位嘉宾结合自身的生活和工作谈一谈自己对科技和旅游业发展方面的认识。

赖润星：欣欣旅游成立于 2009 年，10 年来为旅行社、文旅企业、旅游主管机关以及目的地提供系统建设、网络营销、内容打造、数据挖掘的整体解决方案，今天年会中很多文旅集团的成员都是我们的合作伙伴，南京旅游集团是我们第一位集团合作伙伴，最近的一位合作伙伴是黑龙江的旅游投资集团。我们在全国各地做了非常多的基于旅游科技的应用，旅游科技在旅游行业里面的应用有一点比较容易忽视，我们有没有以用户为中心？大家打造平台也好，做的项目也好，基于自身为中心，目的地有什么我们就去打造什么。随着人工智能数据应用的推进以及 5G 时代的到来，基于用户为中心的感知和送达体系成为一种可能，用户感知目的地千城千面方面有可能成为现实。我想要的目的地就是我最想要的目的地。欣欣旅游正在用自己的努力和合作方一起共同建设，我相信接下去随着这些机制的应用，我们游客在出行的各个方面都能有很好地尝试，刚才各位嘉宾分享各种技术在旅游行业的应用，他们说得非常好，最关键的一点，都是以用户为中心，这个是我认为最重要的一点。

黄骏：科技对一个县区来讲，对我们的情况来讲，青山绿水就是金山银山，怎么在保护的前提下让旅游资源得到更大程度的释放。如果不借助科技的力量，包括生态容量、生态价值评估，就没有办法得到实现。我一直也在思考，怎么样通过旅游大数据，通过 5G 技术，让资源得到科学的管控让人流量包括对生态的承载能力评估和破坏力有一个科学的调配，我一直在这个问题上想寻求答案，感谢中国旅游研究院给我们提供这么好的机会学习，我们想在学习过程中寻找答案。

唐晓云：通过以上的发布，有没有找到适合平武用的科技？

黄骏：还需要接下来再聊。

陈方前：我们是一家文化与科技融合的文创科技集团，我们一直使用文化 + 科技的方式，在科技城市空间和大展览领域做了 20 年时间。文旅 + 科技给我们力方科技带来一片商业蓝海，我们做了两年时间，在这个板块我们的产值达到 30 亿元，让我们快速腾飞。在座的可能不能理解，是什么快速地让我们的企业在过去和文旅没有关系的情况下两年时间有 30 亿元的产值，这有一套我们的商业模式。

我们只做新文旅，我们只做科技文旅，不做传统文旅。新文旅是什么？我把新文旅定义成两点：

第一，是打造新经济场景运营消费，这个问题解决了就是一个很好的契机。这两年不管是谈科技文旅还是文化和旅游融合也好，最终是围绕消费的应用场景做新经济建设，不管是今天的人工智能，还是 5G，还是区块链，最终产生的新经济价值是核心。

第二，在新文旅里面有一个特点，消费场景深体验、强变现、重度增强现实，每个体验场景一定是可以变现的，让这个项目成功之后可拍照、可分享、可交互、可体验、可猎奇、可研学甚至可消费，形成这样一套商业模式。特别感谢文旅融合，加上力方科技的科技优势，这 20 年来给我们带来一片商业蓝海。

唐晓云：力方科技事实上在数字文创方面做了很多开拓，一会儿你可以跟我们分享一下。下面有请星冶总。

李星冶： 先介绍一下商汤，是基于深度学习原创技术做的计算机视觉公司，本身作为一个赋能行业自己本身提供一定的能力到各个行业当中，像在 2017 年做了五个行业，2018 年做了 10 个行业，2019 年做了 18 个行业，2020 年要做到接近 30 个行业。文旅作为 2020 年想重点扶持的行业，我们 2019 年花了很多精力想融合到行业当中，我自己花了很多时间去解读文旅行业的特点，从台上几位嘉宾的着装看来，我融合的进程还要进一步加快，科技圈进一步加快学习。

商汤能做什么事情？以跟文旅行业相关的场景为主，我自己本身是旅游发烧友，所有的假期都会跟家人朋友一起去国外，我前一段时间想 2020 年春节跟家人怎么出国旅行，上网去搜。因为有老人，搜海岛、热带，差不多搜了两三个关键词就跑走了，一会儿不停各种各样的购物网站、旅游网站全跳到海岛信息，这个就是用了 AI 底层的推荐算法，人工智能不做恶有正确的方式引导，选择目的地，选择好目的地要出行，像商汤一类的企业，商汤赋能全球接近 20 个机场，北京的大兴机场、首都 T2 都是通过商汤的安检以及刷脸进出海关，包括北京火车站，目前和北京地铁在谈，很多地方有刷脸的地方，这是解决出行的问题。

我们到了一个地方旅游出行要住酒店，现在国内有很多刷脸入住的无人酒店，北京市有差不多 100 家酒店用了商汤的刷脸，全国有 22 万家注册酒店，1/4 以上用了商汤的刷脸技术，不仅可以用在酒店入住，现在越来越多的无人酒店，整个酒店没有一个服务员，所有给你提供服务的不管是送餐还是一切的服务都是机器人来做的，中间涉及人工智能大脑涉及机器视觉。

目前我们跟网约车平台都有视频认证，2018 年在一些网约车平台发生了不好的事情，接下来通过强视频认证让风险降到更低，我们跟谷歌谈了一个很大的构想，网上搜了一个目的地，车到我家楼下，最符合我的要求和性价比，喜欢拼车的就叫拼车，喜欢顺风车的就叫顺风车。接下来自动驾驶，不是人来到你家楼下，而是车自动来到你家楼下。

刚才看到很多购物报告，到当地买买买，大多数出行特别到国外一定有境外的税收策略就一定要去买，像商汤跟京东、苏宁、阿里很多国内顶级的线下营销平台做了新零售的体验，不仅刷脸购物，还可以让你快速拿到你最想得到的商品。

去外面拍照，有大量的拍照互动，拍视频做直播，目前国内的手机除了苹果之外，其他的所有手机品牌都用到了商汤或多或少的图像技术以及国内几乎90% 以上的互联网产品和图像相关的产品也都由商汤进行底层赋能。

荀亮：大家好，非常高兴借此机会交流一下科技和旅游的融合。我来自中国智慧酒店联盟，我的身份有三个：第一个身份是裁判，行业协会；第二个身份，我是甲方，自己从事酒店；第三个身份，做科技，做人工智能的产品技术。

从这三个角度来讲，怎么理解科技？就是一个工具。智慧酒店也好，智慧旅游也好，智慧，大家都叫智能 Smart，过去大家比较狭义地去理解智慧，广义来讲，充分发挥人的智慧，如何创新工具、创造工具、利用工具，达到我们的诉求。我们对科技的理解它就是一个工具。对于旅游也好，酒店也是旅游的一个板块，从旅游和酒店角度来讲，我们也是一种生活品质包括生活方式的服务，科技同样也在为我们提供一种生活方式的服务。科技 + 旅游能够让我们的生活、让我们的社会经济，包括让我们的文化创新都能够有一个非常大的提升，这也是继第三次工业革命之后，通过技术让我们的生活再次发生转变，让我们的生活再次能够有一个大的提升机会。

唐晓云：非常感谢荀亮总，观点非常明确，科技就是一种工具。但是这个工具在旅游行业里面应用的时候，它应该怎么去用？我们发现当资本在热推 AI 技术的时候，无论从景区也好酒店也好商场也好，到处可以看到机器人，每个机器人的功能非常有限，或许它只是一个噱头。当我们在推大数据的时候，我们也会发现，星冶总刚才提到去搜索出境游，很快跳出通过智能算法得出来的各种推荐，这个事实上是对我们每个人隐私的侵犯，同时也有可能推荐出一些我们不希望得到的信息。当我们谈到区块链的时候，当政策推动的时候有的是反对的声音，一下子又来很多支持的声音、赞同的声音，很多情况下对于基础的工具缺乏非常深刻的理解，更多的只是跟风。在我们真正运用科技，把科技运用到旅游的时候，应该朝着什么样的思路方向发展？这是留给各位嘉宾的第二个问题。

荀亮：其实对于技术应用方向包括刚才唐院长讲的，现在很多产品、技术包括一些智能科技确实徒有其名、徒有其表，包括大家都在讲的人工智能好像无所不能，但是我们从事人工智能的人都知道，人工智能现在是人工弱智，到不了那么智能的阶段，还属于人工智能爆发的前夜，还需要更多基础应用包括更多的智能节点集合之后上升到数据阶段，让它变得更加智能。

刚才唐院长讲到，大数据不管是隐私侵犯也好，还是大数据杀熟也好，这个问题我过去跟大家分享时经常说一句话，今天在百度搜索栏里面搜的关键词就是在订阅明天我们即将收到的广告。过去我们在一个商城里面搜索一些信息，接下来会弹出来各种各样你搜索关键词的相关商品。现在是跨平台、跨行业把这些数据共享，严重侵犯了我们的隐私。

当我们出差的时候，查这个机票今天 800 多元，过了半个小时发现机票马上涨了很多。已经锁定你这个时间必须要去，你必须要买，机票涨价，包括酒店也涨价。这种大数据是一种智能，但是与真正的技术应用方向让我们生活更美好是相反的，反而让我们被商业绑架。为什么这么讲？未来是数据煽动性的时代，通过大数据的应用让我们产生更多的消费。

在技术这一块，很多产品也出现了如用了之后并没有那么智能，也给我们带来一些比较差的应用结果。劣币驱逐良币的现象比较多，很多智能科技用在细分领域并不是效果明显，这里面有多重问题。时间关系我们不能过多去分享，有时间我们可以再交流。

整个行业技术应用的方向是什么？缺少很多东西来给这个行业指明方向。比如这个行业有没有一个好的标准规范，有没有一个好的示范工程，我们现在在做一件事，打造中国首个人工智能酒店教学基地，它既是一个标准，又是一个教学的实验场地，还是一个亲自实践的平台，希望接下来和大家一起继续分享。

唐晓云：我们的科技应用注重体验，同时不能被商业所绑架，非常感谢。请星冶总谈谈这个问题。

李星冶：刚才宽泛讲了人工智能应用，下面具体讲一下我们在文旅行业，刚才荀总讲的人工弱智，商汤全部精力做人工智能，我们在很多方向上确实在摸索期。人工智能在文旅行业能做的事情有四件。

第一，效率，用机器替代人做更多的事情。目前大家想到的更多的是基本的方面，比如在景区里面有刷脸进园、刷脸存包、刷脸支付等场景，有一些深度智能的场景，跟国内差不多七八家银行谈用智能客服替代真人大堂经理，2020 年和 2021 年在国内超过 1000 家银行线下网点看得到，北京市目前已经有两家。接下来，希望这种方案覆盖到景区当中。很多大的景区有志愿者，大的场景活动，让机器虚拟人代替真人，不管是检票员还是导流员还是志愿者，甚至卖面包、卖奶茶每个店小二用数字的形态替代传统的真人去服务的方式等。类似于此，大量用机器替代人力提高我们的效率，降低我们的成本，这个是人工智能目前不太弱智能做的第一件事情。

第二，增加互动。用真正深度的人工智能完成互动，目前大家能想到所谓的人工智能所谓 AR 就是硬载体，在景区里面几 D 的影院，戴个眼镜就是 3D，喷个气就是 4D，椅子动一下就是 5D，喷个水 6D，旁边人喊 7D，VR 只是虚拟现实，我不敢叫人工弱智，起码没有真正把深度学习的能力运用到场景当中。用到相关的 SLAM（即时定位与地图构建）等技术，结合真实空间做更多的 AR 和 MR 的东西，2019 年下半年陆陆续续看见有一些比较好的应用在尝试，包括国内国外的，这件事情未来会发生。大家不是戴个眼镜走进一个景区的房子，不是这么简单。室外的场景如北京欢乐谷在户外戴眼镜，已经有尝试，这些尝试 2020 年会更多发生。

第三，编钟不能让你上手去摸，中国大地有大量这样的藏品和展品，我们通过 AR 重新建模体验，任何人拿自己的手机、Pad、眼镜可以“敲击编钟”，发出的声音跟敲击编钟是一样的，人和场景、人和物的互动可以通过技术解决。

有国内千万人次以上的场景在跟我们谈，希望同一个地方创造更多的文化内涵，两个月前我去了南昌滕王阁夜游，做了大量基于人、场景的空间改造，我们可以通过眼镜虚拟的方式对场景进行重新塑造。

基于对人的行为理解，基于对人的轨迹分析，我们可以知道景区里面的人、场馆里面的人、博物馆里面的人喜好是什么，早上来的是男士多还是女士多，他们的运动轨迹是什么。迪士尼乐园这种场馆要排队，你去哪个馆最感兴趣，排队时间最短，这些智能推荐不仅加强景区管理，也能加强个体旅游的体验。

第四，从效率到互动到深度游到景区和人的互动理解上，我们认为现在人工已经不那么弱智了，可以做更多的事情。

陈方前：每次高科技的出现都引发行业的高度关注，也是对行业的一次变革，对于力方科技自身来讲，我们很理性，本身我们做科技文旅，我们做文化 + 科技 + 旅游，我们在这个过程当中很现实，理性把这些技术和我的产品怎么能够结合，在本身的优势上面打造文旅特点。

第一，围绕文旅的痛点落地，把痛点解决了，促进人均消费，如智能化、过夜人数、重复再来、自愿消费等，把这些问题解决，这些问题的核心还是利用科技赋能。

第二，科技文旅板块打造令人尖叫的产品，来这里有体验，震撼的视听，体验感、未来感很强，这些技术会进行植入。本身在科技多媒体交互、光影艺术上是我们本身的强项，但是我们也会利用 5G 让大家在家中能够感受旅游的魅力，大家更需要体验。营造有温度、有情感、有故事、有内容、有气质、有消费这种强大的场景，围绕城市的形象设计、城市的特色旅游设计、城市的艺术灯光设计，包括城市的 IP 形象，从大文化大 IP 的角度出发。重点做什么？比如从夜游经济、演艺经济出发，同时深入到城市的更新和产业的升级，同时打通最后一公里的产业链，包括民宿酒店和特色美食。中国的中小城市正需要这样的理念和赋能，为它做解决方案。利用三到五年的时间布局 200 个自营盘，从 B 端转向 C 端做转型。

唐晓云：通过寻找痛点，然后找准应用的场景。你有没有想过，事实上大众旅游时代最大的一个特点是散客化的特征，面对散客出行，事实上有很多痛点。咱们在场景设计的时候有没有针对散客出行，没有导游、没有解说，也没有人给我预订安排行程需要及时解决的服务，有没有场景方面的应用？

陈方前：过去旅游的智慧化也好，信息化也好，解决了很多信息的问题、营销的问题，发布信息、发布营销已经让我们知道了这个地方。5G 时代到来解决了你刚才提的这个问题，在家就能够感受到旅游的魅力，在家就能够解决这一切，这就是 5G 帮我们解决的问题。

唐晓云：在目的地层面旅游技术的应用，在这个问题上黄县长是怎么考虑的？

黄骏：从科技助推文旅，政府层面需要回答三个问题，解决三个问题：

第一，消费群体和提供的旅游产品之间精准的对接或者相互的寻找，通过科技可以做到，包括前面几位也讲到搜索一个词，很多定制的东西第二天就会推荐过来。

第二，管理的问题。包括景区的管理、人流的控制等，通过科技让管理更科学规范，让生态的承载能力得到科学的限定，通过定制的方式。

第三，产品应用的开发。刚才几位老总讲到，更多是产品的开发，包括现在我在做的一个事情，进到平武的旅游景区，通过智慧系统捕捉你在每个景点的行为，自动给你生成一段视频，同时给你配很多解说词，所有驻足过的地方、观看过的点位都会给你配上相应的解说词，当你离开平武的时候，这套东西送给你，这个是收费的，正在开发中。

从政府角度来讲就是三个需求，产品和市场的精准对接，有助于管理的提升、科学的提升，产品应用的开发。

唐晓云：目的地层面科技也是可以发挥很多的作用，刚才黄县长讲了三个方向。赖总，你在这个问题上是什么样的看法？

赖润星：我想先总结一个观点，帮我们这些做大数据的公司做一个辩解。刚才讨论到大数据作恶，人工智能在行业应用的作用处于哪个阶段的问题，无论是关于技术本身，还是每个企业对规则的敬畏和认知以及对商业模式的设定，我们不能因为有醉驾自伤这件事情而否定汽车，旅游科技是一个好东西，一定要深度拥抱。我们也尝试推出基于目的地的类似于像今日头条这种旅游机器人的推荐系统，这块有两个关键点。第一个关键点，来自于推荐方案的精确程度，第二个在于你对目的地资源的掌控程度。

对于推荐算法这块，欣欣旅游在过去十年总共服务了 14 万家中国的中小旅行社，3000 多家中型旅行社以及 88 个旅游目的地，积累了大量真实的市场数据以及行业监管的数据。在合法合规、在脱敏的情况下，我们总结了将近 78000 多个基于用户画像还有行动轨迹的算法。结合到相应的推荐，在数据模板上面我们有一定的沉淀。

对于目的地资源的掌控这块，本身作为数据型的公司，自我实现这个功能很难。这块我们用外研合作的方式，不断在找各地的合资平台与文旅集团进行合作，通过轻资产平台——科技型的平台合作，提高对各地资源的整合打包和呈现，把资源的掌控控制在一定的范围之内，基于这两点有可能打造成类似今日头条基于目的地的旅游机器人推荐系统。

我们目前在黑龙江以及四川的都江堰做测试，可能还是会分阶段去试试，希望未来和更多的文旅集团合作玩这么一个好玩的东西。

唐晓云：感谢赖总，应该说技术本身是没有恶的，在于我们每个人怎么去用它。技术在旅游里面应用的话应朝着怎样的方向，刚才每位嘉宾都分享了自己的观点，总结起来首先我们的技术应该有技术的伦理，在一定的技术标准规范和合理的范围之内朝着为人服务、技术服务于人、服务于美好生活的方向去发展。同时，技术需要有理性，有商业的理性、技术的边界，技术的边界在于我不去侵犯人，不去用技术用算法，是一个有价值观的算法，同时是有理性有规则的算法。我们的商业实现有一定的合理商业模式，在这样一个框架之下，面向痛点，在一个商业场景中去应用才能形成更好的产品。

在每个企业，在座的几位都是公司的老总还有目的地的负责人，我们企业在真正把技术应用到旅游场景研发时，遇到什么困难？未来对科技在旅游里面的融合又有什么样的展望？

赖润星：旅游科技在旅游行业的融合创新和发展过程当中还是会有很多的限制因素，可能有四个。

我碰到很多场景得出的，最关键的第一个还是基础太薄。可能大家不知道，在全中国这么多省份的情况下，真正目前初步建成旅游信息基础数据库的省份只有三个，其他的还是没有。

第二，数据源太过于分散。除了行业本身内生的数据以及自我掌控的数据，无法真正去全方位服务游客，我们还得从运营商、金融机构、交通部门、公安部门以及更多的合作部门、关联部门去获取数据。而且获取数据的成本是非常高的，很多时候不取决于你有没有这个能力，在于相关的部门会不会配合执行数据提供。

第三，行业的角色非常多，旅游行业是非常大的行业，链条非常长，环节节点比较多。各方在交融汇合的情况下，它的需求是错配的，经常是不对称的。

第四，场景比较乱。因为环节多，纵横交错的场景很多。

这四点导致一个结果，在任何地方、任何场景下只要做旅游、做科技交融的情况下，一定是一个系统工程，没有办法一蹴而就或者举什么之力就能做到，一定是全员参与。这几年我一直在做的全域旅游也是这样。这几个限制因素我们还是尝试有一些解法，欣欣旅游按照跟各地合资投资的方式往前推。

第一，会帮助各地去建基于当地的某种入口，我们这块的沉淀还是比较深。欣欣旅游这么多年沉淀包括行业监管端的行业监管平台、产业平台等各种各样的平台，基于企业端的企业内控和网络营销系统，基于消费端的消费场景各个呈现的系统有 50 多套，我们会把这些信息化的功能导到目的地去。

第二，当地的旅游供应链以及旅游资源相对成熟的时候，我们会把平台上累计下来的 14 万家分销商一起带到目的地进行跨域集中采购，解决目的地需要引流的需求。

第三，运用我们的运营经验。全国都在做全域旅游平台，基本是建设完交钥匙工程，我们欣欣落地到十几个地方，所有都是建完一家运营，不是建完就走，我们想把这种经验带到每个地方去，为当地的产业提升发挥我们的作用。

各地想做务实、有效的科技旅游应用，找欣欣旅游就可以了。

唐晓云：刚才讲了遇到的一些问题和克服的办法，你这边有没有遇到专业人才方面的瓶颈？

赖润星：人才什么时候都缺，各行各业都缺，尤其是掌握了先进理念、实用技术且符合现实的专业人才，人才匮乏在文旅行业更是行业大痛点，目前文旅企业在人才吸引、人才培养、人才挽留、人才激励上各家都有各自不同的做法，比如欣欣旅游在 2020 年将启动与 10 所开设涉旅专业的学院合作，进行校企共建，培训联动已经人才互通。目前我们已经和山东旅游职业学院进行了前期沟通和合作签约，接下来将同步在学院和我们企业内部搭建新型教室，联合教学，向行业定向输送人才！

黄骏：政府层面上推一件事更多取决于投入多少人财物，投入多少人财物取决于这件事情本身产生的价值评估。如果旅游仅仅是旅游经济，只是好玩，这个事情我估计它上升不到国家层面。我个人理解，旅游可以跟大健康、养老、教育相结合，而这三个问题应该是国家需要解决的问题。更多的旅游产品像健康领域、养老领域和教育领域倾注的话，它会赢得国家层面更多的关注，会给一些资源。

关于做这件事情的人，如果从政府层面来讲，仅仅是旅游局，建设方面仅仅是旅游企业开发商等，仅仅是旅游人来做旅游的话，我觉得这个事情也做不好，它一定要集成更多层面的力量参与。一个核心的结论，这件事情我觉得更多从解决国家关注的问题着手来回答旅游跟这些问题之间的关联度，从而赢得国家平台的支持、政策、资金。比如，到我这个层面，光我关注、我支持、我重视是远远不够的，我想做智慧旅游碰到用钱没钱，国家也没有专项的转移支付，我想建一个项目投资等。一定是高层面，顶层关注。

还有，人才的问题，需要一只更专业化的，能够集需求、设计、技术、管理于一身的人才队伍。

这两个解决好了，文旅产业应该说本来它应该是一个朝阳产业，正在朝这个方向发展。

陈方前：唐院长的第二个问题，我解决文旅的痛点，你提到我们企业的痛点，很难。我们做科技文旅，我们在招聘过程当中去招旅游的人才，很多做旅游的前辈很专业很强，但到了我们企业怎么融合也是一个头痛的问题。包括我们自身科技研发的人才来了之后，他对旅游有可能又不专业，这个问题一直困扰着企业。我们 2019 年想在全国建 30 个分支，建不起来，人才结构跟不上，我们跟国企合作投资监理公司，人才跟不上，非常之痛苦。这是第一点。

第二，文旅有一个同质化的竞争问题，你做了之后他马上做，下一个马上给你复制。科技文旅的结合也一样，你怎么去挖掘一个城市营销的新玩法，哪个企业把这个问题解决了就好玩了。挖掘一个城市营销的新玩法，如何把这个城市变成一个网红地，还是要有一定水平。比如前一段时间我们全国搞亮化，中央一个文件下来全国开始拆灯，这个也是一个痛点。

第三，我们给政府做了很多项目，文旅融合进去，高科技、5G、区块链、人工智能，旅游项目已经建成了，但是基站解决不了，怎么解决基站的问题？投入一个基站建设不是简单的事情，我们的项目落地之后能够快速地和 5G 融合，怎么融？融不进去。这个还需要时间。在这个过程当中，企业跑的过程当中企业找准自己的定位，借力发展，研究自己核心的商业模式向前走。

唐晓云：事实上方前总刚才提到融合这两个字，我想起旅游技术应用一个非常大的特点，它是融合创新，需要各种基础设施，我们加上 5G，加上 VR，加上 AI 都需要有一个数字的基础设施和设施设备的基础设施，这确实也是我们旅游的技术创新里面开展融合创新非常重要的一个基础。在科技应用方面星冶总这边有很多原始创新，请你谈谈。

李星冶：刚才几位领导讲到的话题关于投入、关于人才，这个是行业共同面临的挑战和问题，我就不赘述了，刚才陈总也讲到了，唐院长也讲到所谓融合或者打造网红地，深度配合做这个事情，除了刚才讲的这些问题，也是我能看到的最大的问题和挑战。商汤本身是一个赋能的企业，现在赋能十几个行业，对于每个行业从科技企业来讲，商汤这类公司需要去理解行业，反过来从行业来讲需要去理解技术的应用，这个很像网络征婚，俩人看起来条件匹配，真正相处过程中发现哪儿都不对，走到线下跟文旅的场景谈深度融合谈方案的时候，我们给的跟对方要的完全是脱节的状态。我们的商业模式是什么？拿一笔研发费用还是门票分成，基于前端的边缘基于 5G 做整改还是基于公有云 2017 传统的方案，还是仍然把数据传到什么样的终端，到底 AI 也好 VR 也好 MR 也好，到底什么样的方案落地？商汤科技企业有无数的排列组合，对于场景运营没有概念，对于一些比较新兴的行业像之前合作一些车企移动互联网，他们比较先行有工程能力，有施工意向，这个问题相对容易克服一些。我们跟偏传统行业结合，文旅的场景里面有些方向还是偏传统，不管组织结构还是思考方式都偏传统，对于双方融合来说就会存在很多挑战。大量行业的热度看得到，自己去了 20 个企业，20 个文旅场景，可能十八九个对商汤表示非常高的关注度和合作意愿，真正合作落地就变成知易行难的过程。

几周前我去了北京某个科技馆，他们说有一个很好的刷脸应用场景，刷脸取厕纸。你刷一次脸记住你这个脸有 Face ID，每隔半小时能取一次纸，要是拉肚子到处找不到纸，这不是很好的科技创新融合吗？有很好的科技创新的意愿，也用到当前的科技层应用。每家都是复制粘贴一样的方式，是不是针对场景有定制化的融合？不管科技企业还是行业应用双方需要一起坐下来做这件事情。我们自己在推进过程中第一步，把希望寄托于甲方，希望合作的甲方提出明确的要求、场景，商汤做实验，后来发现很难。第二步，希望找到中间方，国内有大量的集成商可以做这件事情，但是它们看不起这块市场。项目一共 20 万元，给它 5 万元，看不上这一块。

对于科技赋能型的企业接下来走到 3.0，商汤一定程度上大包大揽所有的工程实现算法应用还有运营支撑，一些上层的开发偏运营层面，如现在跟一些厂商做 2020 年元宵节，没有太多 idea（想法），到底做一个打地鼠还是做一个抓捕还是做一个什么？其实是很上层的应用，需要科技创新型的企业做得更前更多，这个也是我们愿意尝试的方向。

对将来的展望预期，我自己特别看好，网络相亲的俩人只要彼此相爱，美好的事情一定会发生。我看到行业的热忱，我自己很看好科技和旅游融合，将来会有更好的前景。

唐晓云：很多科技企业在科技应用的时候没有关注到，很多人更需要科技，科技把他们挡在外面，在医疗等领域也是这样，老年人更加需要这样的服务，我们的目的地目前没有为老年人提供科技产品和相应的服务。这个是科技企业和旅游目的地应用时需要考虑的，下面有请荀亮总。

荀亮：我们现在看到的这些问题也好，行业方向也好，其实整个行业分三个组成部分，一个是用户，另外一个是我们的服务方，第三个是行业的专家学者。

第一，从用户角度来讲，很多用户对技术的不了解是跨界跨领域的一种需求，在这时候其实和技术服务方有矛盾点，这是一个困难。

第二，用户当中技术人才对技术的应用，不管给整个行业或者个别单位提供一些技术之后，总是在应用上不能达到资产利用率的提高。资产利用率不高，资产回报率不高，造成了资产的浪费，给行业带来很大的困扰。刚才我讲人工弱智并不是说反对人工智能，而是说人工智能现在这个阶段属于弱人工智能阶段。我们也在往强人工智能阶段发展，在这个过程当中需要更多的应用来鼓励人工智能，这些应用能够为人工智能贡献很大的数据，知识图谱也好，数据模型也好，都需要知识和数据的基础。

第三，整个行业缺少顶层设计和整体规划的专家。中国旅游研究院肯定是专家中的专家，但是从整个智慧旅游、智慧酒店来说我还是有点发言权的，智慧酒店这个词起源于 2009 年，后来才有了智慧城市、智慧交通。我教育智慧酒店行业到 2019 年整整用了十年，但是很痛心，这个行业搞一个微信开锁就是智慧酒店，搞一个电动窗帘也叫智慧酒店，搞一个电子导航就叫智慧景区？这都是以偏概全的问题。我的三个身份不是我的贪欲，我做机器人、做酒店，又做协会又做裁判，我是被逼迫的。

2009 年推智慧酒店时我是做协会，到 2013 年我倡议大家往人工智能方向发展，以后酒店会用机器人，那时候大家都在说荀亮在胡说八道，机器人怎么可能进酒店呢？那是一个冰冷的东西。现在中国的酒店使用机器人的数量已经超越全世界所有国家加起来的总和，为什么发生这样的事情？我自己做机器人了，我们在为行业解决从 0 到 1、从无到有的问题。

现在我做酒店，缺少顶层规划，缺少整体设计，我们就做一个，让大家都可以来体验、来挑毛病、找问题，这样为整个行业解决发展方向的问题。

简单回答唐院长的两个问题。

唐晓云：非常感谢各位嘉宾，今天我们聊的话题是怎么样在旅游领域实现科技应用，应该朝什么样的方向发展，我想通过几轮的交谈，我们会发现科技在旅游里面的应用需要朝着面向行业发展的需要，尤其是面向游客需要的方向去发展。同时，需要精准找到不同年龄阶段的人在旅游过程当中不同的痛点，同时去确定它的应用场景。在这些基础之上，更加需要在这个过程中夯实技术应用的很多基础，包括人才的基础、数据的基础、物理的基础，另外最重要的是科技在旅游里面应用创新体系的基础，这个基础包含我们的人、财、物和整个制度体系的配合，这个是非常关键的一点。

今天我们圆桌对话就进行到这里，感谢各位嘉宾。

下面接着是媒体提问环节，哪些媒体想就今天的话题向嘉宾提问？

吴必虎：我想问一下讯飞的林怡总，我开了很多国际会议，全世界的人来开会，能不能让嘉宾讲中文，其他嘉宾的屏幕上能够把英文显示出来，这样大家能够看到，这个技术有吗？

林怡：现在可以做到，翻译的准确度我们每年做一个优化，现在能做到中文和英文之间互相翻译，这个是准确度最高的。其次是中文和日语之间，我们一个一个语种希望做扎实，很多大型峰会场合大家还是希望对准确度有一个最高的还原。

东呈酒店集团海外事业部总监陈静：我刚刚从伦敦开会回来，当时分享了中国酒店集团的智慧酒店和智能酒店的发展，当时他们非常吃惊。我有问题想问一下荀亮荀总，你刚才的分享很精彩。智慧酒店在中国发展得很快，我认识香港、澳门的酒店业主也想利用这个技术，我也帮他们联系，现在智慧酒店的设备机器人在英语或者对国外酒店的功能上还是不能够很好地满足。你怎么看用中国酒店智能的技术服务国外的行业现在还存在的一些问题和以后的发展。

荀亮：国内的智慧酒店大家都尝试了这么多年，做得还是不错的，我比较认同在整个酒店行业增效、增收、提品质、提升体验、创造更多的体验价值，酒店一直在追求这些目标。智慧酒店定的目标也是以人为尊的终极方向，在机器人这块我们也看到最近马来西亚、印度尼西亚、泰国很多人找我们，想要一些中英文都能够讲的机器人，出境游大部分是中国人，到了国外让他既讲中文又讲英文确实有难度，这点讯飞的林总还是比较有发言权，他能解决语言障碍。台湾出现这样一个产品，可以进行中英文自如切换，包括自由识别，这是谷歌的创始团队提供的，如果针对中英文这块来讲，目前有可以满足的技术。

从方向上来讲，过去人在操作，接下来是人机协同，再到下面单机智能，再到物联智能，再到人工智能，这是智慧酒店发展的几个阶段。现在进入物联智能的阶段，包括人机协同的时代，我们可以通过很多智能科技和人的结合为更多的酒店客人提供更好的服务。但是我们并不是走极端，一定用智能科技替代更多的劳动力，这不是我们的目标。

劲旅网：我想问中国电信的孙军涛孙总，刚才提到 5G 有一个问题，现在作为运营商铺得很快，包括基站结合技术。谈到 C 端应用的时候，C 端的装备或者相关的设备是否跟得上，5G 和摄像技术的应用，在景区针对游客的摄像捕捉提高体验，这背后是一连串的供应商，这块有一个衔接。这一块谈论比较少，有些落地的项目不是特别多，请你介绍一下运营商如何和产业链尤其和设备衔接的厂商对接，让这些产品很快落地到景区。

孙军涛：这个问题问得挺好，2019 年是 5G 元年，实际 5G 商用比预计早了 9 个月，整个产业链从全球来看从中国来看，还处于产业链的初期。先做标准，非 C 端的核心网一般会用 6 个月推出偏商用的版本，芯片出来之后到终端用 3~6 个月，是这样的节奏。你看不见的运营商核心网通常是先商用先部署，这属于基础设施层，再逐渐向用户侧进行拓展。到 C 端最先解决的就是手机，又是通用的上网设备，然后才是通信模组到个性化的泛终端设备。下一个阶段 AR/VR 是非常重要的泛终端，但是有一个前提，通用模组的商用化。2020 年一季度会有更多的模组上市，上市之后有 2~3 个月，在文旅的很多场景里面在 2020 年第二季度之后会出现更多基于泛终端场景的模组实现。

百度：大家都知道我们是一个做内容的平台，现在 80% 的内容从视频领域来说旅拍和探店是 TOP 级的应用，想问一下商汤的李星冶老师。融合创新是指首先有一方面跨界聚合，文化产业、科技产业还有其他产业，我理解刚才台上各位嘉宾说的更多的是科技产业与旅游的结合。在这个方向上可能再往下延还有一个方向叫作聚合，跨界像市场、内容都是科技加码的方式，类似于我们这样一个视频网站如果真想打造抖音的“网红西安”或者“好看聊城”这样的城市名片的东西，怎么才能更好地利用科技优势把我们的内优势做更好的结合？

李星冶：通常来说，我们的赋能在互联网领域里面比较上层的讨论在文旅场景里面跟互联网的企业里面差异化很大，刚才讲痛点的时候也讲到，商汤这类企业做赋能落地的时候优先尝试比较偏向创新型、比较偏向独立去做创作做运营的场景和行业。互联网的应用和落地比较快，我们跟百度也有一些场景的合作，也有一些 App，包括 BAT 各种内容上都有我们的应用。不管好看视频还是百度其他应用，这个问题相对比较容易得到解决，类似于你们的运营团队出一些内容的执行计划，商汤这样的公司提供底层能力，这个顺理成章，百度做运营、产品、内容，商汤做算法的落地。

南开大学：关于出境游有两个问题，咱们的数据是截止到什么时候？通过什么方式统计的出境游数据？我很感兴趣，以前那种抽样或者老的统计学有些过时，通过什么方式确定 2019 年香港排在第一，我有点怀疑，尤其下半年，我看看这个数据是截止到什么时候，怎么统计的？

唐晓云：我们的数据是在香港事件发生之前，香港这边接待入境一直占非常大的份额。

国家旅游网：我一直在研究旅游和互联网科技包括 AI 人工智能和区块链方面，现在有一个趋势，我们的旅游服务更多趋向于无人化和智能化。有一个问题，在整个旅游方面的保护游客出行安全以及不可抗力安全方面，在科技方面我们能有什么方法和方案？

荀亮：这个问题太好了，现在安全问题确实是进入到物联网时代、人工智能时代非常大的挑战。前一段时间我们制定了一个《智慧酒店国家标准》，这个国标已经颁布了，2020 年 3 月 1 日正式实施，这里面既有对酒店智能科技物联网接口的要求，又有对安全方面的要求，并且 2020 年我们会跟公安部和相关部门联合对酒店进行安全等保机制的认定和评审，尤其是华住、万豪信息泄露事件，对于客人的隐私我们非常重视。接下来我们打造的人工智能酒店一个最基本的对外 slogan（标语）——“全球最安全的酒店”。信息安全方面做到足够重视，我们和亚马逊合作，但是亚马逊拿不到数据。我们和公安部一起对数据进行加密，再进行数据处理。举个例子，我可以和你联系，但是我不知道你的电话，我可以给你快递东西，但是我不知道你的地址，但是我们可以保持沟通。这就是万物互联时代每个人都有一个 ID，每个设备、每个系统都会有一个 ID，这是安全的一个保障。

唐晓云：感谢各位嘉宾，感谢各位媒体朋友们的提问，圆桌环节和媒体提问环节就到这里。

下面进入今天会议最精彩、最值得期待、热度更高的环节，戴斌院长每次像定海神针一样压轴，有请中国旅游研究院戴斌院长。

戴斌：同志们，会议的正式总结是明天下午这个时候，那个会议总结我有正式的稿子，今天这个会议听了半天跟大家交换几点想法，是我一边听一边形成的想法。

非常高兴看到在科技创新这个领域中间，我们中国的、本土的、原发的创新力量开始崛起，像科大讯飞语言翻译系统我非常感兴趣，我刚才一边看一边和吴教授谈，如果我戴上耳机，试试可不可以你说中文我听到英文，所听、所见、所闻已经非常了不起了，我刚才注意看了一下，基本没有错别字，翻译也是这样。

还有，巅峰智业的夜游项目《天仙配新传》本来是很文艺的作品，现在用科技的方式把它呈现出来，我去安徽芜湖、合肥不断听到有人说《天仙配新传》的故事，非常了不起，真正做到赋能。

还有大地风景，尽管很文艺的博士说的话，但是很硬核，它做了可移动旅居设备。中国是一个山川河流众多、地形非常多样化的国家，生态保护区、文化保护区如果搞永久性建筑很难，但是不能让人不去旅游，靠想象生活，读起来很美，但是在现场没有办法生存，SEEK 这样一个产品出来可以填补这个空白。

我理解如果更大一点讲，跟军民融合的国家战略可以挂钩。上次我专门跟胡教授去说，这个项目我们想推一推，对整个国家的产业发展有原始创新作用。

当然包括腾云天下还有腾讯文旅，还有租租车等一系列我就不点名了，特别是中国电信抓住了5G时代数据技术方面的创新，可以说为我们新时期的科技赋能旅游业发展奠定了最坚实的基础，这是国家队该干的活儿。包括荀亮总和其他的同志做了很多的项目，包括商汤科技，底层器件还是中国电信这些国有企业在做，这是非常了不起的，体现真正国家队的概念。商汤科技作为一个独角兽公司估值上千亿元，非常了不起，希望你们能够真正从独角兽变成大象，能够做一匹黑马出来。这个市场原始创新的力量正在勃然而起。

今天有几家公司我点名了，我这两天去调研一些小的公司，原始力量创新的崛起，我也看到市场导入的力量。今天发布的数据不仅仅有硬的科技，也有数据展现出来的游客画像、游客轨迹，特别是出境旅游市场的数据，只有科技和商业场景融合到一起的时候才有展现的可能。今天台下还有很多没有发言的同志，有很多是旅游集团20强的一把手，我相信以后会有很多跟大家进一步融合交流的空间。科技对旅游市场导入的时代正在到来，当然我也看到了我们在商业上实现了可能性，科技成果在旅游领域当中商业实现的可能性。我们不是搞原始创新，如果搞GPS做一些原始的底层实验室经济，那不是我们做的，我们能感到市场的资本的技术的几股力量交融在一起，交融的结果既会出现一些创业创新型的企业，也可能为我们已有的大集团、大企业带来全新的创新方向和空间。

我听了一下午，心里很感慨，也看到未来的前景，今天下午的会议不是一个单独的会议，也是中国旅游集团的一个组成部分，昨天部长让秘书给我打电话，今天下午的会议和明天下午所有的在场和不在场的所有会议企业家提出的意见和建议我们都将整理上报，专题研究。2018年我们所有企业家提出的意见，部里面在分工落实的时候专门让我征求企业家的意见，部长说一定要问问企业家满意不满意，我们答得行不行。

我想就今后一个时期，科技与旅游融合创新该怎么去走谈四点想法，供同志们参考。

第一，希望所有做科技成果的同志们要研究需求、研究消费，坚持以市场为导向。科技进步既需要科学家自身的驱动、创新、求异，探索未来的自我驱动，在市场经济条件下，科技进步如果没有需求为导向，可能就会找不到方向，这个需求既包括科技要满足现有的需求，也包括释放潜在的需求，还包括创造新的需求。人民对美好旅行生活的向往是既有科技的方向感，让它成为有的放矢的力量，对需求、对消费和旅游市场的研究是科技企业跨界进入旅游的第一步，我们不能搞实验室的那一套东西。在可以预见的未来，旅游应当是也可以是当代科技的应用场景，旅游经济是当代科技商业转化的根本推动力。我们要有点商业的意识，很多时候可以用举国体制让卫星上天，让玉兔登月，让航母下海，让蛟龙潜海，很多时候我们做不好一份甜点，我们定制不好一次高品质的旅行，什么原因？从根本上讲，有我们不能为的问题，也有我们不愿为的问题。我们搞科学的，喜欢发 SCI（《科学引文索引》），搞自然科学研究的希望在 Nature（《自然》）发一篇文章，我们奔院士，别忘了习近平总书记谆谆教导我们，科学家要把论文写在祖国的大地上。我们的科学研究只有面向经济社会建设的主战场才会有生生不息的动力，要面向经济社会建设的主战场，首先就要去把握需求的迁移和消费的变迁。

科技和旅游融合，首先解决理念的问题，不要觉得我们搞导弹、搞原子弹的才是大科学家，而我们搞让人可以安全旅游、有尊严旅行的人就不是科学家。如果所有的东西只有以论文、以科学家同行的评价为代表，我们的科技很可能继续在小圈子里面徘徊。我曾经说过一句话，我们不要去搞文人的趣味那套东西，一定要记得文之大者是为国为民的，科学大者又何尝不是呢？当我们的科技从国际走向民生的时候，直面消费，为了消费是我们的必由之路。我经常跟吴教授开玩笑说，你也算是我们旅游口的科学家，也是专家学者。旅居可移动的设备解决，比在顶级期刊发一篇文章一点都不弱，我们有时候看中写一个东西能不能立言。古人讲立言之前要立功，立功、立言、立德，希望我们的工程师、我们的科学家、我们的科技企业好好研究我们的旅游市场，找到我们的消费痛点。研究需求，以市场为导向。

第二，一定要重视商业应用。找到或者营造旅游的消费场景，我们的科技应用不是原始创新和实验室经济，而是把原始创新的成果和实验室经济的成果应用到市场上去。研究好需求是第一步，这是成功走向市场的必由之路，希望大家不要讳言商业，不要讳谈赚钱。我见各种各样的创业者，有很多是企业家，也有老板们，也有很多只有两三个员工的创业小公司。我经常跟大家说，我有时候最怕做的事情是听到说，我不是为了赚钱，我是服务于国家战略的，为文化和旅游赋能，好像做慈善一样，我心里反而没有底。在我心目当中旅游有文化的属性，但更是经济活动的组成部分，它首先是经济。既然谈经济，那么经济学告诉我们一个非常朴素的真理，什么样的供给是最有效的供给，让人家有钱可赚的供给才是有效的供给。什么样的品质才是最好的品质保障？有竞争的供给才会有最好的品质。当年铁路只有一家的时候，没有火车没有高速公路跟它竞争，说实在话我们当年是坐绿皮车一点点过来的，我们经历过太多没有品质的事情，在一个绝对垄断的市场上你墙上刷再多的标语“人民铁路为人民”，我总得心里打鼓，它没有竞争。我们不能喝A矿泉水，我可以喝B、喝C，但是没有可选的时候，多大的力量才能保证你真正为每个民众服务？我学经济学的时候这两句话在我脑子里面印象很深，“让人有钱可赚的供给才是有效的供给，有竞争的服务才是有品质的服务”。大家都是大科学家，都是写代码的工程师，你们辛辛苦苦把成果应用到旅游行业当中来，你们不赚钱我也不忍心，工程师吃什么喝什么？一开始就要弄清楚，我们就是来做商业的，做商业的过程当中像亚当·斯密说的那样，无形的手牵引整个社会资源配置的效率最优，就是市场经济的基本原则。为此，我们要找到消费的痛点，要找准市场的难点，要千方百计地给他们想要的而不是我们想给的。这句话我一直想跟科学家们、工程师们和创新的团队去说。

很多话语体系我听不懂，别说院外，院内跟科大讯飞、跟腾讯去谈，院内跟唐晓云博士、跟仪亮博士，他们说的话我也听不懂，我听不懂就没办法让我更高级的领导听得懂。你在我没听懂的情况下翻来覆去跟我说，我这个东西多好多好，问题是是不是我要的？不见得是我想要的。最优的我一定要付更高的成本获得。再有，是不是每时每刻都要最优的？不见得。刚才我在底下一边听一边问陈总，他说电信给用户画像三到四个纬度就可以了，我相信电信肯定可以给出八个十个一百个甚至更多的纬度，问题是这么多越来越精细的纬度如果要获取的话，这个成本是不是呈几何倍数往上增长？更重要的是，作为游客也好，作为利用大数据的企业也好，是不是需要如此精确的大数据、如此先进的科技？很多时候我们需要的就是一个写意画，不是工笔画。很多时候老百姓需要的就是一个文化馆，不是南京大剧院那么高雅的地方。很多老百姓的爸妈就需要一个广场跳跳广场舞就挺开心了。《胡桃夹子》当然好，但是门槛太高，很多人进不去。我们十九届四中全会明确提出人民文化权益的问题，这是政府的事情，是公共部门的事情，公共部门要注意到消费需求的变迁和消费的变化是有时序的，不能马上把非常远的未来的东西拿到现在来，这样成本是吃不消的。

第三，说说人文的事情，在科技的领域谈人文似乎有点讨巧之嫌，当代科技和旅游的融合一定要有人文的引领。科技以效率为导向，工程师的思维方式强调有用，强调能够解决问题。说实话，我对有用和解决问题也是心向往之。我累极的时候想去宜家买个小板凳之类的东西回来装一装，两个小时装出一个凳子一个箱子，成就感特别强。很多时候半夜三更对着屏幕写出一篇文章，我花了大半年时间推旅游业的高质量发展，这次中央经济工作会也明确提出推动旅游业高质量发展的问题，很多时候我瞎猫撞死耗子，不是我自己多厉害，而是国家这个时候需要这个东西。夜深人静的时候我写这些东西，很困惑文字的意义感何在？当年写第一本《旅游休闲讲稿》的时候，时任苏州市委常委、宣传部长的胜利同志帮我作了一个序，我自己心里没底，我说你给我作一个序，我心里有底，感觉自己写的东西有用。可能这种没用的人文是防止科技走向科技主义的减速器和减压阀。如果有一天，所谓做的每一件事都是“有用的”，我想这样的人生该是多么无趣，未来的文明该是多么暗淡。

当然，谈到人文不可避免谈到历史，现在历史也是有用的。刚才我看腾讯文旅还有巅峰智业做了很多有穿越感的东西，如果我们不懂历史，用增强现实穿越到两千年前，你看了场景都分不清到底是《芈月传》《陈情令》还是《庆余年》。不能每个人都喊硝烟四起为战而来，肖战是《陈情令》的主角，前排的同志不一定听得懂，回去问问自己的儿子女儿。你找半天台词找不到，再去谷歌、百度，等你想起来的时候，心悦君兮君不知的时候，船划远了，你想穿越回来都回不来了，学一点历史哪怕做文化和旅游的场景营造也是有用的。

人文还让我们科学家、工程师和创业者面对未来和面对人性文明的时候能保持必要的谦卑。由于市场存在不可保险之风险，这是经济学家耐特所说的，唯一能够确定的就是不确定。我们能做的事情就是每个人不要认为自己的知识是唯一的，别人是错误的。需要让科学家和企业家沿着任何可能的方向去自由地探索，才能保持人类的未来不至于走向大的深渊。因此，对未来、对科学的探索要保持必要的智慧和耐心。很多时候不妨去读读诗歌，去看看美术馆，去欣赏一下现代舞蹈，去 Teamlab 看看跨界美术，听听实验音乐。我希望林怡同志、文艺团队你们的科学家不妨和艺术家们一起喝喝咖啡也是极好的。科学和人文能够有机结合起来，借着科学的场所希望更多的同学们、朋友们能够以科学的名义文艺起来，既要脚踏实地，还要仰望星空，面向未来的旅游休闲是没有边界和没有止境的，文艺的科学、文艺的胡思乱想可能是引领我们前行的方向。

不管搞科技的、搞企业的，希望都能够跟国家战略相向而行，推动文化和旅游领域治理体系的现代化。最后圆桌论坛谈到科技伦理的问题，我们任何时候、在任何领域、在任何项目上我们的科学家、工程师和企业家都不能够以技术为中心为借口，都不能主动去利用人性的弱点去赚钱，我们有责任去认同并避免那些必要的禁忌，我们要坚持做说得清楚的商业模式，坚持做阳光下的生意。为此，国家旅游行政主管部门和国家的立法部门要及时研究大数据时代或者数字经济时代对旅行领域中消费隐私的保护性问题。对国家文化和旅游监管部门来说，要及时对那些利用信息不对称而滥用生产者权利的企业和机构进行必要的监管。北京最近对预付消费说不，预付消费在商业过程当中不可能每一交易行为都是一手交钱一手交货，真理往前走一步就变成谬误，提前一天是正常的，提前一个月呢？提前一年甚至提前二十年呢？从旅游领域走向金融领域，我们对此要谨慎，不要被别人忽悠了，天底下没有掉馅饼的事。及时地研究数据经济时代如何利用科技推动文化和旅游事业高质量发展的产业政策，这是中央经济工作会议的要求。我们整个文化和旅游系统下个月要开全国的文化旅游厅局长会议，肯定要部署新一年的工作。放在这个时候召开企业家的年会，让政府的高级官员来听听企业家的想法是必要的。我们如何坚持习近平新时代中国特色社会主义思想，落实好习近平总书记关于文化和旅游工作的重要指示，坚持以人民为中心，不断地提升人民群众对文化和旅游工作的获得感、满意度，从旅游领域来说，让老百姓有得游、游得起、游得放心是我们的责任。同时，也要关注包括旅游集团20强在内的国家一线旅游方阵和更多的创业创新者，在就业、员工的吸纳、股东的回报、合理合法利润的获得方面也要有获得感，我们还要让城乡社区的居民通过旅游业的发展，科技和旅游的融合，能够不要产生剥夺感，你用了机器人，员工替代掉了，人去哪里？这些都是发展中需要深刻解决的问题。高质量发展需要统筹。

第四，任何事情都是由人来做的，我们要及时地培养、花更大的力气培养科技和旅游融合的企业家、科学家和专业技术人才。现在融合的问题谈得比较多，人的话语体系融合不到一起，我们就没法谈。一年开一次这样的会只是一个引子，我们希望在工程师层面上、在市场的营销人员层面上，大家都在一起聊一聊。除了今天这样的会议我们两天下来会有五百来人参会，不一定那么大，三五个人也可以聊聊，特别是“90后”的年轻人在一起。不是“80后”的同志都苦，估计他们可能都在忙创业，刚才我一边看一边拍了照片发到机关领导的群里面，他们说，“对，让他们先忙会儿，都是‘50后’了，让我们休息休息”。跟年轻人在一起，比什么都快乐，做商业的、做科技的、做文艺的，在一起碰撞，无限的未来就有可能。

谢谢大家！

唐晓云：非常感谢戴斌院长每次都给我们带来非常精彩的总结，我提议让我们以热烈的掌声再次感谢戴斌院长！

知识改变人生，科技创造未来，正如诺贝尔先生所说的，科学研究及其在其他领域的拓展会给我们带来新的创造。我们有理由相信，面对全球最大的游客市场，只要我们坚持像戴斌院长刚才所提出的四个坚持，坚持以市场需求为导向，坚持做能赚钱的应用和有竞争的服务，坚持以人文为引领的科技创新，坚持与国家战略相向而行的科技创新和旅游业融合，我们相信我们将迎来一个更加美好的旅行时代。

感谢大家，今天的会议就到这里，我们明天再见！

附 录

Appendix

数字文旅的时代已经到来

——在 2019 年数字文旅发展论坛的致辞

中国旅游研究院院长　戴　斌

我想跟大家分享一个判断，数字文旅的时代已经到来了。我们回顾过去这些年的旅游发展，特别是过去十年的旅游休闲发展，不管我们承认还是不承认，旅游的组织方式、消费模式乃至我们的管理理念，随着国民大众旅游的兴起，跟着旅行社走、跟团走的人的比例在逐渐下降，也许总数还在逐渐上升，但是比例在逐渐下降。这里面有消费观念的成熟，有旅行经验的丰富，包括各个地方旅游主管部门为大家创造放心旅行的环境，但我想更重要的是包括手机在内的移动互联设施带给我们的方便。我们可以随时随地去查信息，完成消费，完成支付，甚至是随手点评。大家可以饿两顿饭不吃，车子不坐，但 2 小时不能发朋友圈、不能看朋友圈大家就变得很焦虑，我想这个可能是一个大问题。现在是大众旅游的时代，也是科技改变旅游的时代。

从今天来看，不管我们意识到还是没意识到，5G、4K 这些新的科学技术正在改变我们未来的旅游。我注意听了一下技术方面的解释，我作为一个文科生的理解，5G 时代它的覆盖范围更广，它的内容更丰富，它的效率更高，既是消费互联网的时代，也是万物互联的时代。在这种情况下，旅游业赖以生存发展的传统的资源基础可能会发生改变，这也是我们过去十年所做出的基本判断。

今天的旅游业已经进入主客共享的新时代，过去我们说做旅游是坐飞机到桃园机场下来去 101 大楼，我们住圆山饭店，买一些东西就走了。但是今天发现我们要去逢甲夜市，我们要去宜兰农场，我们跟每个市民接触，你的美好生活是我来分享的。我们提出人的连接才是最好的旅行，人才是最美丽的风景。

事实上，传统的旅游世界和本地市民的休闲世界之间的这堵墙已经轰然倒塌了，带给我们大量的过去可能不认为是旅游资源的资源，可能我们一个产品出来以后过去只是面向游客，现在发现要面向本地居民，反之也一样。甚至我觉得在新的时代、在技术的推动下，很可能过去的这个产业、那个产业，这个行业、那个行业的边界逐渐消失。这就要求我们的产业研发者、经营管理者、行业的监管者必须要用全新的思维、全新的手段应对这样一个新时代的到来。这个不是以人的意志为转移的。这是跟各位交换的第一个判断：数字文旅的时代已经到来。

我想分享两点期待。

第一个期待，对广大的科技工作者和企业管理者，希望科技工作者在为技术傲骄的同时，能够对市场、对需求保持必要的谦卑。不管是文化还是旅游，它都是为了人民的美好生活需要，一个国家如果不能让蛟龙下海，不能让卫星上天，它绝不是强大得令人尊重的国家，不会在世界上被人尊重。同时，一个国家如果不能让它的人民在图书馆安静地阅读，不能让城市捷运可以自由地旅行而不被别人霸坐，那它也不是一个现代的、文明的、让人民感到幸福的国家。而这种对美好生活的向往，我们过去是物质生活比较多，可是现在看连广大的乡村居民都知道小康社会是什么：吃有肉、住有楼，还有闲钱去旅游。看广大人民群众对美好生活的向往用多么朴实的语言说出来了。然而，出去旅游面临一系列的变数。过去有一句话，从南京到北京买的没有卖的精，在家靠父母出门靠朋友，我们会去讲穷家富路。为什么有这些谚语？在外出旅行的过程当中有太多不可以标准化的不确定的服务需求，让我们对未来、对远方感到心里不安。为什么很多大陆的居民愿意去台湾看一看，我每年都去两三次，现在因种种原因去得少了一些，我希望有机会再多去。为什么？晚上搭捷运的时候，我去红楼、去门岗，就是我一个人去，我觉得足够安全。搭捷运的时候去忠孝东路走走，我去吃份包子，我很开心，我不用担心食品安全，不用担心社会的治安，不用担心回来找不到我要住的酒店。这样一个环境的营造仅仅靠技术可以解决吗？不是。美好生活通过标准化的设施、服务、场景就可以构造出来吗？不是。它是人民在生产生活互动交往过程当中慢慢演化出来的，就像过去说吃饱喝足躺着睡觉就是幸福。皇上过什么生活？吃一碗米饭看一碗米饭吗？后来发现那不是。我到台湾自己买票去看两场演出，江蕙唱《家后》，我们这个年代的人会了解，还有林怀民先生的《云门舞集》，既有中国传统文化的味道，也有现代舞蹈的语言，更重要的是它的理念，它是在创造让田间地头的父老乡亲可以去看的光着脚跳舞的现代舞。这种理念是驱动科技沿着正确的轨道前行的必由之路，否则有一天我们就会被机器人代替。人之所以不能成为机器人，因为我们有情感，这个情感可能不那么理性，可能有些时光是浪费的。我说我比较喜欢看跟浪费有关的两部电影，《东邪西毒》英文翻译成《浪费了时光》，还有《罗曼蒂克的消亡史》。现代生活当中都是反效率的东西，如果都是为效率生活，那这个世界太可怕了。希望科技工作者可以去读读诗歌，我们可以看看现代舞，看看面向未来的文化是什么。为科技傲骄的同时，在人民的美好生活面前保持必要的谦卑。

第二个期待，期待政府主管领导和企业家，对新时代的文化创意文旅融合，特别是商业模式的创新，首先要秉持着包容式的监管理念去对待，我们要用激励的方式去推动产业进步，去鼓励一切面向未来的创新。旅游文化融合的时代我们有消费族群、行政族群还有各位媒体界的朋友们，不同的主体到一起的时候，都是需要的，我们需要相互包容、相互激励。我不能说离开政府就不转了，也不能说离开企业就不转了，但是我们要理解在几千年文明中沉淀下来的士农工商的观点。我到东北山东的时候，他们跟我说，你开车回家最好在后备厢里面带一些有包装的东西，最好是某某部某某局那个包装袋，你打开后备厢的时候就不是钱的事情了，给人感觉到你有个正式的工作单位。你说在哪儿工作？没工作，在社会上飘着。咋飘着，靠什么谋生？在网上鼓捣鼓捣，发一些唱歌跳舞的东西。行吗？上海创图的李欣李总这么大的企业家，在有些人观念当中他做的不是一个正式的工作，在社会上飘着的人。在这样一种情况下，我们的政府官员们千万要对企业的创业创新有一种感同身受的了解同情，我们不要看他今天站在这个地方演讲觉得他已经成功了，没有人使用他的产品，分分钟他要回家种地，分分钟他每天一开门承担着数十万元人员的工资、房租、水电。客观讲我们在体制内不需要承担这些东西，我可以说这个工作没做好，我在底下不会跳楼。当这些企业家在一线为人民美好生活创业、创新、创意、创造的时候，我们对一切新生事物首先要有一种宽容，要有一种激励。做爸爸的这一批人哪个能够像傅雷培养傅聪一样，一点一点家书写下来培养一个钢琴家。很少！我们这一代人成长，小时候爸爸妈妈说，你好好读书，不读书你回家穿草鞋，你读书进城穿皮鞋，就是这么走过来的。没有人告诉我你长大可以当教授，这是组织的安排。为什么不能对李欣李总，对（大会主办方旅享视界）廖宇廖总这样的企业家多给他们一些宽容多给他们一些时间呢？两条底线不能破：意识形态的底线，涉及人身安全的底线不能破。这两个底线上一切的空间都可以扩展，一切都可以探讨。在这个前提下，我们再谈依法监管的问题。如果没有一个平台，不透明，创新就要承载社会责任。

衷心期待不管是政府官员还是我们的企业家、科技工作者都为了一个共同的目标，这个目标就是人民群众对美好生活的追求、对诗和远方的追求，为了这样一个目标贡献我们所有的才情和努力。

文旅融合的数字化战略：顶层设计与底层建构

戴　斌　李仲广

文化事业、文化产业和旅游业融合发展，从概念提出到产业实践，再到人民群众的可知可感，需要顶层设计的战略引领，更需要科研院所的扎实研发和市场主体的艰辛探索。现在的问题是，文旅融合的数字化进程跟风炒作概念的人多，认真探索的人少，浮躁和彷徨并存。文化和旅游系统要在扎实研究的基础上，通过规划、政策和讲话发出权威声音，引导系统和行业扎实做好人才培养、产品研发和业态培育等基础工作。

一、从文旅融合到数字文旅，概念的泛化及其影响

（一）当代科技等新要素推动文旅融合新浪潮

当前，文化和旅游融合发展应用新科技，注入新动力。科技、教育、资本等新要素，为文化和旅游产业从高速度增长、融合发展，走向高质量发展提供了全新动能和更大可能。例如，通过 AR 综合管控、5G、实名分时预约、人脸识别、无人机、机器人、语言交互、人机交互、虚拟现实等在文旅行业的应用，新科技有力推动文旅美好生活，而通过 5G、人工智能、区块链黏合将可打造更加平安、更加智能、更加感知的文旅目的地和景区。我国将在制度、技术、教育、人才、行业组织等方面，为科技市场主体提供广阔的发展空间。依托智慧城市、乡村旅游和公共文化的发展，面向散客的“管家式”云服务技术集成、连接乡村旅游供求并促进市场转化、丰富夜间旅游和景区感知的数字化等关键共性技术将会获得更多的公共投入和商业资源。

（二）数字文旅的时代已经到来

随着信息化、网络化、大数据、智慧化、智能化等数字科技深入发展，人类社会数字化趋势越来越明显，数字经济方兴未艾。2018 年年底，我国拥有 8.29 亿网民，智能手机用户数超过 13 亿，蜂窝物联网终端 6.7 亿户。2018 年我国数字经济总量达到 31.3 万亿元，占 GDP 比重的 34.8%。中国新一轮数字经济的主要业态有：5G 商业模式、智能硬件、AR/VR、数字媒体、短视频等。

当前，包括手机在内的移动互联设施带给消费者方便，可以随时随地去查取信息、完成消费和支付，甚至随手点评。4G、5G 网络已经成为文化旅游的公共基础设施。5G 的覆盖范围更广、内容更丰富、效率更高，既是消费互联网的时代，也是万物互联的时代，5G、4K 等新科学技术正在改变未来的文化和旅游活动，也将会改变产业赖以生存发展的传统资源基础。在数字时代，科技正在改变行业，行业的边界逐渐消失，这就要求产业研发者、经营管理者、行业的监管者要用新的思维、新的手段应对这样一个新时代的到来。

（三）数字时代的文旅新概念既要引起重视，更要理性引导

自文化和旅游部组建以来，文旅融合渐成文件、会议、新闻报道的高频热词，不时出现“文旅产业”“数字文旅”“区块链文旅”等新概念，一些国有旅游集团和文化投资机构也纷纷更名为“××文旅集团”。概念是现象的总结和提炼，适当运用也可以促进事业发展和产业进步。但是从目前的情况来看，存在概念泛化、跟风炒作和脱实向虚的迹象。媒体、院校和产业，普遍失去深化基础做研究和面向市场做产品的耐心，感觉“说了就等于做了，做了就等于做好了”。以资本、科技应用、文化创意和创业创新为代表的新动能“势强能弱”，人工智能、大数据、5G+4K、文化创新、遗产活化等仍然处于概念导入阶段，鲜见现象级的产品、服务和企业品牌。2019 年以来的数字文旅活动，一定程度上存在过热倾向和非理性成分，成功、有获得感的项目展示、展览还很少，从概念到概念谈得过多。一些冠以人工智能的文旅项目以噱头为主、浮于表面。有很多场景使用的机器人比较单一，功能也单一，甚至有的是自动化的遥控设备，远达不到智能效果，无法满足用户的智能需求。甚至有的研究机构、商业机构甚至外资机构，在没有取得许可的情况下，擅自向国内企事业单位和个人发放调查问卷，发布统计报告，在一定程度上误导行业、误导决策。

因此，在当前数字文旅兴起之际，要对一些似是而非的概念正本清源。要区分媒体、学术和政策语言，在政府公信力背书的文件和讲话材料中，对一些新提法要慎重。而数据是公器，也是宏观决策和政策导向的基础，对本领域的数据采集、生产和发布过程要有管理规范。

二、从大数据到数字化，面向消费的产业升级战略

（一）大数据要切实推动消费升级和产业转型

经过多年的科技应用，移动通信、互联网、人工智能与大数据已经成为业界会议和政府文件必谈的关键词。大数据已经成为游客消费决策和消费评价的重要因素，正在成为影响消费行为和品牌建构的关键指标；成为旅游产业从高速度增长走向高质量发展的新动能；成为各级政府谋划旅游发展、制定发展规划、加强市场监管必不可少的政策工具。随着大数据成为新时期国家旅业创新发展的战略资源，各级政府和各类企业为此投入了大量的人力资源与资金预算。但是总体上，我国文化和旅游大数据还处于大规模的数据采集和加工整理阶段，面向市场的数据生产和研发创新才刚刚起步。

大数据不能只满足于用通信运营商和 OTA 的存量数据，在大屏幕上展示游客从哪里来、到哪里去之类的特征分析。如果我们对“新跟团”为代表的旅游需求、对“新地接”为代表的旅游供给不能给予有力的解释，不能有针对性地开发新项目和新产品，大数据终将沦为“用为炫耀的技术”而为人们所忘记。大数据也不能只是用来为文化和旅游主管部门做做舆情监测，发一些不痛不痒的分析报告。除了法定统计数据外，政府文化和旅游行政主管部门更多是数据的使用者而非生产者，要在专业分析和定期研判的基础上，对微观主体进行政策引导，对产业走向进行逆周期调研。

（二）大数据工作要走向数字化

从供给侧看，传统的旅游资源、资本和技术要素边际报酬率已经处于衰减期，亟须加强数字化转型。要从大数据走向数字化，让大数据成为洞察消费需求，连接供给与需求的有力工具，让数字化成为旅游企业现代化转型的战略支撑。传统旅行社不是简单地从线下走向线上，也不是简单地上云、上 5G，而是

从经验驱动的传统生产方式转向科技驱动的现代服务产业。

迄今为止，信息革命以来的信息化、智慧化、智能化、大数据、互联网、5G、物联网等，可统称为数字化。2019年以来，《关于进一步激发文化和旅游消费潜力的意见》《关于促进文化和科技深度融合的指导意见》等政府文件明确要求推动文化和旅游领域的“互联网+”、数字化、智能化。从大数据到数字化，要主动牢固树立为市场主体服务的意识，持续增强赋能商业实践的能力。只有经过市场检验的科研成果，真正为商业模式赋予新动能的大数据，才能为游客带来真正的智慧。这并不是件容易的事情，诺基亚就曾经拥有全球最大的数据库，但主要是公司花了大预算获得的第一手用户数据。因此首先要有专业、精干和高效的人力资源团队，毕竟“生产—标签—应用”的每个环节都要有经验的团队负责。要有针对特定任务的专题研究、时间表和路线图，还要有试错、容错机制，以及长期经验的积淀。智慧旅游离不开移动通信、互联网、物联网、大数据、人工智能等科技应用，包括区块链在内的新概念和新技术，都不能视而不见，但是也不能盲目跟风炒作。科技之上是人文，是游客的现实需求及其潜在需求的合意引导，是工程设计人员对底层器件的精度和效度殚精竭虑的追求。

（三）以市场开发为导向推动大数据应用和数字化进程

下沉到目的地的智能公共管理和服务，细分到国内、入境、出境市场的个性和智能定制与即时综合服务，技术本身作为内容创新形成时尚、穿越的科技体验，是当前及未来一段时间面向满足多元化、多层次、品质化消费需求值得期待的领域。面向主体市场、潜力市场需求的品质化服务和管理，包括移动式云端游客服务中心、智能旅行机器人助理、可视化可交互的旅行交易系统、面向入境游客的多语言服务系统、社交型地图和综合交易平台，最终形成物联网旅游综合平台等，将会是有一定前景的应用场景。包括但不限于（1）用户App。例如，信息搜索，为在各个细分市场上的消费者提供与之匹配的选择和个性化服务，帮其做出更好的决策；定制服务，依托互联网的自助游，消费方式也更加多元化、个性化，游客可以充分利用旅游目的地的信息定制私人旅游线路。（2）经营管理工具。宋城集团在澳大利亚黄金海岸投资数十亿元的实景演出项目，集团总部派过去的开发团队只有两个人。大量的市场调研、环境评价、项目规划和文化创意都是分包给外部的专业机构执行，而总部各条线与海外各专业团队的沟通、协调与决策离不开移动通信、互联网和人工智能的应用。由于社交网络广泛使用和共享办公理念的推广，越来越多的商业创新和项目的策划与执行是通过移动互联网平台实现的。（3）行业宣传、监管和公共服务。例如，精准营销，在行前、行中及行后进行游客画像，完成市场调查、需求把握、渠道分发和场景营造；精准管理，通过大数据，可以实现对资源、市场、客户等各个要素的定量把控；安全管理，通过景区客流大数据预测预警，实现热点景区黄金周等节假日客流分流，避免游客大量滞留；质量管理，大数据平台还引入诚信监管系统，推进良性竞争机制的建立，提升游客体验满意度；统计创新，建设统计大数据系统，落实大数据在统计工作中的应用；文旅云，为5G 商业模式、智能硬件、AR/VR、数字媒体、短视频等提供技术基础，推动文旅市场主体上云上 5G。

三、从概念到产品，数字化战略的市场实现与可持续发展

（一）研发先行，加快研究文旅数字化战略

深入研究数字化战略的概念内涵、外在特征、国际进展，及其在文化和旅游可能的应用场景。面向市场需求的技术应用场景和商业孵化可能，需要结合市场需求和产业基础对相关技术的应用场景进行市场和技术研判。中国旅游研究院（文化和旅游部数据中心）继续与中国电信、中国银联、携程、马蜂窝等相关企业合作，推进旅游大数据联合实验室的建设工作，不断优化研发支撑体系的底层器件。国家艺术基金、国家艺术学研究基金，以及自然科学基金、国家社会科学基金，要立一批文化、旅游和科技融合发展的项目，科研院所要依托团队和梯队，拿出一批有分量的学术论文、理论文章和技术成果。从学理上说清楚，从道理上讲明白。

（二）政策促进，把数字化纳入“十四五”文化和旅游发展规划

纳入“十四五”文化和旅游发展规划，建立服务质量和发展水平的监测评价体系，为政府的宏观调控和微观监管提供必要的数据支撑。重点支持数字博物馆、数字美术馆、数字景区、数字民宿项目，构建产业升级的数字化基础。技术之上是思想，除了科技应用之外，更要鼓励文旅融合发展的商业思想体系

和专业人才队伍。此外，还要从法律法规层面构建数字伦理，无论是生物技术还是人工智能，大数据时代，政府要负担起对消费者隐私、知识产权和商业秘密的保护。

（三）市场导向，发挥文旅产业供求两侧的积极作用

鼓励小微型企业和专业兴趣团队创新，充分发挥旅游集团、国有文化机构和艺术单位的积极性、主动性和创造性，面向游客、面向观众，推进了一批有科技含量的项目和产品，如沉浸式剧场、虚拟歌手（洛天依）、机器人舞蹈、智能解说和多语种互动……既可以有效降低生产和运营成本，又可以为游客和观众带来低门槛的分享体验。

文旅融合的数字化战略应主动接受市场的检验。游客和观众有了获得感和满意度，企事业单位有了绩效和回报，数字化战略才能说是成功了。技术终究应该以人为本，在文旅领域的技术应用应该以面向为用户提供更加安全、便利和舒适的品质化服务为方向。在今后的统计制度改革过程中，要有意识地补充一些反映文化、旅游和科技融合的指标，重点发布文化和旅游企业技术创新成果的财务指标。

责任编辑：王　从　张　旭
责任印制：冯冬青
封面设计：旅教文化

图书在版编目（CIP）数据

中国旅游集团发展报告 ：科技推动旅游业高质量发展．2019 / 中国旅游研究院编著．-- 北京 ：中国旅游出版社，2020.6
ISBN 978-7-5032-6493-1

Ⅰ．①中… Ⅱ．①中… Ⅲ．①旅游业发展－研究报告－中国－2019 Ⅳ．①F592.3

中国版本图书馆CIP数据核字(2020)第093788号

书　　名：中国旅游集团发展报告：科技推动旅游业高质量发展．2019

作　　者：中国旅游研究院　编著
出版发行：中国旅游出版社
（北京静安东里6号　邮编：100028）
http://www.cttp.net.cn　E-mail:cttp@mct.gov.cn
营销中心电话：010-57377108，010-57377109
读者服务部电话：010-57377151
排　　版：北京旅教文化传播有限公司
经　　销：全国各地新华书店
印　　刷：北京工商事务印刷有限公司
版　　次：2020年6月第1版　2020年6月第1次印刷
开　　本：787毫米 × 1092毫米　1/16
印　　张：16.5
字　　数：275千
定　　价：58.00元
I S B N　978-7-5032-6493-1